目 录

韬奋画传

经 历

在香港的经历

附录

患难余生记

在香港的经历

附录

患难余生记

图书在版编目（CIP）数据

韬奋 ：韬奋画传 · 经历 · 患难余生记 / 生活书店编
—— 北京 ：生活书店出版有限公司，2013.12
ISBN 978-7-80768-000-0

Ⅰ. ①韬… Ⅱ. ①生… Ⅲ. ①邹韬奋（1895～1944）
–传记 Ⅳ. ①K825.42

中国版本图书馆CIP数据核字(2013)第241994号

出 版 人　樊希安
责任编辑　郑　勇
封扉设计　张　婷
责任印制　常宁强
出版发行　**生活書店**出版有限公司
（北京市东城区美术馆东街22号）
邮　　编　100010
经　　销　新华书店
印　　刷　北京隆昌伟业印刷有限公司
版　　次　2013年12月北京第1版
2013年12月北京第1次印刷
开　　本　720毫米×965毫米　1/16　印张 23.75
字　　数　220千字　图片264幅
印　　数　0,001–1,000册
定　　价　68.00元
（印装查询：010–64052066；邮购查询：010–84010542）

韬奋

韬奋画传

经历

患难余生记

生活書店

韬奋画传

上海韬奋纪念馆 供稿

曹辛之 编／设计

韬奋画传

上海韬奋纪念馆 供稿
曹辛之 编/设计

前　言

韬奋是中国革命知识分子卓越的代表。他不只是一个伟大的爱国者，杰出的民主战士，而且最后终于成为一个坚强的共产主义战士。

韬奋出身的时代，正是封建专制主义统治我国两千多年，最后一个封建王朝行将崩溃的前夜；也是戊戌政变失败以后，资产阶级民主主义启蒙思想在知识分子阶层中广泛传播的时候。韬奋出身于一个没落的封建官僚大家庭，和他所有同时代人一样，幼年接受的是家塾式的封建教育，辛亥革命以后，则是那个时代特有的改良教育；最后，在大学里接受的是典型的西方资产阶级教育。在中学和大学时期，韬奋完全靠自己的勤勉，过半工半读的生活，取得一些微薄的收入，使求学不致中辍。

韬奋进入社会之初的十年间(一九二二至一九三一年)，他还是一个主张政治清明和实业救国的资产阶级民主主义者。但是他爱国，有正义感；他不满现状，不畏强暴；他不谋私利，与群众有着广泛而密切的联系，从而逐渐转变走上革命的道路。

一九三一年“九一八”，日本帝国主义侵略中国的炮声大大激发了韬奋的爱国热忱；国民党反动政府对外屈辱投降，对内坚持反共内战，对人民实行残暴的法西斯统治，使韬奋逐步看清了它的真面目和反动本质，从而坚定了与反动派相抗争的决心。

一九三二年，韬奋以实际行动参加了中国民权保障同盟。一九三三年六月，民权保障同盟总干事杨杏佛被国民党特务暗杀，韬奋被列入黑名单，因而不得不离开祖国到海外作第一次流亡。是年十二月，韬奋主编了七年多的《生活》周刊在国民党反动派高压下不得不被迫停刊。

韬奋在海外两年的流亡生活，通过实地的考察和潜心的钻研，不仅大大开拓了他的视野，而且清楚地认识了中国的前途和命运，更加坚定了斗争的决心。一九三五年八月他回国以后，就以新的战斗姿态、更加旺盛的精力和满腔热忱，积极投入为争取民族解放和民主自由的斗争。他在斗争中经受了锻炼，接受了中国共产党的政策和马克思列宁主义的思想，政治觉悟迅速提高。在革命的道路上，他昂首阔步，不顾个人安危得失，不计任何艰难险阻，顽强斗争，至死不渝。

韬奋为中国知识分子树立了一个光辉的楷模。通向革命真理的道路，对每一个人来说，是具体的，也是曲折的。韬奋的可贵处正在于他通过自己的实践和探索，一旦发现并且认识了革命的真理，能够真正做到百折不挠地为之奋斗终身。韬奋的可贵之处，还在于他对群众的真诚热情和极端负责，因而获得群众对他的高度信任和支持。韬奋的事业——他主编的《生活》周刊，他创办的生活书店之所以能在黑暗的旧中国不但站住了脚，而且在国民党统治区还能发展成为对全中国有巨大影响的革命文化事业的重要组成部分，离开群众的信任和支持，是不可想像的。因此，就这一点来说，韬奋的事业也就是人民的事业，是并不过分的。

韬奋的一生，是战斗的一生，也是平凡的一生。这本图片集是韬奋一生的忠实的、概要的记录。韬奋的精神永垂不朽。他的形象将永远留在后代人的记忆之中。

上海韬奋纪念馆

一九八二年一月

韬奋

韬奋是伟大的爱国者、卓越的文化战士。他寻找真理，为中华民族的解放和民主政治奋斗了一生。他是我国历史上杰出的新闻记者、政治家和出版家，是中国知识分子从资产阶级思想影响下摆脱出来，向无产阶级立场转变的典范。他从一个资产阶级民主主义者转变为科学的共产主义者，经历了长远、曲折、艰辛的道路，是一切真诚的爱国知识分子进行自我教育和自我改造的榜样。

韬奋姓邹名恩润，幼名荫书，韬奋是他的笔名。祖籍江西余江县沙塘邹家村。一八九五年十一月五日(清光绪二十一年九月十九日)生于福建。

韬奋祖籍——江西余江县沙塘邹家村

福州，是我国著名的茶市，是个古老而美丽的城市，也是外国侵略者最早侵入的沿海城市之一，韬奋的童年是在这里度过的。

韬奋的父亲邹庸倩，做过清代的候补官。辛亥革命后受到“实业救国”思想的影响，筹办工厂，结果负了一身债。

韬奋的母亲查氏，浙江海宁人，十五岁嫁到邹家，生了三男三女，二十九岁患肺病去世。那时韬奋才十二岁。

韬奋生长在一个没落的封建大家庭里，他的父亲有十来个兄弟，全家有二三十个孩子，他亲身感受到封建大家庭的弊端。在他早期主编的《生活》周刊上，竭力反对这种大家庭制度。

这张照片是韬奋十三岁时在福州和部分亲属的合影。后排左一是韬奋的父亲，前排右二是韬奋。

韬奋十三岁(1908年)

韬奋五岁入家塾，攻读诗书，十四岁入福州工业学校读书。这个学校的前身是苍霞中学堂，分土木工程和电机两科，除国文以外，对于英文、算学也很重视。韬奋刚入学时对新课程感到有些吃力，但他勤奋学习，努力钻研各门课程，以后每次考试都获得优良成绩。

一九一二年，韬奋十七岁，他父亲送他到上海南洋公学(交通大学的前身)读书，想把他培养成一个工程师。下面这张照片是原南洋公学校门。韬奋在这里读过七年书(1912—1918年)。

韬奋少年时读过的课本

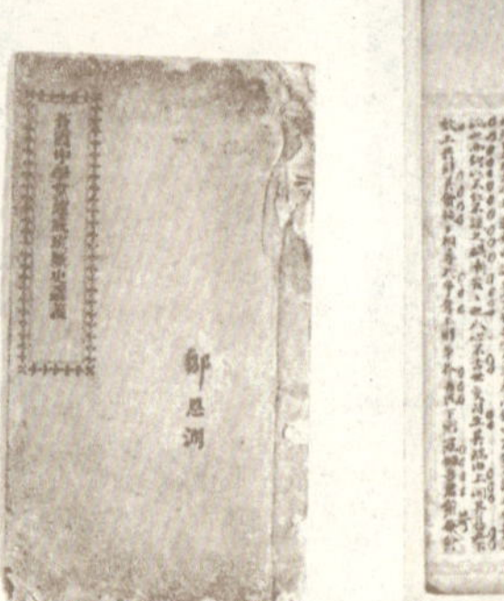

韬奋少年时手抄的文稿(1909年)

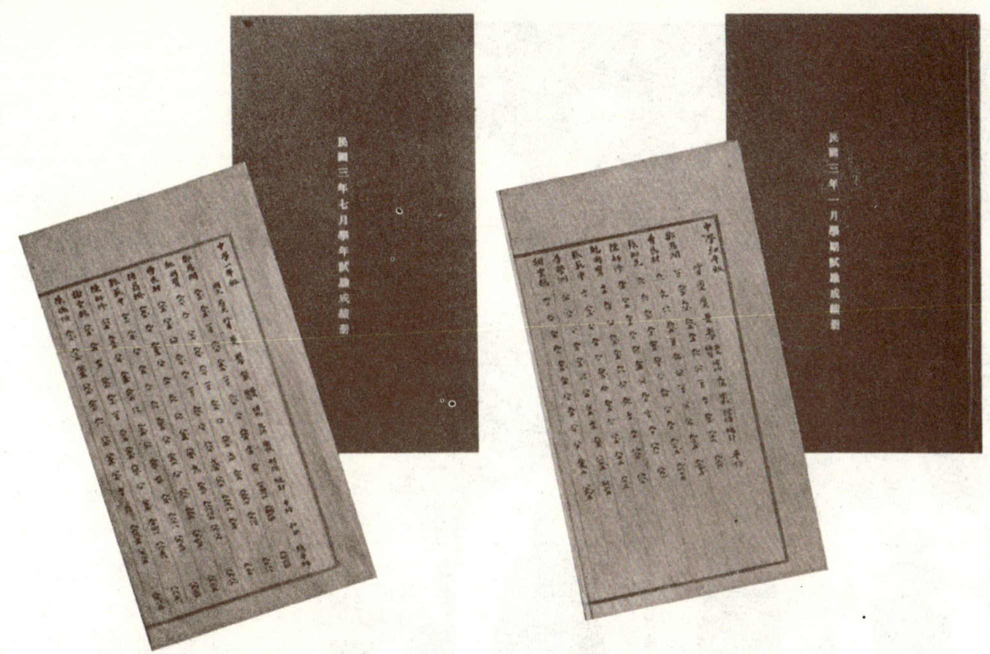

韬奋在南洋公学读到大学二年级，七年寒窗，每学期都被列入品学兼优的“优行生”。一个学期因各门功课全优，得荣誉奖，其他各学期也都受到免缴学费的奖励。这是南洋公学的学期试验成绩册。

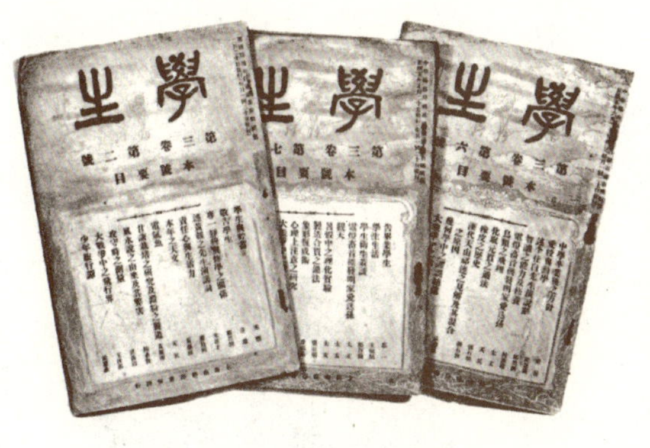

學 生 雜 誌

修養

學生衛生叢談

交通部上海工業專門學校中院三年生鄒恩潤

青賢云飢寒痛癢此我獨覺雖父母不之覺也衰老病死此我獨當雖妻子不能代也自愛自存之道不自留心將誰賴哉嘗試論之學校之中雖有運動之科苟學者猶茫然於衛身之必要衛生之不容已或既知之而憚於實踐或實踐矣而毫無精神其於衛生之道猶風馬牛之不相及也質而言之學者當於平日起居飲食念慮行爲自加之意焉思其有所裨益於衛生者而固守之思其有所有害於衛生者而力去之夫然後庶有效也苟非然者學校雖有運動之科大致一週僅二三小時耳以二三小時運動之微效而欲補救其平日起居飲食念慮行爲不循衛生之所損失寬乎其難哉以吾所知學生於衛生法所當留意者約有五事而運動不與焉

一當早起。學校普通規例暑假後大約六點半鐘起身春假後大約六點鐘起身

修養　學生衛生叢談　三十三

韬奋在中学读书时，家庭就无力负担他的学习费用了。他不得不在课余时间兼做学校图书馆的晚间助理员和校外的家庭教师；有时还向上海《申报》副刊和商务印书馆出版的《学生》杂志等报刊投稿，用微薄的稿费收入维持他的学习生活。这是刊载韬奋文章的《学生》杂志。

韬奋从小喜爱语文和历史。在南洋公学时，一度对梁启超主办的《新民丛报》和上海《时报》上远生(黄远庸)写的《北京通讯》发生兴趣。也是促成他后来从事新闻工作的原因之一。

一九一九年，韬奋转入圣约翰大学，改学文科。这是一个贵族化的学校，同学大都是富家子弟，全校几乎只有他一个“穷小子”。为了解除经济上的困境，韬奋卖稿救穷，杜威的《民本主义与教育》一书，便是那时翻译的。

上图是韬奋(后排中立者)与圣约翰大学同学的合影。

二十五岁的韬奋(1920年)

一九二一年韬奋在圣约翰大学毕业。学校规定“各同学一律要穿西服，要罩上宽袍大袖的学士礼服，戴上方帽子”，为了租学士礼服，购买西装，韬奋不得已又欠了债。

下图为圣约翰大学的校门。

韬奋大学毕业后，就兴趣和志愿很想入新闻界工作，但一时没有机会，只能走“曲线就业”的路。先做英文秘书，后兼任中学英文教员。一九二二年入中华职业教育社任编辑股主任，主编《职业与教育》月刊及《职业教育丛书》，兼任中华职业学校英文教员。在此期间，他考察了几个省的中等教育，接触了广大青年学生，逐渐了解到旧中国政治的腐败和社会的黑暗。

一九二三年韬奋送给他父亲的照片

上海华龙路（现改名雁荡路）的中华职业教育社大楼

一九二四年韬奋在上海

韬奋为中华职业教育社编译的部分书籍

韬奋担任中华职业学校英文教员时，改革了不合理的教授方法。学生们的学习成绩明显提高。这是学生感谢他的辛勤教学，送给他的纪念品——银盾。

一九二六年一月，韬奋与沈粹缜女士结婚。同年十月，接编《生活》周刊，从此他正式从事新闻工作。开初在一起工作的同事只有两个半人(其中一人兼职)，在辣斐德路(现复兴中路)四四四号的一间小小的过街楼里办公。

韬奋和夫人沈粹缜(1926年)

上海辣斐德路《生活》周刊社过街楼外景

《生活》周刊创刊于一九二五年，原是中华职业教育社办的机关刊物，赠送社员和教育机关居多。韬奋接编后，根据读者需要，改变编辑方针，以讨论社会问题为主，同时辟“信箱”专栏，为读者解答各种疑难问题。刊物形式也从单张改为十六开本。初接编时，从看稿、编辑到跑印刷厂、看清样、处理读者来信，几乎都由韬奋一人经办。这个本来不大被人注意的刊物，在韬奋和他战友们的苦心经营下，销数逐渐增加，对社会的影响也逐渐扩大。

民國十四年創始

生活

每逢星期日發行

編行者 生活週刊社

第二卷 第二十一期

本刊與民眾

本期目次

韬奋特别重视读者来信，接编《生活》周刊后，便设立“信箱”专栏，帮助读者解答有关生活、求学、职业、婚姻、医药等各种问题。读者来信，每信必复。这种热情关心群众、认真负责的精神，受到广大读者的欢迎和信任。

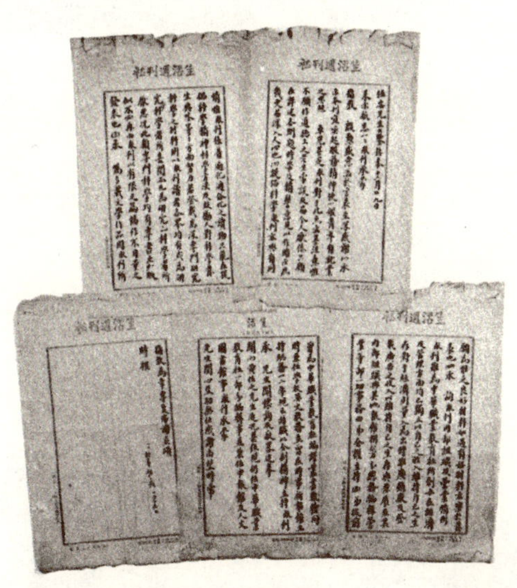

这是给读者的一封复信

韬奋热情答复读者来信，是他真诚为群众服务的一个重要表现。这里的四本信箱汇集和外集，是他当年复读者来信的一部分。

一九二八年韬奋和夫人沈粹缜及长子嘉骅合影

《生活》周刊发展迅速，一九二八年社址由辣斐德路迁到华龙路(现改名雁荡路)八十号。

一九三一年，日本帝国主义在我国东北制造了“九一八”事变，民族危机空前严重。韬奋的思想和他主编的《生活》周刊的内容也发生了急剧的变化，他坚决反对国民党反动派的不抵抗主义，热烈主张抗敌御侮。同时明确表示《生活》周刊是为劳苦大众的利益而奋斗的，刊物销数由八万份激增至十二万份。

《生活》周刊号召全国同胞捐款援助东北抗日军队及东北义勇军，迅速得到各地读者的响应，捐款共达十七万余元。

生活

第六卷 第四十三期

小言論

（一）寧死不屈的保護國權

（二）寧死不屈的抗日運動

热情的读者从日本寄回日本帝国主义者发动“九一八”事变，侵占我沈阳等地的照片，陆续在《生活》周刊上刊登。

生活國難慘象畫報（五）

慘目傷心的照片

生活週刊

上海血戰抗日畫報

（二）

一九三二年“一二八”淞沪战争爆发，日本帝国主义者袭击上海，十九路军奋起抗战。《生活》周刊刊登“上海血战抗日画报”，并出版《紧急临时增刊》，及时报道战况，鼓舞军民抗敌斗志。

《生活》周刊的销数达到十五万五千份，打破了当时中国杂志界的发行纪录。

緊急臨時增刊

生活

發行者 生活週刊社

中華民國二十一年一月三十日出版

痛告全市同胞

記者正在開始執筆草此文時，得確息南京日艦亦向我方開砲，兩方正在激戰中，日人此次為有計劃之毀我國家民族，已極露無遺。國果亡，族果滅，則個人之福利，家族之安寧，何所希冀？時間急迫，交通阻滯，記者此語已來不及遍告全國同胞，敬竭誠先舉數點痛告於上海全市同胞之前：

（一）忠勇軍士為民族人格及生存在前方犧牲生命，所為者非他們自身，實我們全體同胞，故我們應有財者輸財，有力者勢力，服務我前方義軍，協助我前方義軍。（關於服務義軍，本社已聯絡數團體在實行中，希望各方踴躍實行）

（二）我國抵抗能多堅持一日，在國際上的信譽及同情即隨之而有若干之增進。能堅持愈久，國際形勢終必發生激變；國際形勢對我之能否有利，全視我們自己抵抗力量之厚薄久暫以為衡。我們的救國義軍既忠勇奮發以赴國難，我們國民應全體動員以作後盾，庶幾軍心增壯，戰力增烈。商界罷市已為一種表示，各界均應速有秘密之有力組織，各盡能力所及，分途並進。

（三）天下絕對沒有無代價的利益，我們要想救國保族，必須下決心不怕犧牲，不怕犧牲而後不至盡全國全族而犧牲，人人怕犧牲則非至舉置全國全民族於死地或淪為奴隸不止，我們各個人誠有機會犧牲自己而保存國族，雖死無憾，況且在不必即死的以內努力，若再麻木不仁，隔岸觀火，則自降於劣等民族，滅亡乃其應得之結果了！

（四）時勢雖極危急，我們只有向前奮鬪，至死不懈，不必恐懼，亦無所用其悲觀；我們要深切明白只須我們能奮鬪，能奮鬪至死不懈，我們最後的勝利實在我們的手中，任何強暴不能加以絲毫的改變。我們應利用這種空前的災難，喚醒我們要死的民族靈魂，攜手猛進，前仆後繼，拯救我們的國族，復興我們的國族。」

—1—

臨時特刊

生活

發行者 生活週刊社

上海血戰抗日記

—7—

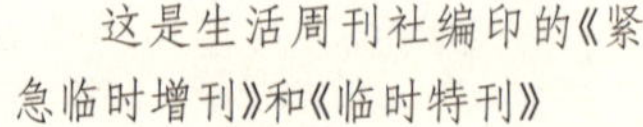

这是生活周刊社编印的《紧急临时增刊》和《临时特刊》

从“九一八”到“一二八”，日本帝国主义发动的侵华战争日益扩大。韬奋在《生活》周刊上大声疾呼，号召读者捐款抗日，得到热烈响应。“当时我们的周刊社的门口很小，热心的读者除邮汇捐款络绎不绝外，每天到门口来亲交捐款的，也挤得水泄不通……”（韬奋：《经历》）

生活週刊社傷兵醫院留影

生活周刊社还在上海沪西举办伤兵医院，专门接待、医疗与慰问在战斗中负伤的抗日战士。

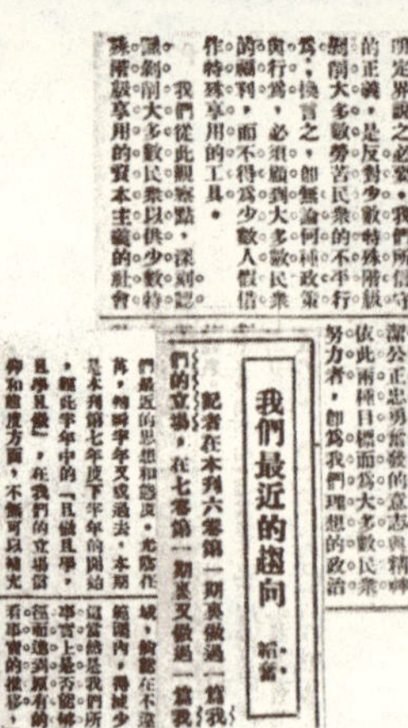

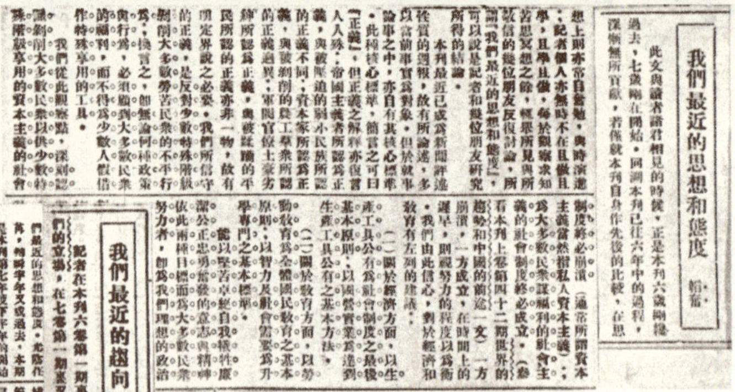

我們最近的思想和態度　韜奮

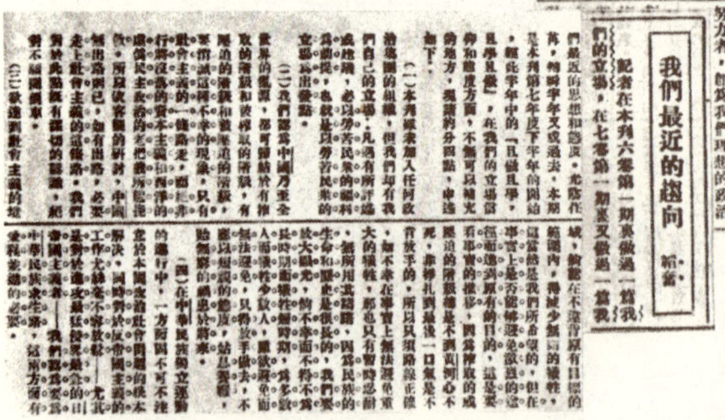

此文與讀者諸君相見的時候，正是本刊六歲剛纔過去，七歲剛在開始，回溯本刊已往六年中的過程，深慚無所貢獻，若僅就本刊自身作先後的比較，在思

我們最近的趨向　韜奮

記者在本刊六卷第一期裏做過一篇我們的立場，在七卷第一期裏又做過一篇我們最近的思想和態度，

这两篇文章发表在《生活》周刊一九三二年第七卷第一期和第二十六期上。

“九一八”以后，韬奋在中国共产党的政策、主张影响下，思想认识逐步提高，在一九三二年一月写的《我们最近的思想和态度》一文中，已认识到“资本主义的社会制席终必崩溃；为大多数民众谋福利的社会主义的社会制度终必成立”。七月写的《我们最近的趋向》一文中，更进一步认识到“中国无出路则已，如有出路，必要走上社会主义的这条路”。

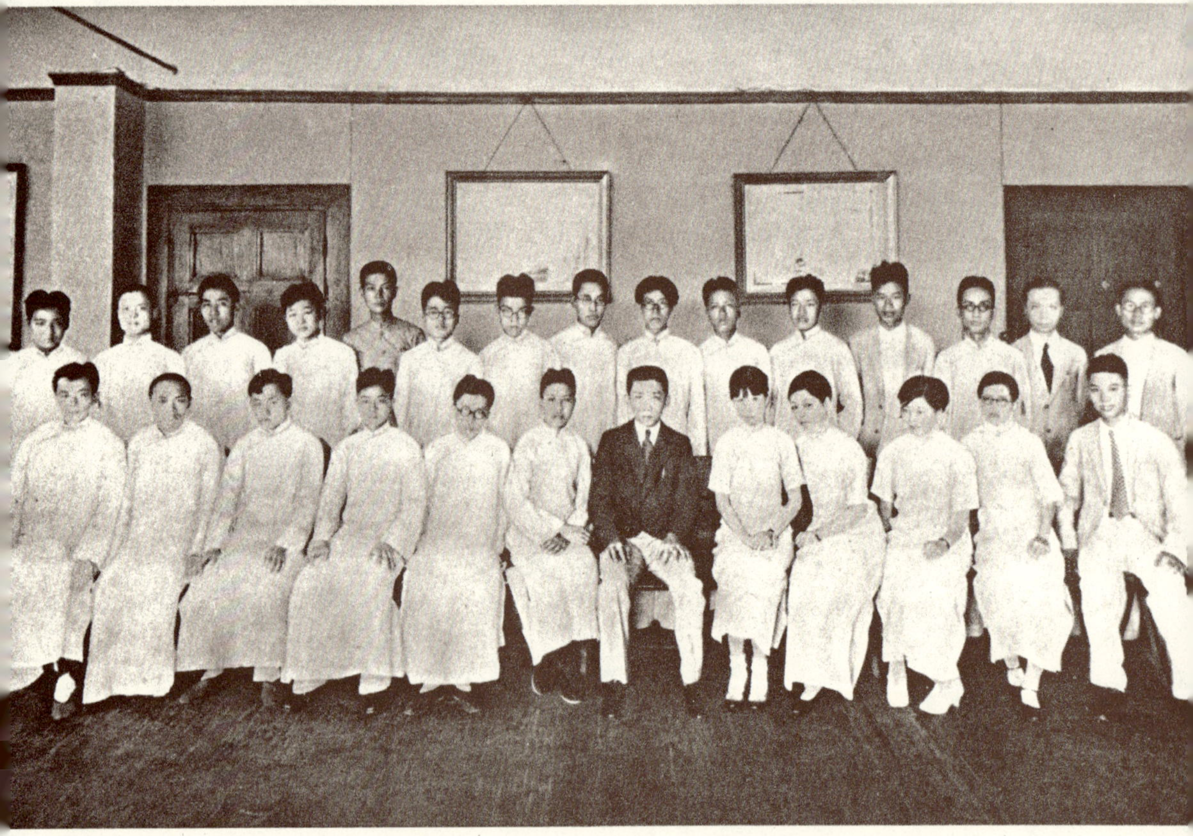

《生活》周刊社全体工作人员一九三二年的合影。后排右边第三人为韬奋。

韬奋常常感到周刊的出版时间间隔太长，不能及时反映对重大时事问题的意见，很想办一种合于人民大众需要的日报。一九三二年春，韬奋与胡愈之、戈公振、李公朴、杜重远、毕云程等发起，由读者集资创办《生活日报》，登报公开招募股款，得到全国广大读者的热烈赞助，几个月内，便征集到股金十五万元以上。群众踊跃入股的盛况，吓坏了国民党反动派，不准这个报纸登记。韬奋鉴于《生活》周刊所受的迫害，“日报即令勉强出版，亦难为民众喉舌”，忍痛宣告停办，已收的股款一概照数发还，并由银行附加应得的利息。

这是韬奋草拟的《生活日报停办通告》手稿。

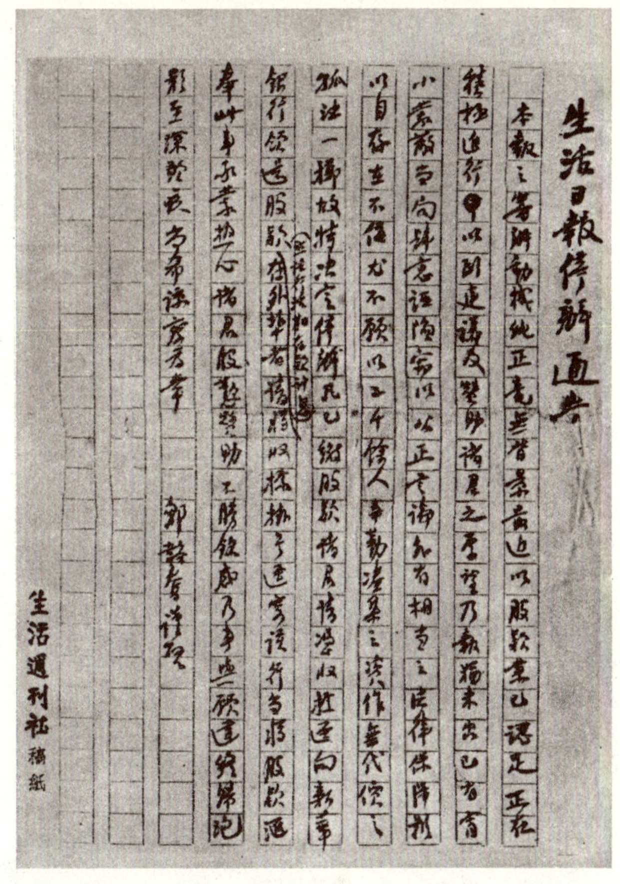

生活日報停辦通告

鄒韜奮 啟

生活週刊社 稿紙

二千戶生活日報股東的統計

本銀行代收生活日報股款後，爲求各界人士對該報未來股東得一概括明晰揭見，故於本刊第七卷第十八期中，曾作第一次一千戶股東小小統計，藉覘一斑，茲以截至七月十一日止，連前已滿二千戶，本銀行特爲續編二次之統計，藉資報告：

股數		職業		年齡		性別		住址	
一股	1030	商	1002	二十歲以上	282	男	1697	江蘇	1032
二—五	674	學	443	二十一—三十	1004	女	124	浙江	166
六—一〇	218	政	170	三十一—四十	420	不明	179	廣東	111
一一—五〇	63	工	110	四十一—五十	106			湖北	102
五一—一〇〇	8	軍	48	五十一以上	44			湖南	82
一〇一以上	7	農	19	不明者	144			山東	71
		其他	208					綏遠	58
								河北	56
								河南	39
								四川	88
								安徽	34
								山西	24
								廣西	14
								江西	14
								雲南	13
								陝西	10
								貴州	5
								寧夏	4
								遼寧	1
								國外	126
總額	2,000		2,000		2,000		2,000		2,000

備註

表內各項，均係兩次合計總額，住址一欄，內如廣西，貴州，寧夏，遼寧各地爲第一次所未有者，足徵該報入股同志之普遍，尤以國外同胞之熱心輿款，人數激增，爲可注意。

新華信託儲蓄銀行服務部編製

这是新华信托储蓄银行代收《生活日报》股款时，对二千户股东所作的统计。投股者遍及国内外，都是《生活》周刊的读者。

一九三〇年十月，为了便利读者选购各种图书杂志，生活周刊社附设“书报代办部”，深得读者信任，读者来信每年达二三万封。为了推进文化事业，更好地为读者服务，一九三二年七月，在“书报代办部”的基础上扩大成立独立的“生活出版合作社”——生活书店。

生活出版合作社是由社员共同经营，以促进进步文化事业、为社会服务为宗旨的。对内采用民主集中制。在组织上，领导机构理事会由全体职工选举产生。韬奋被选为理事会主席。

生活书店最早用的店牌

生活书店成立时的店址，在上海陶尔斐斯路(现南昌路东段)四十八弄的弄口。

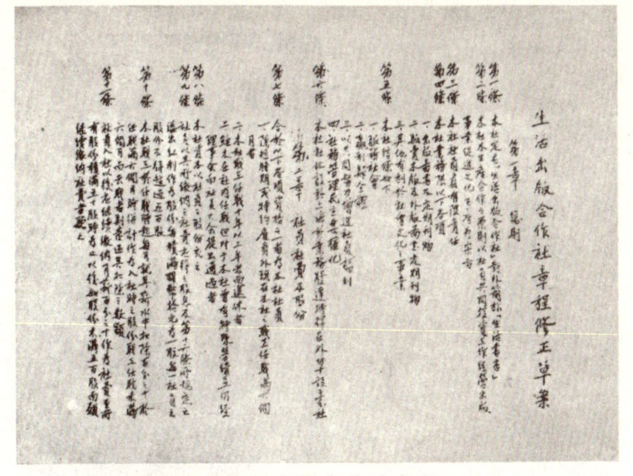

生活出版合作社章程

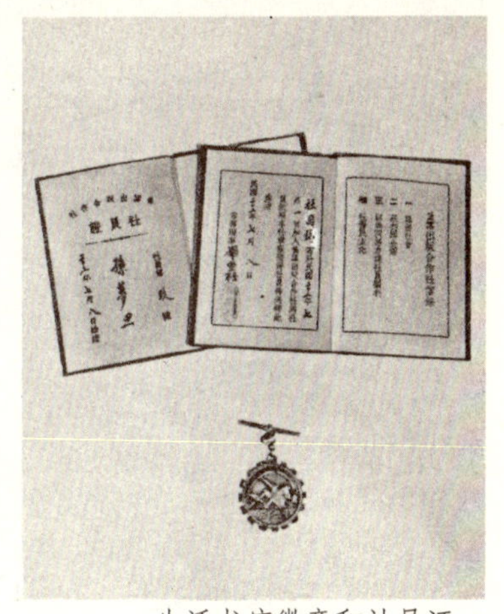

生活书店徽章和社员证

一九三三年,《生活》周刊第八卷第四十七期上发表了胡愈之的《民众自己起来吧!》一文,更触怒了国民党政府,八年来从不脱期的《生活》周刊,出至第八卷第五十期,遭密令停刊被迫与读者告别。

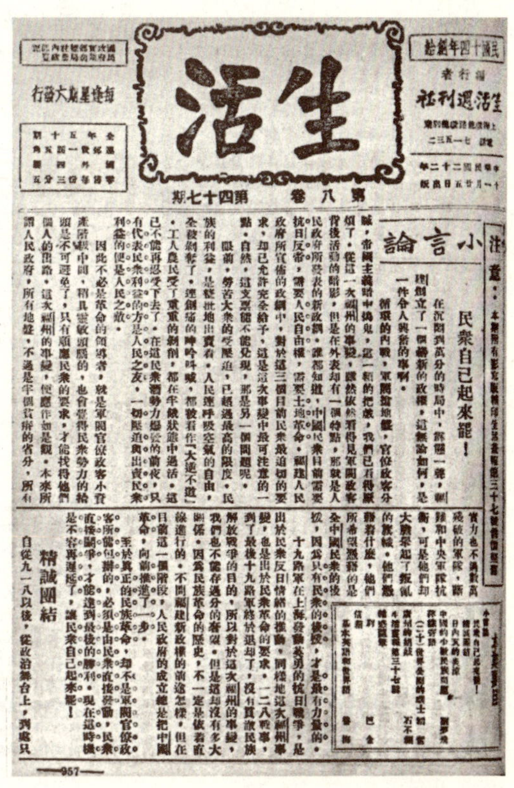

生活

民國十四年創始

編行者 生活週刊社

每逢星期六發行

第八卷 第四十七期

中華民國二十二年十一月廿五日出版

小言論

民衆自己起來罷！

精誠團結

—957—

《生活》周刊在广大读者中的影响愈来愈大,国民党反动政府日益害怕和痛恨。一九三二年七月,《生活》周刊被禁止邮寄,在内地销售,亦被查禁。这是当时韬奋摘录在笔记本上的国民党中央的密令二则。

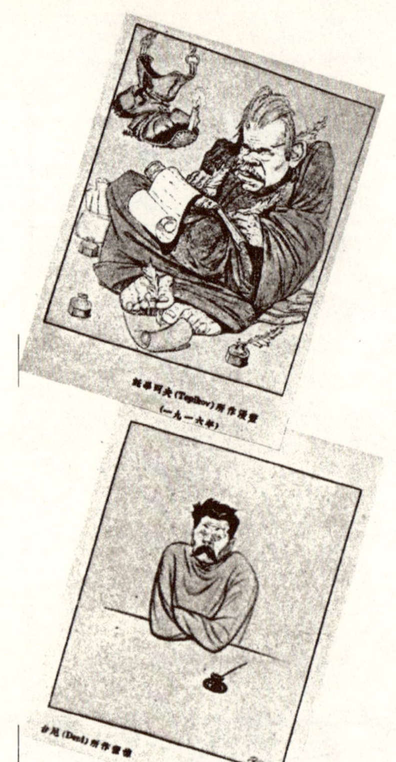

[illegible]阿夫(Tepikov)所作漫画
（一九一六年）

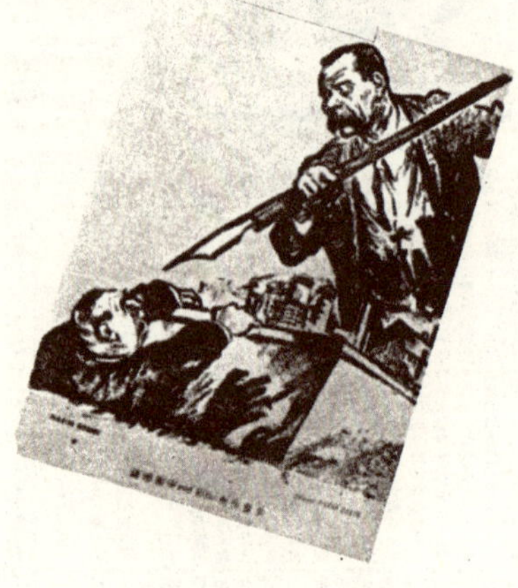

台尼(Deni)所作漫画

韬奋对于苏联伟大作家高尔基十分敬慕。一九三三年五月，韬奋编译了一部二十万字的传记《革命文豪高尔基》。鲁迅听到这部书稿做成的消息很高兴，随即写信极力支持，誉之为“这实在是给中国青年的很好的赠品”，主动提供插图；将珍藏的《高尔基画像集》借给韬奋选用。这里的三幅插图，就是用鲁迅提供的资料制版的。

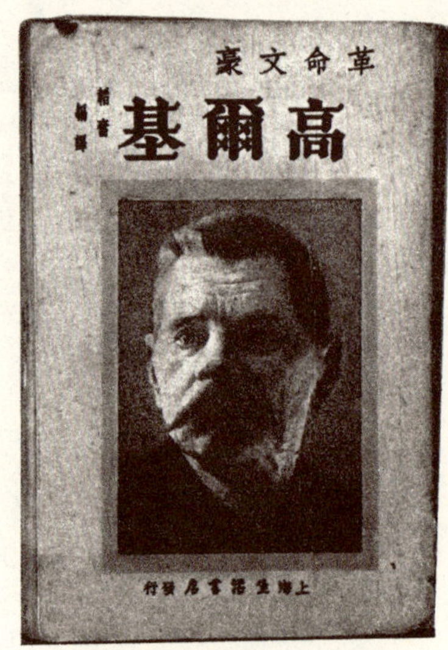

《革命文豪高尔基》初版本

Anglo American Institute,
Third Soviet House
July 26, 1934.

Dear Comrade Gorky,

I am an admirer of yours from China where a real revolution for the benefit of the masses has been going on. Before I state the purpose of writing this letter, it may be well for me to introduce myself very briefly. I have been engaged as editor in chief for the Life Weekly for the past eight years, which has been devoted to advocating Socialism in China and sympathizing with the Soviet movement over there, though its work must be done in various ways of disguise, as it is published in Shanghai where the "White Terror" is most serious. I left China one year ago and have now been travelling in Europe. I arrived in Moscow on 20th inst. and it has given me keen interest and much pleasure to visit the first land of Socialism.

I am glad to tell you that I have written a biography of yours in Chinese, which was published in July of last year and has been very popular in China. The revolutionary younger generation are greatly interested in your life and works.

Yesterday it gave me great pleasure to learn that you are in Moscow at present. I should be much obliged and deem it a great honor, if you would kindly grant an interview so that I may present you your biography in Chinese which I have brought along with me from China. I don't think you can read it, but I believe you may be interested in having a look at it and keep it as a gift from one of your sincere admirers from a very far land. I know that you are very busy for your literary work and expect only a very short interview with you. If my request meets with your favorable consideration, will you kindly let me know where and when I may come over to call?

Finally I should like to beg your pardon for writing this letter in English. I am sorry that I don't understand Russian and that Chinese writing is difficult for a foreigner to understand. I hope, however, your secretary will translate this letter for you.

With best wishes,

Yours sincerely,
[illegible]

莫斯科大学附设暑期大学，
苏维埃第三层，
1934年7月26日。

亲爱的高尔基同志：

我是来自中国的您的一位敬慕者，在这个国家里，为了群众的利益正进行着一次真正的革命。在我讲明写这封信的目的之前，我想还是先简单地介绍一下自己。在过去的8年当中，我担任《生活周刊》的主编，这个刊物的目的，是在中国鼓吹社会主义，同情中国的苏维埃运动，但是它必须在各种伪装的方法之下进行自己的工作，因为它是在“白色恐怖”最厉害的上海出版的。一年前我离开了中国，一直在欧州各地旅行。本月20日我抵达莫斯科，使我特别感到兴趣和异常快乐的，就是能访问第一个社会主义的国家。

我高兴地告诉您，我曾经用中文写了一本您的传记。这本书在去年7月间出版，并在中国受到普遍欢迎。革命的青年一代人都非常关心您的生平和作品。

昨天，我感到特别高兴，就是知道您目前正在莫斯科。假如您能惠予接见，让我把从中国随身带来的您的中文的传记送给您，那我就更为感激和感到莫大的荣幸了。我想您不可能阅读这本书，但我相信您会高兴看一看这本书，把它作为一个从遥远的国家来的您的真诚的敬慕者送给您的一份礼品保存着。我知道您正忙于文学写作的工作，但我只希望能和您有一次短短的会见。假如我的请求能蒙您允诺，那么请您告诉我在什么地方、在什么时候我能来拜访您。

最后，我请求您原谅我用英文写这封信。我非常抱歉，我不懂俄文，而中文信又是外国人很难理解的，但我希望您的秘书会把这封信为您翻译出来。

祝您好！

邹恩润谨启。

一九三四年七月，韬奋在莫斯科考察时，用英文给高尔基写过一封信。这是信的手迹和译文。

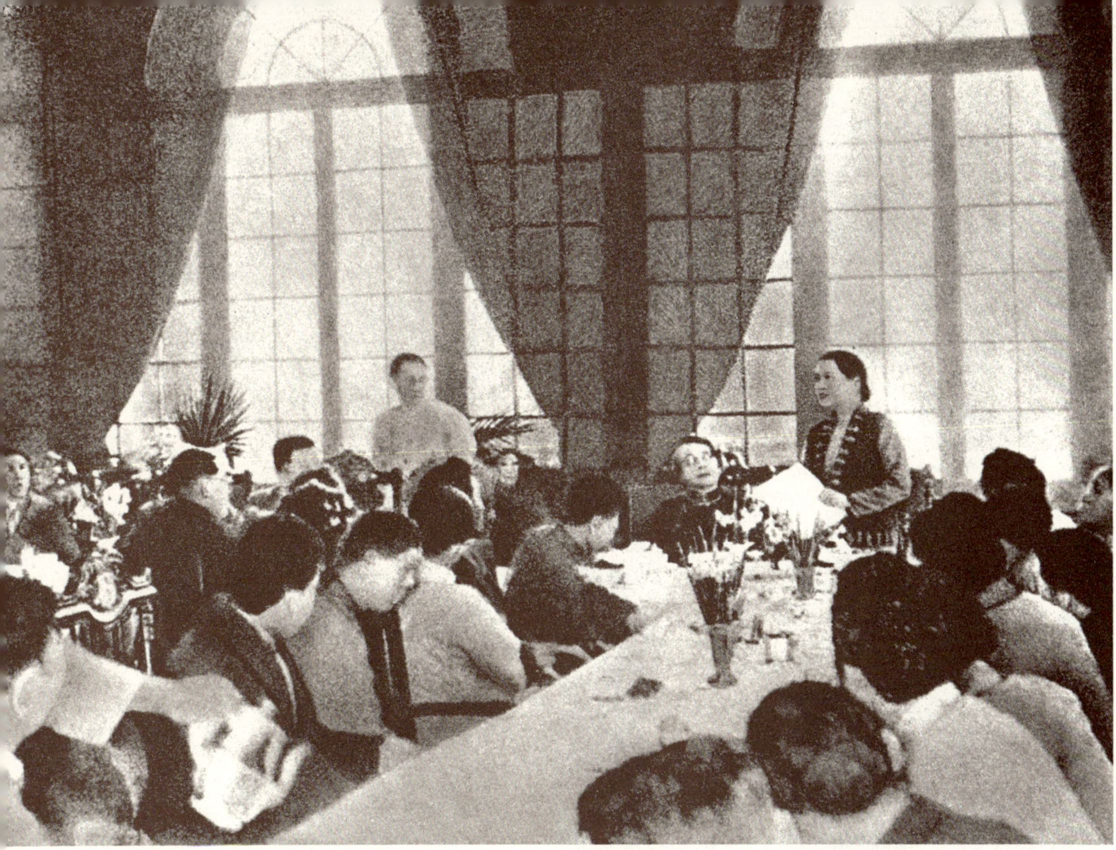

宋庆龄在中国民权保障同盟会议上发言，抗议蒋介石反动政府侵犯人权的法西斯暴行。

一九三三年一月，韬奋参加了宋庆龄、蔡元培、杨铨等发起组织的中国民权保障同盟，被推举为执行委员。当时国民党特务横行，用绑票方法秘密捕人，随意处死，惨无人道。民权保障同盟就是为了制止这种无法无天、蹂躏人权的罪行组成的。韬奋参加民权保障同盟，是他从言论到行动的开端。在该同盟刚成立时他写的一篇文章中说：“我们从历史上看来，便知民权之获得保障，决不是出于统治者的恩赐，乃全由民众努力奋斗取得来的。”

中國民權保障同盟宣言

中國民衆以革命的大犧牲所要求之民權至今尚未實現．實爲最可痛心之事．[illegible]

見．甚至青年男女有時加以政治犯之嫌疑[illegible]之處分．[illegible]之最低限度之人權亦被剝奪．

我們深知對此種狀態欲有效與充分之改革惟有努力造成產生此種狀態之環境．但同時亦知各先進國家皆有保障民權之世界組織．由愛國斯坦及羅素及羅蘭之領導．此種組織之主要宗旨在保障人類生命與社會進化所必需之思想自由與社會自由．根據同一理由我們提議中國民權保障同盟之組織．本同盟之目的：

（一）爲國內政治犯之釋放與非法的拘禁酷刑及殺戮之廢除而奮鬥．本同盟願首先致力於大多數無名與不爲社會注意之獄囚．

（二）予國內政治犯以法律及其他之援助．並調查監獄狀況．刊佈關於國內壓迫民權之事實以喚起社會之公意．

（三）協助爲結社集會自由言論自由出版自由諸民權努力之一切奮鬥．

本同盟設全國委員會．以五人至九人之執行委員會主持之．全國委員會由各分會選舉之代表二人組織之．每年集會一次．選舉執行委員討論會務．執行委員任期一年．執行委員會設主席一人幹事若干人．本同盟設總會於上海．設分會於國內各重要都市．分會每月至少集會一次．全國委員會之分會代表每月應報告分會狀況於執行委員會．凡贊成本同盟主張並願從事實現此主張之實際工作者．不拘國籍性別及政治信仰．由會員三人之介紹．經執行委員會多數之通過．得爲本同盟之會員．被選會員往過去曾參加侵害民權之行爲者．執行委員會得拒絕其加入同盟．本同盟之會費．個人會員每年三元．團體會員每年十元．並得募集捐款維持會務．

中国民权保障同盟会上海分会成立时印发的《中国民权保障同盟宣言》

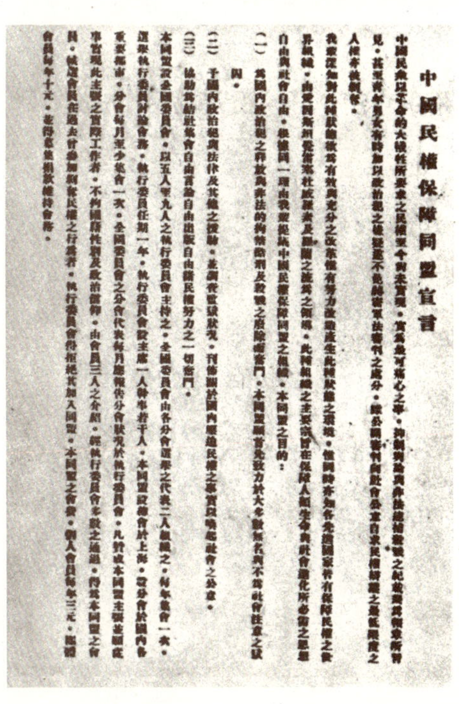

韬奋被迫出国前与家人摄于上海吕班路(现重庆南路)万宜坊寓所。

一九三三年六月十八日，中国民权保障同盟的总干事杨铨(杏佛)在上海被国民党特务暗杀。当时谣言四起，人心浮动，白色恐怖笼罩全国。韬奋经常受到国民党特务的盯梢，朋友们替他的安全担心，劝他出国暂避。韬奋被迫离开上海，开始他的第一次流亡。

韬奋出国，《生活》周刊由胡愈之等负责。韬奋预料到《生活》周刊会被封禁，在出国前一九三二年十月间预先写好一篇《与读者诸君告别》的文章，准备在被封闭的最后一期《生活》上发表，文章表示“宁为保全人格报格而决不为不义屈”的决心。

生活

小言論

《生活》周刊出版至第八卷第五十期，果然被国民党反动政府查禁。这是最后一期的《生活》周刊。

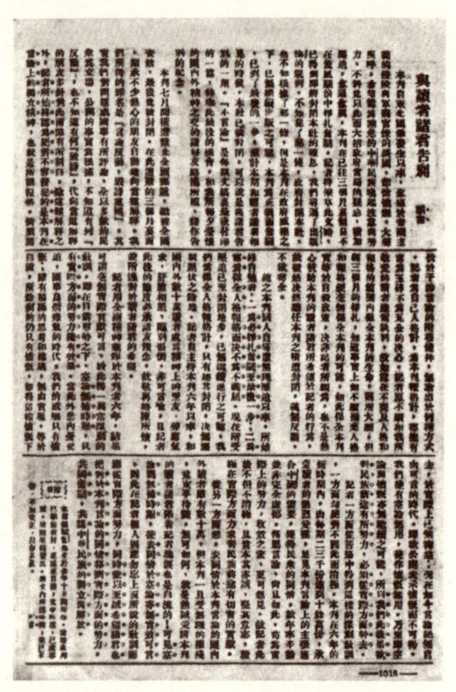

與讀者諸君告別

一九三三年七月至一九三五年八月，韬奋考察了英、美、法、德、意和苏联等国，进一步认识到社会主义的优越性和资本主义的腐朽性。尤其是在美国，看到了劳动人民在资本主义制度下的生活和斗争，更明确了只有社会主义能够救中国。

一九三三年七月十四日，韬奋被迫出国，开始他的第一次流亡生活。这是韬奋登上意轮佛尔第号时摄的照片。

韬奋出国，胡愈之(右三)、徐伯昕(左一)、沈粹缜(右一)等至码头送行。

李公朴(右三)、毕云程(左一)、邹恩泳(左二)等也到码头送行。

韬奋在欧美考察时寄回很多“海外风光”照片，刊登在《生活画报》上，这是其中的几幅。

伦敦是韬奋在海外耽搁较久的地方。他除了在伦敦大学政治经济学院听讲外，很多时间是在著名的伦敦博物院图书馆里度过的。他在那里攻读了不少马列主义著作和其他社会科学书籍，进一步奠定了他的共产主义世界观。

韬奋在德国柏林一位华侨家中作客

韬奋在伦敦博物院图书馆用英文写了很多读书笔记，回国后曾把其中一部分加以整理，译成中文出版。

一九三四年七月，韬奋从伦敦出发经列宁格勒到莫斯科。这是他走出莫斯科车站时所摄。

韬奋在苏联考察期间，参加了美国进步团体——美国学生旅行团，并一起到莫斯科暑期大学听讲，参观工厂、集体农庄、博物馆、学校、托儿所、疗养院…… 这张照片是韬奋和美国学生旅行团在参观克里姆林宫时的留影。

一九三四年九月，韬奋离开苏联，重新回到伦敦。他在苏联参观虽只有两个月，收获却很丰富。他把在苏联的见闻写了六十六篇通讯，共十八万字，编成《萍踪寄语》第三集。这本书当时曾给广大的中国青年极大的影响，使他们从中了解到苏联社会主义建设的辉煌成就和苏联人民的幸福生活，由此认识到自己的奋斗目标。

韬奋在伦敦时留影

这封信是韬奋离开伦敦前给旅居在苏联的《生活》周刊特约通讯员戈宝权写的。

《新生》周刊创刊号

一九三三年十二月《生活》周刊被迫停刊。不到两个月，接着由杜重远创办《新生》周刊，继续宣传抗日救国的主张。

杜重远是韬奋从事抗日民主运动的战友，是个热诚的爱国主义者和坚决的民主战士。他主编《新生》周刊，保持了《生活》周刊的爱国精神。

杜重远因“新生事件”，受屈被监禁在上海漕河泾监狱时摄。

一九三四年六月起，国民党反动政府为了钳制言论，实施“图书杂志审查办法”。

一九三五年五月，《新生》周刊上刊登了易水(艾寒松)的《闲话皇帝》一文，此文已经国民党反动政府审查通过，然因涉及日本天皇，日本帝国主义借故提出抗议。蒋介石反动政府屈从于日帝压力，无理勒令《新生》停刊，并逮捕杜重远，判刑十四个月。“新生事件”进一步暴露了蒋介石集团妥协投降的嘴脸。引起人民群众的极大愤慨。

这是“新生事件”的一部分有关材料。

閒話皇帝

易水

生活書店 特約十大銀行

六大利益

免收匯費

節省信資

減低折扣

匯款迅速

手續簡便

辦理妥捷

告別讀者諸君

新生周刊社

"新生事件"发生，加速了韬奋的归程。一九三五年八月，韬奋离开旧金山回国。二十七日抵达上海。到轮船码头迎接的有张仲实(左一)、李公朴(左二)、艾寒松(左三)、沈粹缜(左五)等。

韬奋第一次流亡国外，历时两年，足迹遍世界。记述这次行踪，他先后写了四本书——《萍踪寄语》一至三集和《萍踪忆语》。热情歌颂了社会主义的苏联，深刻揭露了美、英、法、德、意等资本主义制度的腐朽。

韬奋从国外回到上海，眼看国事危殆，立即以新的战斗姿态，经短期筹备，在十一月十六日，出版了《大众生活》周刊创刊号。在他撰写的发刊词《我们的灯塔》中，提出以“力求民族解放的实现，封建残余的铲除，个人主义的克服”为三大目标。明确提出抗日民族统一战线的主张，号召全国人民努力争取开放言论自由和民众运动，一致团结起来，实行抗日。韬奋在这里第一次提出克服个人主义。这说明韬奋此时已接受集体主义理想，认识到知识分子走上革命道路彻底克服个人主义的必要。

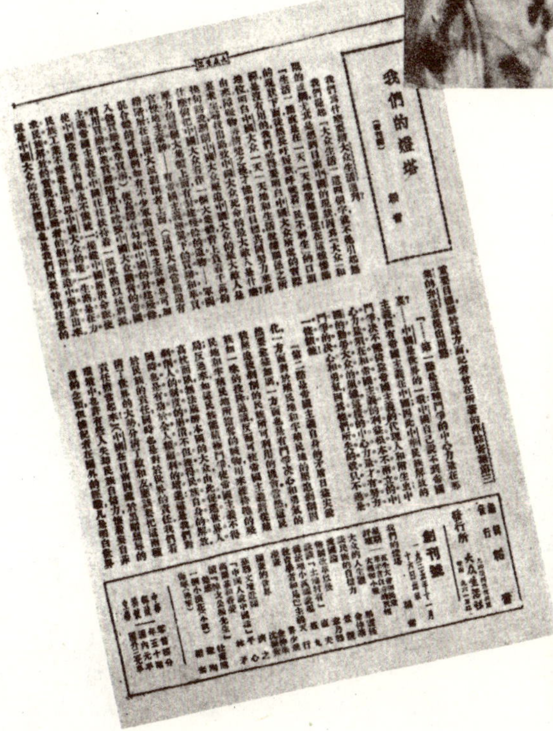

我們的燈塔

伟大的“一二·九”运动，爱国学生走上街头，举行声势浩大的抗日示威游行。

一九三五年十二月九日，在中国共产党的号召和领导下，北平的爱国青年学生和知识分子掀起了抗日救亡运动。“一二·九”运动的消息传到上海，韬奋立即予以热烈的声援，在他主编的《大众生活》周刊上，连续几期选登大量照片、文章，来反映这场轰轰烈烈的爱国运动。

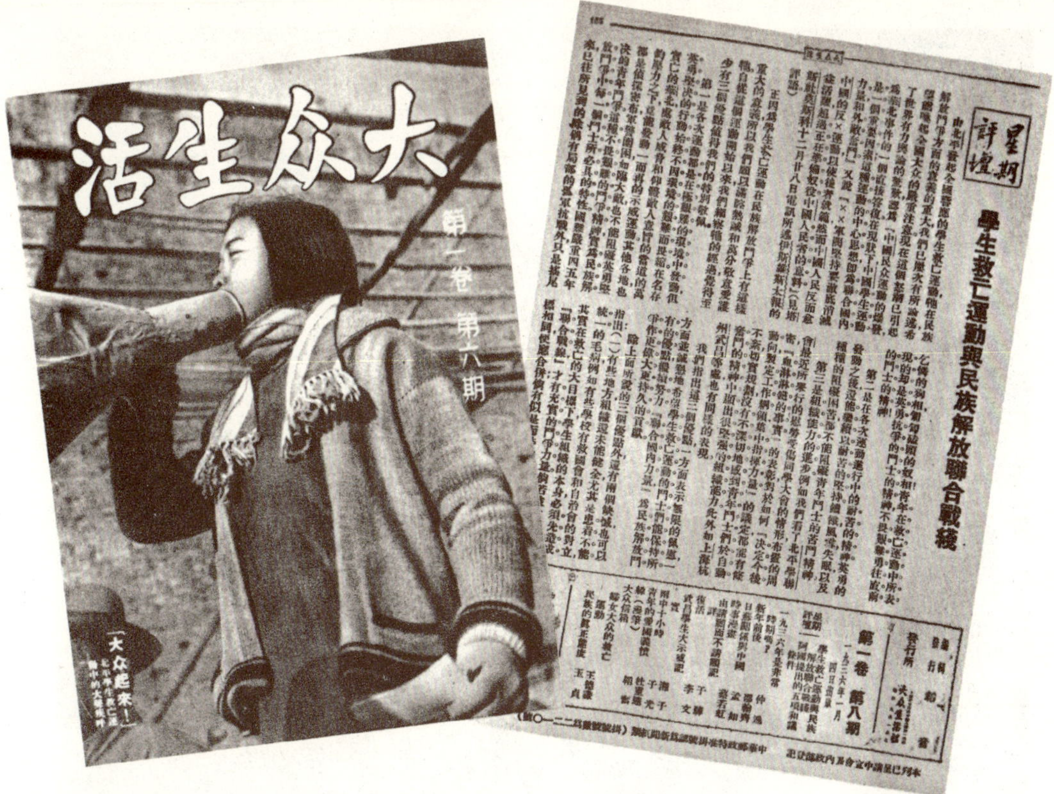

星期評壇

學生救亡運動與民族解放聯合戰綫

《大众生活》对于"一二·九"运动的全力声援，对全国抗日救亡运动起了推动作用，国民党政府慌了手脚。他们使用各种卑鄙手段，禁止邮递，不准在外地发售，并且放出许多谣言，对韬奋进行毁谤和恫吓，妄图扼杀《大众生活》。

韬奮緊要附啓

近來得到各方面讀者好友的來信，報告本刊將被封閉和我將被拘捕或陷害的消息，諸位好友垂愛的殷切和關心的懇摯，令我萬分感動，永不能忘。當我寫這附啓的時候，還未發現什麼被害的事實發生，我們要爲愛國救亡運動多盡一些力量，當然也希望沒有什麼被害的事實發生，但是也許變起倉卒，來不及留下幾句話和許多讀者好友道別而遠去，所以特在這裏預先略傾我的胸懷。

（一）中華民族已到了生死存亡的最後關頭，事實俱在，擺在眼前，誰也不能否認的了。在這樣艱危的形勢下，除發動整個民族解放的英勇抗戰外，沒有生路。但是真爲民族解放而抗戰，必須在「不壓迫民众救國運動」這個重要條件下進行，這是我們對於這萬分艱危的國難現階段的中心主張。

（二）我個人在海外目睹中國國際地位的低劣，僑胞遭遇的慘苦，回國後又目睹大众所受的侵略壓迫變本加厲，全民族都將淪爲奴隸，痛心疾首，終夜彷徨，只須對民族解放有些微努力的可能，個人的安危生死，早置度外，所欲披瀝肝膽掬誠奉告於讀者好友的，是我深信只有大众有偉大的力量，只有始終忠實於大众的工作，才有真正的遠大的效果，我個人無論如何，必始終堅決保持這個信仰，決不投降於任何和大众勢不兩立的反動勢力，在欲得我而甘心的，必將盡其羅織捏造毀謗誣蔑的能事，但事實勝於雄辯，在我個人原不在意，不過我不願因人有意破壞我的名譽，侮辱我的人格而影響到我對於國事的主張和我爲著大众的工作，所以在此艱危之際，在這一點上仍略爲表明一些我的心意。

最後，敬祝全國大众爲民族解放前途團結起來，共同奮鬥！

韬奮緊要啓事

本刊代表大众的立場和意識，對於萬分嚴重的國難，主張發動整個民族解放的英勇抗戰，並主張要在「不壓迫民众救國運動」的條件下進行，態度光明，言論公開，但竟因此受到種種壓迫，先之以停郵，繼之以查禁，在本刊承蒙國內外數十萬讀者的信任，無數文化工作同志的培成，艱苦支撑，不敢不勉，但在現狀下已無法進行，不得不於萬分沈痛中暫行停刊，這一期算是和讀者諸友暫別的終刊號，在此臨別之際，還有兩點要提出來奉告於諸位的：第一是我們深信本刊所以得到數十萬同胞的贊助愛護，不是任何個人乃至任何少數人的力量，却在本刊的主張是許多愛國愛民族的同胞的心意的反映，所以本刊雖以迫於環境，暫時停頓，而抗敵救亡的運動却是必然地會持續開展發揚光大的。第二是我個人既是中華民族的一分子，共同努力救此垂危的民族，是每個分子所應負起的責任，我決不消極，決不拋棄責任，雖千磨萬折，歷盡艱辛，還是要盡我的心力和全國大众向着抗敵救亡的大目標繼續邁進。

敬祝全國大众起來為民族解放前途共同奮鬥！

一九三六年二月，《大众生活》出到第十六期，便遭到和《生活》、《新生》同样的命运。在被迫停刊前，韬奋针对敌人的诬蔑和威胁，发表了《韬奋紧要附启》和《韬奋紧要启事》，向广大读者揭露国民党政府的反动镇压，并表明自己的坚决态度。

民族解放運動的呼聲（轉載）

上海文化界救國會第二次宣言

一九三五年十二月，上海文化界救国会成立，一九三六年五月，全国各界救国联合会成立，韬奋先后被选为执行委员。韬奋一面办刊物，宣传抗日救国主张，同时还积极参加实际工作，致力于抗日救亡运动。图为韬奋在会上发言。

《大众生活》第九期上转载《上海文化界救国会第二次宣言》。

戈公振
1890—1935

我国著名的进步新闻记者戈公振是韬奋的挚友，也是《生活》周刊的撰稿人。曾先后到欧美各国及日本等地考察，并在莫斯科居留三年，研究当时苏联的政治、经济和文化等方面的建设，写了很多通讯。一九三五年，韬奋电邀他回国筹备《生活日报》。他回上海不久，便因病逝世。韬奋深为哀痛，写文悼念，并将散见于各报刊的戈公振遗著编成《从东北到庶联》一书，交由生活书店出版。

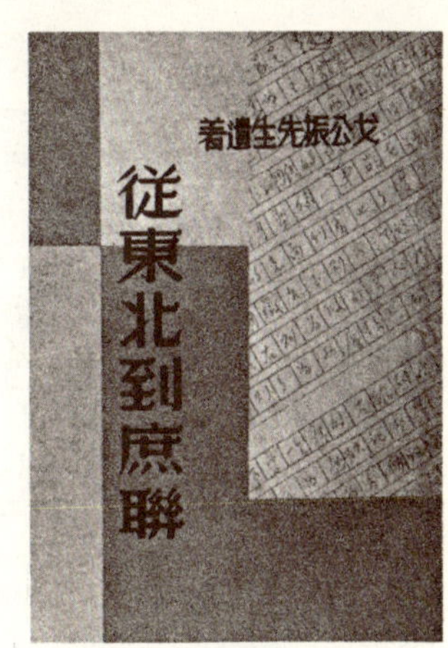

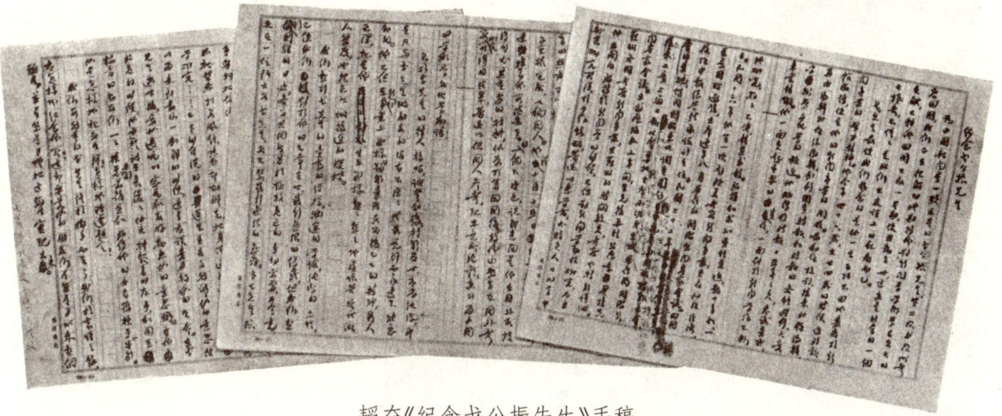

韬奋《纪念戈公振先生》手稿

大众生活社

大众生活社

大众生活社

一九三五年十二月，韬奋写给在苏联的戈公振的侄儿戈宝权的信。

在风起云涌的救亡运动中，救国会成为广泛联合各阶层团结救亡的重要力量。图为救国会领导人参加在国民党军警和租界巡捕武装监视下纪念“五卅”的群众游行。

《大众生活》停刊后才一个星期，一九三六年三月，《永生》周刊创刊号便出版了，由韬奋的战友金仲华任主编，继续战斗。但出到第十七期，又被国民党政府查禁了。

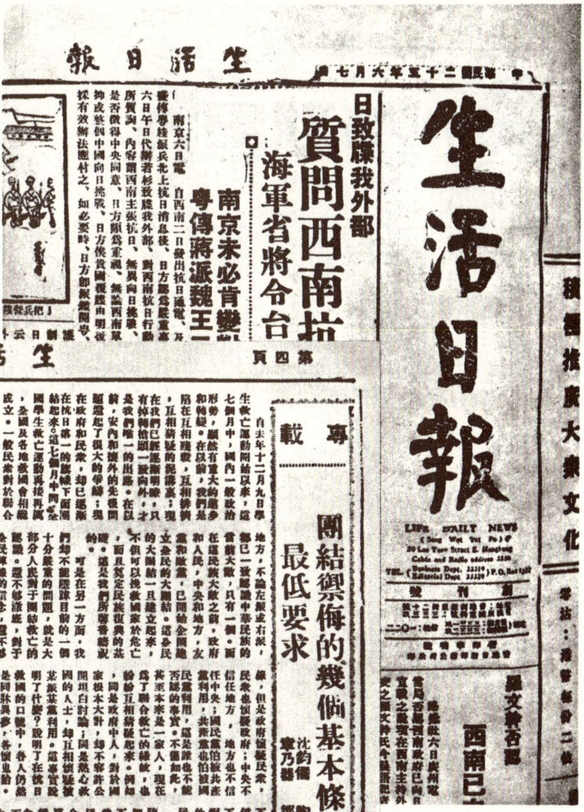

《生活日报》创刊号

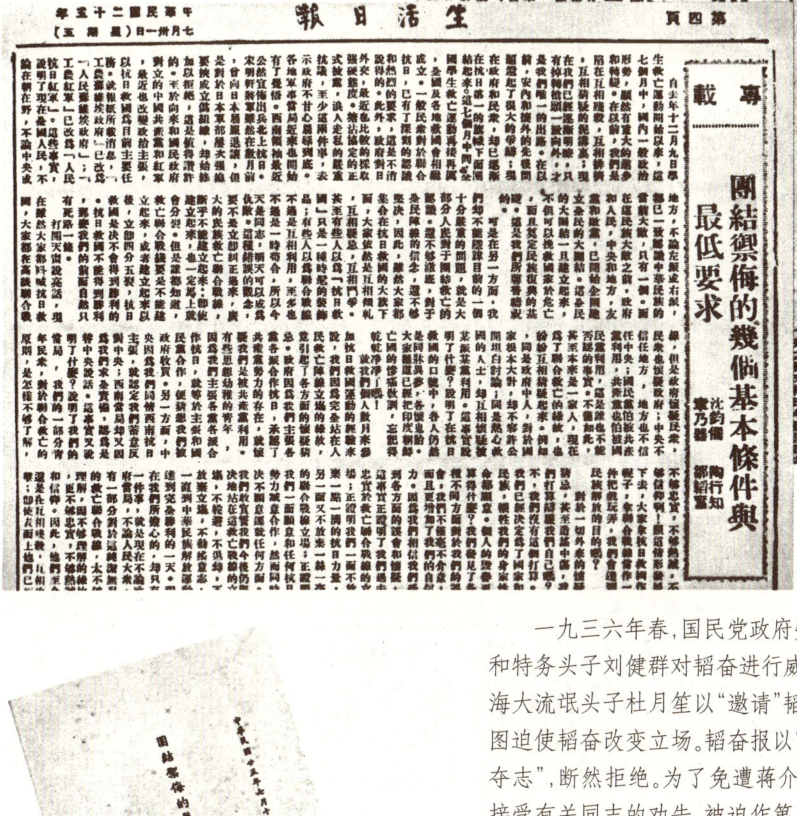

一九三六年春，国民党政府先是派宣传部长张道藩和特务头子刘健群对韬奋进行威胁，继之蒋介石授意上海大流氓头子杜月笙以“邀请”韬奋去南京谈话为由，妄图迫使韬奋改变立场。韬奋报以“三军可夺帅，匹夫不可夺志”，断然拒绝。为了免遭蒋介石的进一步迫害，韬奋接受有关同志的劝告，被迫作第二次流亡。在香港，他创办《生活日报》，继续宣传抗日主张。七月，韬奋和沈钧儒、章乃器、陶行知联名在《生活日报》上发表《团结御侮的几个基本条件与最低要求》，并印成小册子，要求国民党停止内战，承认中国共产党的合法地位，各党派联合起来共同抗日。小册子印发十余万册，对促成抗日民族统一战线起了积极的作用。

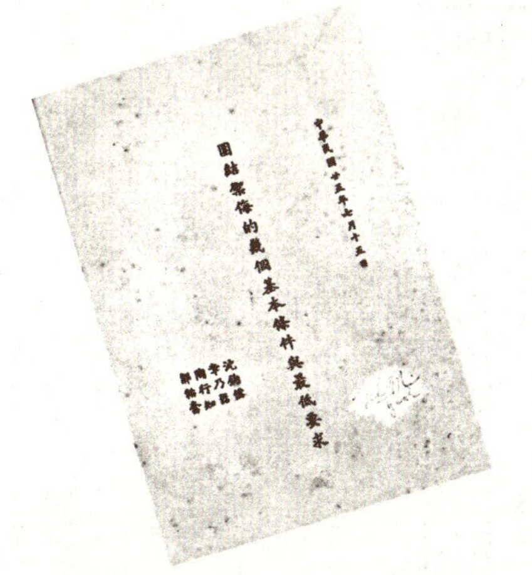
中華民國二十五年七月十五日

團結禦侮的幾個基本條件與最低要求

沈鈞儒
章乃器
陶行知
鄒韜奮

《团结御侮的几个基本条件与最低要求》小册子。

生活日報

星期增刊

筆談

一九三六年春，刘少奇同志受党中央的委派到天津主持北方局工作，当他得知《生活日报》即将在香港出版的消息，非常重视。根据党的民族统一战线政策，他于五月二十四日，以“莫文华”的笔名，给韬奋写了一封热情洋溢的长信。

生活日報 星期增刊

信箱

民族解放的人民陣線

莫文華

生活日報 星期增刊

理論與實踐

韬奋以他一贯的真诚和热情，将此信在《生活星期增刊》上全文刊载。在编者的话中，对刘少奇同志的主张表示热烈赞同，并补充了自己的看法。

生活日報星期增刊　　70　　第一卷

信箱

人民陣線與關門主義

莫文華

關於救國聯合戰線的幾個疑問

林中

一九三六年六月十九日刘少奇同志给韬奋写去第二封长信，表达了对创刊十二天的《生活日报》的肯定和希望，并着重阐述了人民阵线与关门主义的问题。

韬奋又照登全文，表示接受少奇同志的意见。同时提出“人民阵线”这个名词容易令人误解，不如用“民族联合阵线”来得清楚。

后来，在办报活动中，韬奋坚持正确的政策、方针，不受“左”右方面的干扰，在报上一再撰文，阐述抗日民族统一战线的理论，既抨击狭隘的宗派主义、关门主义倾向，又斥责妥协屈服的投降主义。

《生活日报》在香港出版，影响只能偏于东南一隅，且交通不便，不利于全国性的宣传。国内局势的变化，救亡运动的发展也很需要韬奋回到上海工作。他接受党组织的建议，在七月三十一日自动结束《生活日报》，拟迁往上海出版。国民党政府百般阻挠，不允登记，初议未能实现。

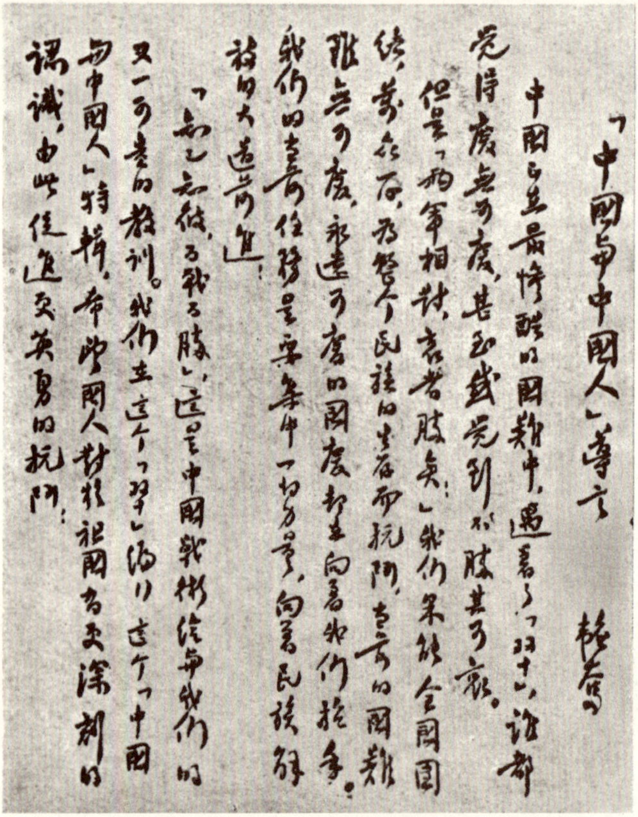
「中国与中国人」导言

韬奋

《生活星期刊》第十九号上刊登的韬奋的《“中国与中国人”导言》一文手稿。

不是創刊詞

韬奋

《生活星期刊》原是《生活日报》的星期日增刊。一九三六年八月，韬奋将《生活星期增刊》改名《生活星期刊》迁至上海出版。为了便于读者保存，将原来的八开大本改为十六开本。这是《生活星期刊》第十二号上刊登的韬奋撰写的《不是创刊词》。

韬奋主编

生活星期刊

第一卷 第二十一號 民國二十五年十月二十五日出版

魯迅先生最後的遺容

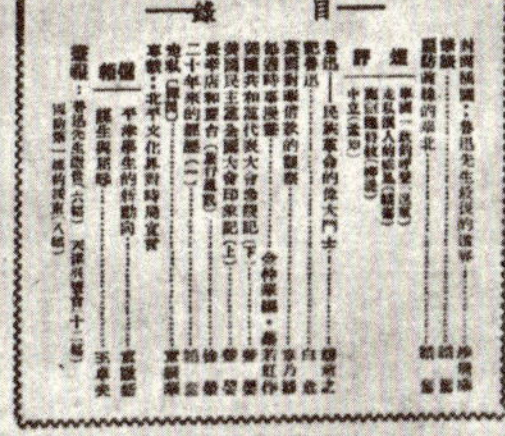

韬奋自一九三五年从欧美回国后，和中国共产党发生了经常而密切的联系。他所创办的《大众生活》、《生活日报》及《生活星期刊》等，比之他前期主办的《生活》周刊，在政治思想上有了极大的进步。这些报刊比较系统深刻地宣传了党的抗日民族统一战线政策，同时还向人民群众进行了新的启蒙教育，深入浅出地宣传了马克思主义的哲学思想。这时他虽然不是共产党员，却热诚拥护并积极宣传党的主张，努力使党的主张指导自己的实践。

一九三六年十月，我国民族民主革命的伟大斗士鲁迅先生逝世，韬奋参加了葬仪，并发表演说。在《生活星期刊》第二十一号上，韬奋写的《笔谈》中说："我觉得鲁迅先生留给我们的最可宝贵的遗产，是他那样始终不懈的积极的斗争的精神。他是一位最早反对封建的努力革命的老将。无论怎样的穷困，都屈服不了他；无论怎样的压迫，都屈服不了他。我以为我们后死的斗争者，应该承袭鲁迅先生的积极的斗争精神，为民族解放的伟大而艰苦的工作，努力前进。"

《生活星期刊》第二十六号在十一月二十九日出版时，韬奋已经被国民党反动派逮捕。《生活星期刊》改由金仲华负责，出版了两期，又被迫停刊。

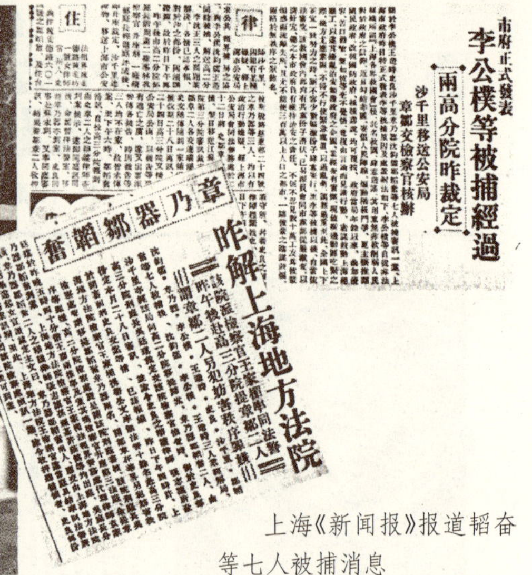

市府正式發表
李公樸等被捕經過
兩高分院昨裁定
沙千里移送公安局
章鄒交檢察官核辦

章乃器 鄒韜奮
昨解上海地方法院

上海《新闻报》报道韬奋等七人被捕消息

一九三六年十一月二十二日深夜，韬奋在上海辣斐德路六〇一弄四号寓所被国民党反动政府逮捕。同时被捕的有救国会的其他六位负责人沈钧儒、李公朴、沙千里、章乃器、王造时和史良。这是辣斐德路（现复兴中路）韬奋寓所的大门。

国民党反动政府勾结上海法租界巡捕房逮捕韬奋时留下的照片、手印和“犯人登记证”。

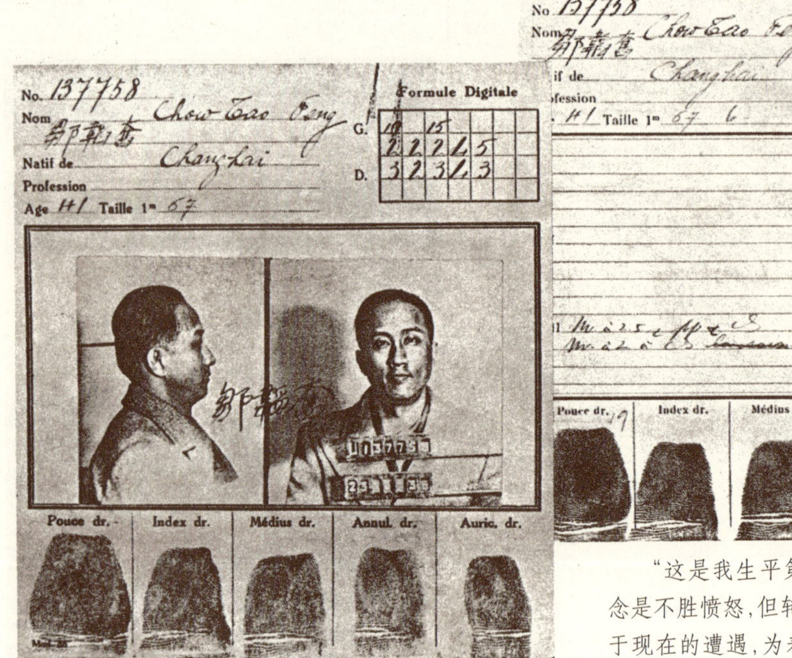

No. 137758
Nom Chow Tao Feng 邹韬奋
Natif de Changhai
Profession
Age 41 Taille 1m 67

Formule Digitale
G. 19 15 / 2 2 7 4 5
D. 3 2 3 4 3

Pouce dr. | Index dr. | Médius dr. | Annul. dr. | Auric. dr.

P. 303
Impression simultanée des 4 doigts (main droite)

“这是我生平第一次打手印，最初一念是不胜愤怒，但转念亡国奴的惨状更甚于现在的遭遇，为着参加救国而打手印，算什么！”（韬奋：《经历》）

国民党反动政府媚敌卖国，残暴镇压人民群众的抗日救亡运动，公然逮捕爱国人士。这次拘捕救国会领导人，企图对他们控以“危害民国”罪，想用“危害民国紧急治罪法”的条款来判刑。这个“救国会案件”轰动全国，激起了人民群众极大的义愤。这七位“爱国犯”博得了人民群众的无限同情和尊敬，人们尊称他们为“七君子”。

这是被捕拘押于国民党政府苏州高等法院看守所的七位救国会领导人，左起：王造时、李公朴、邹韬奋、章乃器、沙千里、沈钧儒，左图为史良。

韬奋和他的“难友”在看守所的院子里休息

“七君子”都是有名望有影响的人士，他们的被捕，引起社会巨大反响。国内外各界人士热烈声援，迫使国民党政府对他们在狱中的生活不得不稍为“放宽”，以示优待。他们七人除史良单独羁押在女看守所外，韬奋等六人被关押在一个牢房里。沈钧儒在他们中年龄最大，大家公推他为“家长”。他们六人组成一个小集体，自己安排生活，患难相共，采取一致的主张和行动。

苏州高等法院看守所内的甬道

韬奋和他的“难友”在狱中阅读、写作、锻炼身体。

韬奋在狱中坚持斗争，不放松每一个可以宣传抗日救国主张的机会。他给来访群众和新闻记者所写的题词，表明了这种坚决态度和坚定立场。这是韬奋在狱中书写的部分题词。

在羈押中朋友們對於各種問題常有討論，衡山先生常提起兩句話，就是主張堅決，態度和平。我覺得這兩句話很有意思，可作為我們的座右銘。這裡所謂主張是指合理的切於現實的主張，所謂和平是指在辯論或說服的時候用不着面紅耳赤，肆意叱咤。

韜奮書於蘇州看守所

我們的國家民族的光明地位是要我們用熱血代價去換來的，是要我們前仆後接着前仆，對着我們民族的最大敵人作殊死戰去獲得的。

韜奮摘錄自著坦白集中語

廿六年七月廿七日江蘇高院看守所

上海各界爱国人士代表到苏州江苏高等法院看守所慰问“七君子”

中华职业教育社负责人黄炎培等来看守所慰问

为“救国会案”辩护的律师，退庭时与“被告”家属合影。

由张志让、江庸、刘崇佑等律师组成的辩护团。

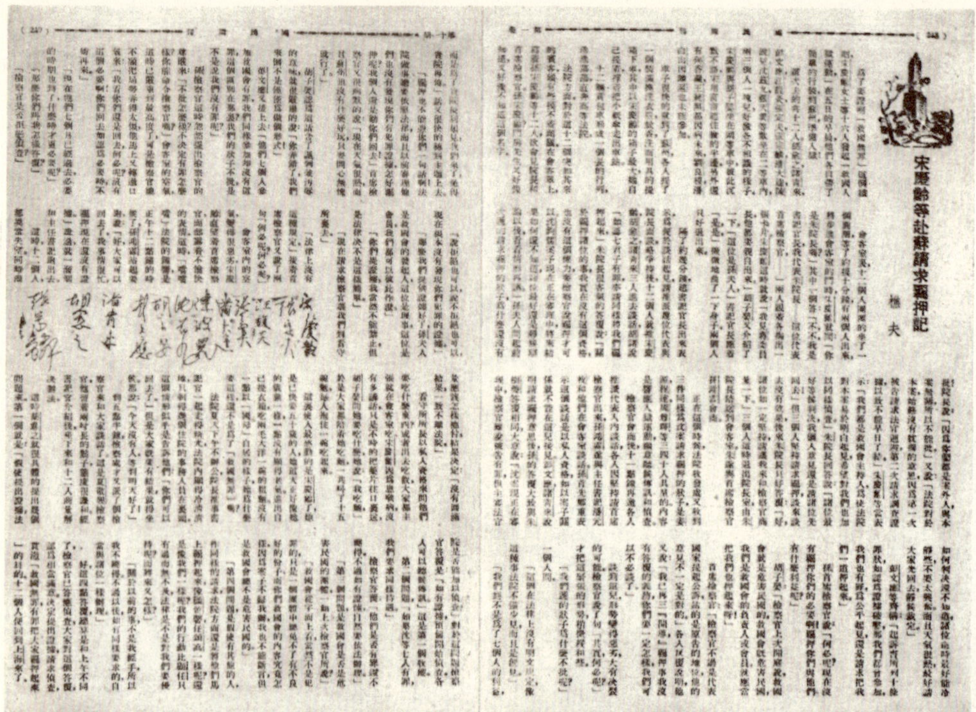

宋慶齡等赴蘇請求羈押記

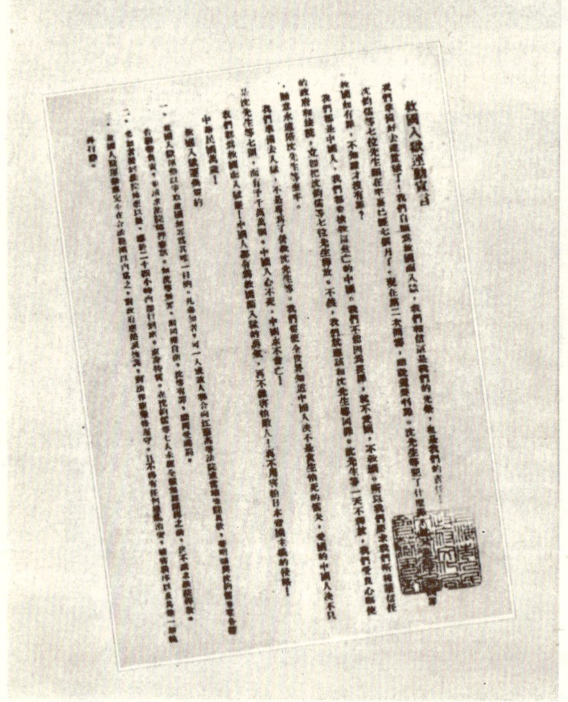

救國入獄運動宣言

宋庆龄、何香凝、胡愈之等发起“救国入狱运动”。得到广大群众的响应。七月五日以宋庆龄为首亲赴苏州，到江苏高等法院自请入狱，他们的态度是：“爱国无罪，则与沈钧儒等同享自由；爱国有罪，则与沈钧儒等同受处罚。”这是刊登在《国民》周刊上的《宋庆龄等赴苏请求羁押记》。左图是《救国入狱运动宣言》。

“救国会案”是抗日战争前夜，国民党政府屈服于日本帝国主义，迫害群众爱国救亡运动的一件重大事件。“救国会案”发生后，在国内外引起震惊和关注，中共中央立即通电营救，各界人士、海外华侨，世界著名作家罗曼·罗兰、科学家爱因斯坦等，也纷纷致电国民党政府，要求立即释放。北平各大、中学校的学生以罢课、游行示威等实际行动来争取爱国自由，释放爱国领袖。

西安事变和平解决，国共第二次合作实现。一九三七年七月三十一日，他们终于获得释放，结束了为时二百四十三天的牢狱生活。

韬奋在被羁押期间，始终保持革命节操，表现了一个革命者应有的坚贞不屈的精神，他把敌人的法庭当作宣传真理和革命主张的讲坛，把监狱当作锻炼自己革命意志、提高思想觉悟的场所。经过这八个月的牢狱生活，他变得更加坚强，更加勇敢了。

韬奋在看守所与夫人沈粹缜留影

韬奋、沈钧儒等与前来迎接的家属摄于看守所

韬奋、沈钧儒等救国会七位领导人获释，步出看守所。

各界代表欢迎“七君子”出狱

敵人逼到這步田地我們
祇有奮鬥犧牲才有生路
才能獲得真正的和平
史良
廿六年八月一日

伊人只有勝利 只有
民族解放是真正
的勝利
韬奋
廿六年八月一日

壓平路上的崎嶇碾碎前面的艱難
我們好比上火綫沒有退後祇向前
節錄大路歌辭爲贈
二十六年八月一日 沈鈞儒

以牙還牙
以血還血
二十六年八月一日
沙千里

無此閒情訴舊懷
有腔熱血敵前驅
書錄赴滬途中偶感
章乃器

韬奋、沈钧儒等救国会领导人出狱后，应欢迎者要求写的题词。

韬奋等七人出狱后与战友杜重远会见爱国老人马相伯

我們要努力喚醒每个中國人有寧為抗戰而死不願偷生而做亡國奴的決心萬众一心必得最後的勝利

李公樸書
于天津陷敵之日
廿六年八月一日

事到如今戰是不可逃避的了只有在抗戰的血光中纔找到我們民族的新生命

八月一日 王造時

保衛平津，保衛華北，保衛全國，同日本帝國主義堅決打到底，這是今日對日作戰的總方針。各方面的動員努力，這是達到此總方針的方法。一切動搖游移和消極不努力都是要不得的。

毛澤東

一九三七、七月十三

一九三七年七月七日，日本帝国主义发动了卢沟桥事变。日本侵略军在北平南部宛平县卢沟桥向我国驻军进攻，企图以武力吞并全中国。我国驻军在全国人民抗日热潮的影响下进行了坚决抵抗。中国人民英勇的八年抗战就此揭开了序幕。

抗战开始，毛泽东同志即向全国提出对日作战的总方针。韬奋以后在宣传出版工作和个人言论行动上，都贯彻了这个方针的精神。

一九三七年八月，韬奋刚出狱便和沙千里、章乃器参加了生活书店刊行的《国民》周刊编辑委员会。这是抗战开始时的《国民》周刊。

“八一三”淞沪抗战爆发，敌机轰炸上海外滩对岸引起大火。

登载在《抗战》三日刊上的《淞沪抗战的新阵线》图

一九三七年八月十三日，日本侵略军进攻上海，韬奋苦干五昼夜，于八月十九日出版了《抗战》三日刊。

抗戰

三日刊

应广大青年群众的要求，《抗战》三日刊介绍延安抗日军政大学和陕北公学的情况，指引他们走上抗日，走上革命的道路。

一九三七年十一月，上海沦陷，韬奋离上海转赴汉口，途经长沙时留影。

韬奋和金仲华、张仲实、沈兹九、钱俊瑞等途经广西时，受到学生青年热烈欢迎，应群众要求，多次举行大规模的讲演会。

全民抗戰

三日刊 第一號

全民抗戰的使命

本社同人

《抗战》三日刊在一九三七年十二月从上海移至汉口出版。次年七月,《抗战》与柳湜主编的《全民》周刊合并,改为《全民抗战》。这个刊物继承进步传统,从内容到形式都大加改进,销数很快就达到三十万份,是当时在读者中影响最大的刊物之一,并编印《全民抗战》战地版,大量分送到抗战部队中去,以激励士气和提高战士文化。

韬奋抵达武汉后,工作十分紧张繁忙。他整天在生活书店二楼的一间斗室里写文章、看稿件、处理来信,还要接待读者来访。这是生活书店汉口分店。

一九三八年九月中旬,韬奋和沈钧儒、范长江、王炳南等由武汉出发,经南昌到江西北部德安一带慰问前方抗日战士。上图是当时的留影(自左至右:王炳南、韬奋、薛岳、沈钧儒等)。

韬奋和《世界知识》主编金仲华及其妹金端苓在武汉合影。

韬奋主持的生活书店，在中国共产党的支持下深受广大读者的爱慕，在书店全体职工团结努力下，获得了迅速的发展。一九三七年“八一”前，生活书店除上海总店外，分广州、汉口两处不到一年，就发到分支店五十处，遍及十四省，香港、新加坡也成立了分店。陆续出版杂志十余种，书籍千余种，抗战读物五百余万册，成为抗战中一个坚强的文化堡垒。

生活书店重庆分店

生活书店桂林分店

韬奋在被囚禁的日子里，依旧勤奋地读书和写作。除了“出庭受审”，其余时间都专心致志地埋头著译。《经历》是韬奋在狱中写成的自传，记述了他从事文化事业的经验和思想变化的历程。《萍踪忆语》是记述他考察美国的观感，深刻而尖锐地揭露了美国的社会矛盾。周恩来同志对《萍踪忆语》有很高的评价，他曾对韬奋说：“关于美国的全貌，从来不曾看过有比这本书所搜集材料之亲切有味和内容丰富的。”韬奋还将他旅居伦敦时研读马克思主义著作写的一部分英文笔记整理译为中文，编成《读书偶译》一书出版。

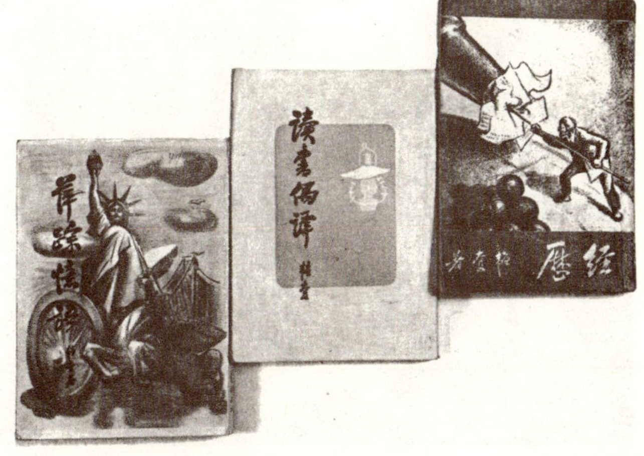

生活书店昆明分店

生活书店梅县分店

生活书店西安分店(门市部)

生活书店武汉珞珈山营业处

生活书店香港分店

生活书店新加坡分店

生活书店陆续刊行的部分杂志

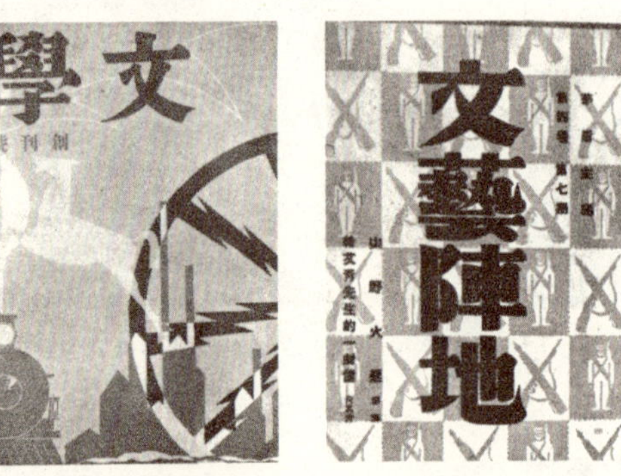

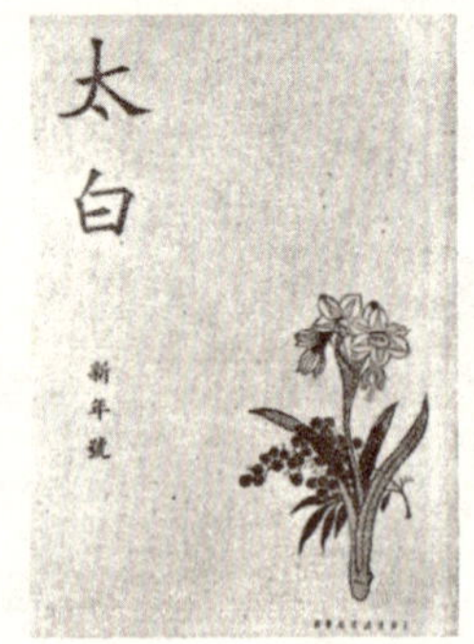

生活书店发行《世界学术名著译丛》的广告

生活书店配合抗战需要，出版了数十种研究日本问题的书籍。

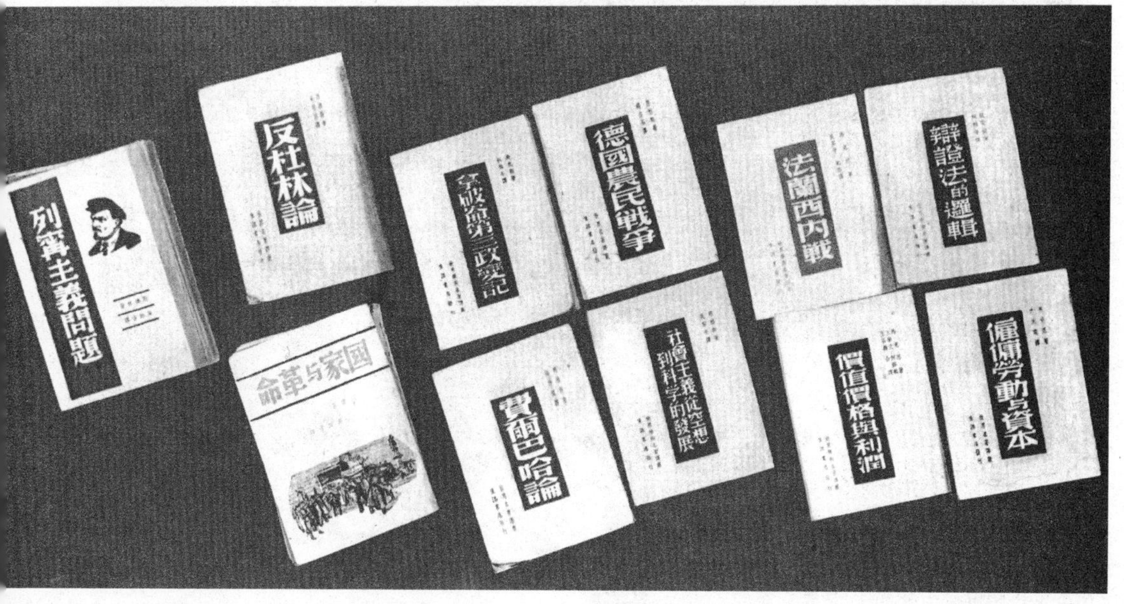

生活书店出版的部分马列主义著作

生活书店总管理处(重庆学田湾)

生活书店不仅是韬奋个人同国民党反动派进行政治斗争、文化斗争的阵地,也是中国革命文化运动的阵地。生活书店的出版物,对于冲破蒋介石政府的文化"围剿",提高国统区青年和人民群众的政治觉悟,起了巨大的作用。

周恩来同志对生活书店非常爱护和支持,在武汉和重庆时,曾多次亲临书店,讲形势讲任务,给书店同志以极大的鼓励。他说:生活书店的事业是整个进步文化事业的一部分,参加生活书店的工作就是参加革命。

一九三八年十月,武汉沦陷。《全民抗战》自第三十号起移至重庆出版。韬奋全家迁至重庆学田湾衡舍居住。这是韬奋和夫人沈粹缜及长子嘉骅在重庆寓所前合影。

一九三九年十月，韬奋出席重庆举行的鲁迅先生逝世三周年大会。中坐者为韬奋，右起第二人为韬奋夫人沈粹缜。

抗日战争初期，韬奋以救国会领导成员的身份，被聘为“国民参政员”。韬奋利用这个合法讲坛，力争民主自由。

一九三九年九月，韬奋在国民参政会中提出“撤销图书审查”、“保障人民权利”等提案，并与各抗日党派人士发起民主宪政运动，要求国民党政府实行民主政治，发动人民力量，争取抗日战争胜利。这是韬奋编印的有关民主和宪政的部分出版物。

一九三九年，国民党反动派掀起反共高潮，对韬奋及生活书店也进行严重压迫。封闭书店，逮捕工作人员，更妄图胁迫韬奋参加国民党，将生活书店与官办的正中书局合并。韬奋严词拒绝，毫不屈服。中国共产党对此非常关心，周恩来同志亲自指示生活书店调整布局，作好转移撤退的准备工作，以应付政治局面的变化。

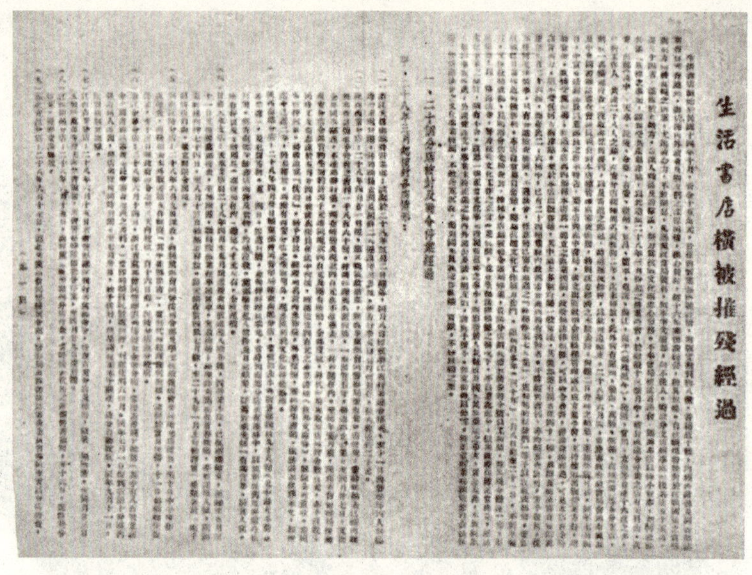

生活書店横被摧殘經過

为揭露国民党反动派摧残生活书店的法西斯暴行，编印了这份文件，将生活书店横被摧残的经过公之于众。

韬奋抗议国民党反动政府查封生活书店，给蒋介石的“呈文”稿。

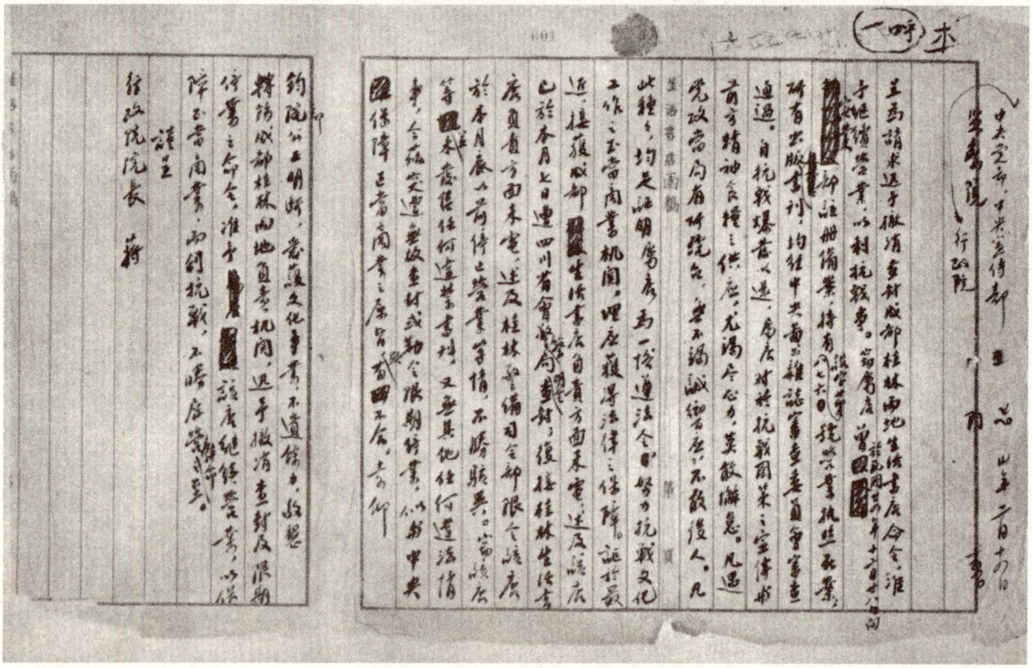

一九四一年一月，国民党反动派一手制造了震惊中外的皖南事变，同时进一步摧残进步文化事业，迫害民主人士。他们把生活书店五十余处分支店(除重庆外)或直接查封，或迫令停业，并诬陷韬奋企图组织暴动。韬奋对国民党反动政府的这种法西斯暴行提出强烈抗议，愤然辞去“国民参政员”职务，秘密离开重庆，出走香港。

在重庆工作时的韬奋

韬奋辞去“国民参政员”职务致国民参政会的电稿

特載

我們對於國事的態度和主張

一九四一年五月二十九日，韬奋与救国会留港代表茅盾、金仲华等八人联名发表《我们对于国事的态度和主张》，表明了坚持抗战，坚持团结，坚持进步，反对妥协、分裂、倒退的主张，并推动民主政团同盟的成立。

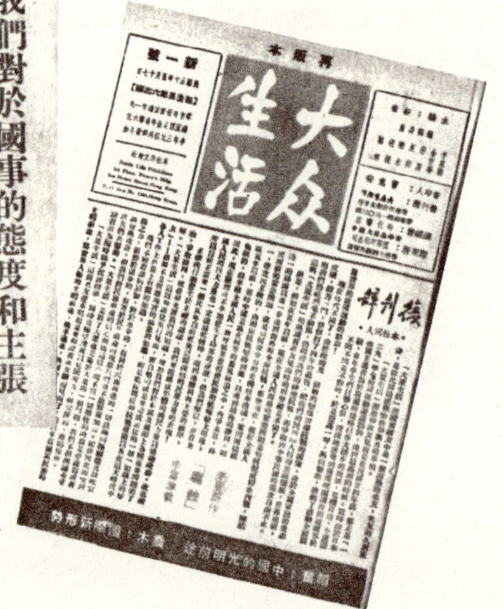

一九四一年三月，韬奋到达香港。五月十七日，在香港恢复出版了《大众生活》周刊。韬奋在新一号《复刊辞》里，指出这个刊物跟它五年以前在上海出版时候的任务已经不同了：“假如在五年以前，摆在全国人民面前的紧迫问题是如何促成停止内战，团结统一的局面以进一步达到对外的全面抗战；那么现在，摆在全国人民面前的紧急问题，就是如何使分裂的危机根本消灭，巩固团结统一，建立民主政治，因而使抗战坚持到底，以达到最后的胜利。”

《大众生活》是韬奋生前主编的最后一个刊物，也是他一生所办刊物里面最好的一个。

香港德辅道中雪厂街太子行大楼，《大众生活》的编辑部就设在这座大楼里。

韬奋根据亲身经历和无可辩驳的事实，撰写了《抗战以来》长文，对国民党反动派消极抗战、积极反共、残害人民的一切倒行逆施，作了无情的揭露。在香港《华商报》连载。

韬奋在《华商报》还发表了不少论文，其中一部分后来编成《对反民主的抗争》一书出版，对于国民党政府反民主的法西斯独裁政治，作了尖锐的谴责，抨击了国民党反动派破坏、阻挠民主运动的种种谬论和罪行。

韬奋在香港九龙弥敦道尖沙咀三十号四楼的寓所

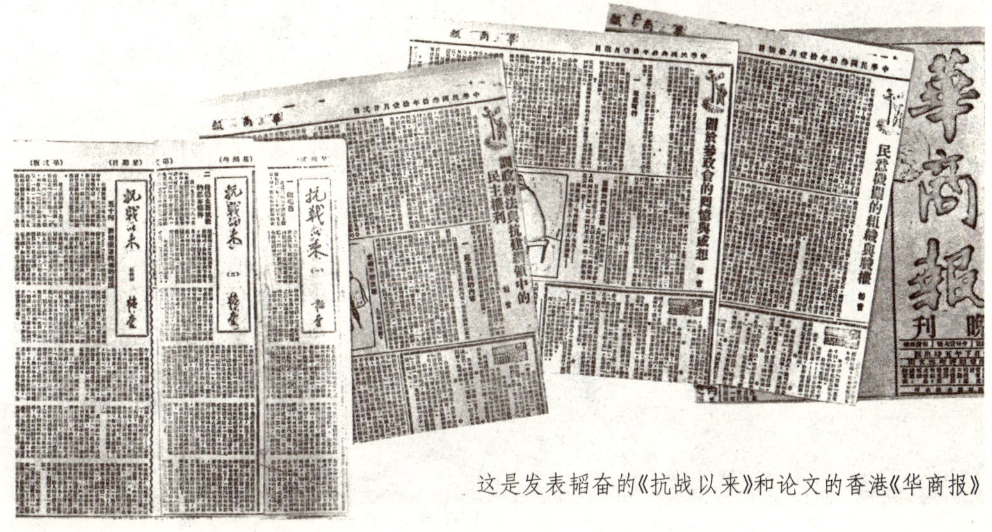

这是发表韬奋的《抗战以来》和论文的香港《华商报》

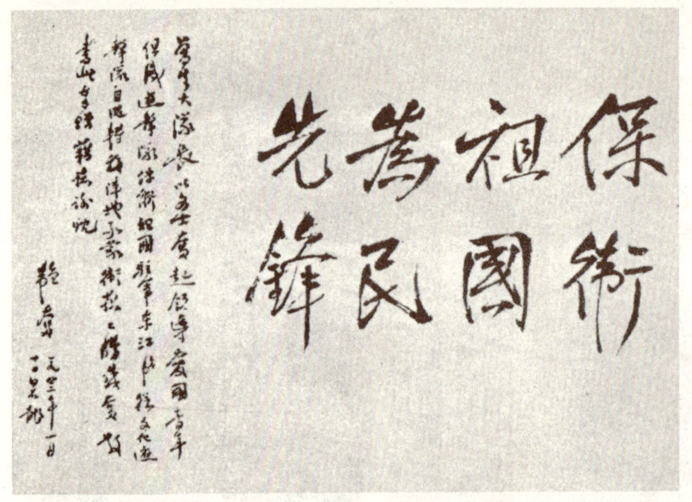

韬奋赠送给东江人民抗日游击队曾生司令员的题词

一九四一年十二月八日，太平洋战争爆发，日军攻陷香港。次年一月，韬奋在党组织保护下，撤退到广东东江抗日游击区。随后又转移到广东梅县隐居。由归侨中共地下党员陈炳传安排韬奋住在江村老学堂。

江村远景。这村子有五十来户人家，位于梅县西南方约八十里。

韬奋在梅县隐居，住在江村的老学堂。韬奋在这里住了一百多天。

江村溪桥头。韬奋常在溪里游泳和洗衣服。

作廬為作民先生與其哥炳傳兄躬自設計
建築之新型家宅自創始以至完成慘淡
經營歷時二載皆由主人躬自規劃艱
苦備嘗余嘗謂炳傳此宅在君家殆為藝術傑作
於規劃創造之藝術亦顯此藝術亦仍僅表象
而已尤可貴者余以為其所含之內容有過外觀
所能窺測者蓋作民先生之生平堅苦卓絕公正
寬仁其自身雖幼年失學而由於發憤自修
能詩文善書法家境原清苦而獨能具遠見挑
奮難跋涉重洋艱苦創業為僑胞模楷其於其[illegible]
家則[illegible]嚴正啟迪青年其於居鄉則急公好義返
迮戰後其於對國家社會則尤可見其高瞻遠矚公
爾忘私余與炳傳為知交深知炳傳為國努力每在
危難震撼之際輒獲其賢父母之衷心諒解與誠
摯[illegible]藉使其見義勇為無所顧慮炳傳為國努
力之前程遠大其賢父母實有以玉成之此則於樂
觀作廬告成之際所尤令人敬佩不能已於言者故樂述
其梗概俾知作廬不僅有其表象實有其
可珍貴之內容焉
作廬落成紀念

韜奮 民國卅一年十一月

韬奋为陈炳传家的新宅——作庐的题词

江村老学堂。韬奋在这里学习客家话，每晚与村里的一些长老、青年聚在一起谈论国家大事、山村人民的生活和斗争历史，并向群众学习客家话。韬奋说“江村是我第一次深入接触的祖国农村，是我第一次和祖国劳动人民交往的场所”。

歷史上都寫着中國的靈魂指示着將來的命運只因為塗飾太厚廢話太多所以很不容易察出底細來正如通過密葉投射在莓苔上面的日光只見點點的碎影

錄魯迅先生語書贈
一聲先生
韜奮 民國卅一年九月廿二日

翻開歷史一查歪歪斜斜的每葉上都寫着仁義道德幾個字仔細看了半夜纔從字縫裏看出字來滿本都寫着兩個字是喫人

摘錄魯迅先生語書贈
炳傳兄
韜奮 民國卅一年九月廿二日

国民党反动派派特务多方搜索，密令缉捕韬奋后“就地惩办”。中共广东党组织得知这些情况，即周密布置，迅速派人护送韬奋离开梅县。临行前，韬奋给陈炳传和胡一声写了这两幅鲁迅语录，留作纪念。

一九四二年九月，韬奋离开广东梅县江村，历尽艰险，经上海到达苏北抗日民主根据地，受到当地党政军民的热烈欢迎。他目睹解放区实施民主政治，军民团结，抗击日寇“扫荡”，取得胜利的事实，深受感动，更看出了祖国的光明前途。

韬奋在苏北抗日民主根据地经常演讲，这是他演讲过的地点之当时的南通县立中学(现南通市温家桥小学所在地)。

韬奋在南通县立中学演讲时休息的地方

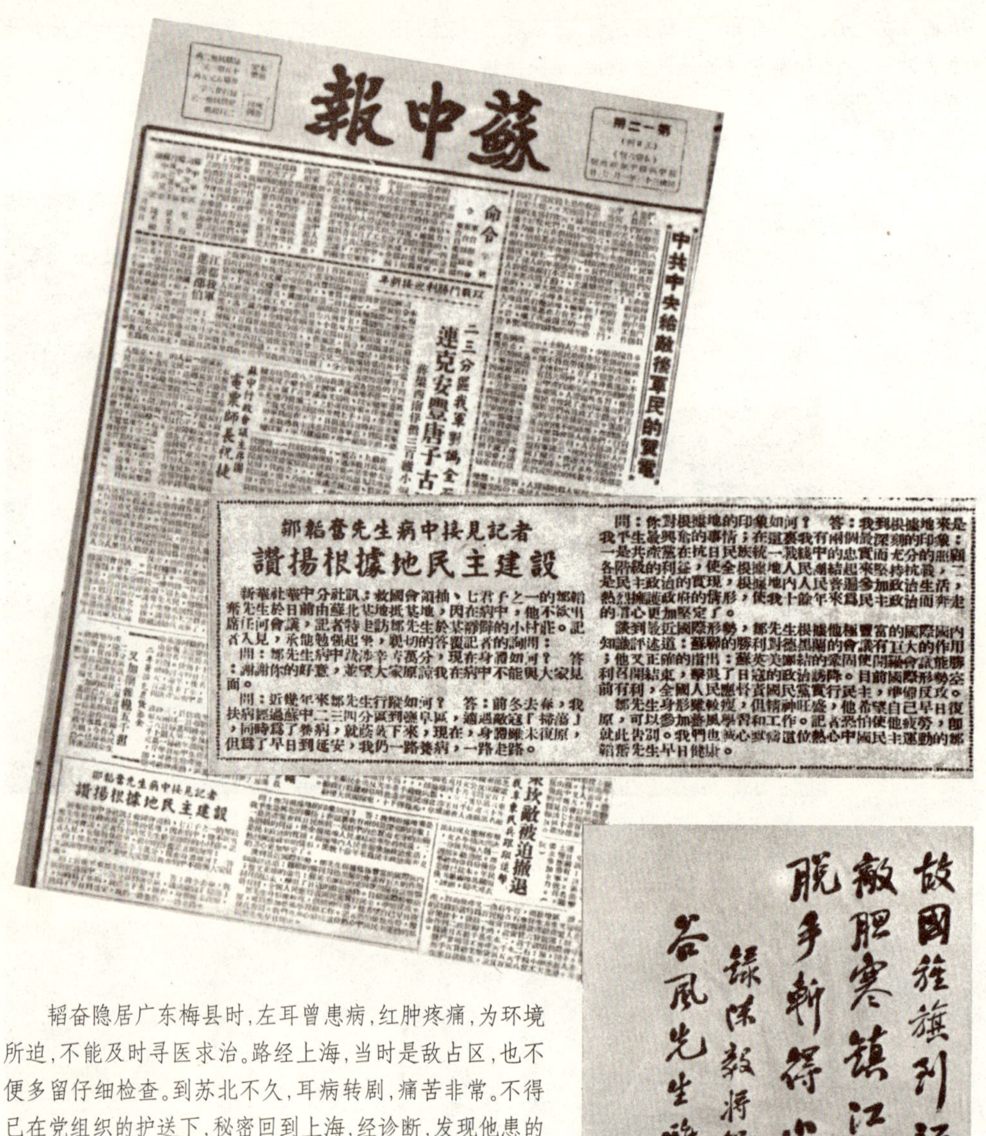

蘇中報

中共中央給敵後軍民的賀電

鄒韜奮先生病中接見記者

讚揚根據地民主建設

新華社蘇中分社訊：救國會領袖、七君子之一的鄒韜奮先生於日前由蘇北某地抵某地，因在病中，他不欲出席任何會議，記者特往訪鄒先生於某靜僻的小村莊。記者入見，承他勉强起坐，親切的答覆記者的詢問：

問：鄒先生病中跋涉辛苦萬分，現在身體如何？ 答：謝謝你的好意，並望大家原諒我在病中不能與大家見面。

問：近幾年來鄒先生行蹤如何？ 答：前冬去春，我扶病經過蘇中二三四分區到鹽阜區，適遇敵寇「掃蕩」，同時爲了養病，就隱蔽下來，現在，身體雖未復原，但爲了早日到延安，我仍一路養病，一路走路。

問：你對根據地的印象如何？ 答：我到根據地來是我平生最興奮的事情；在這裏我有兩個最深刻的印象：一是共產黨在抗日民族統一戰線中的忠實而充分的照顧各階級的利益，使全根據地人民團結起來堅持抗戰，二是民主政治的實現，根據地內人民普遍參加政治生活，熱烈擁護政府的情形，使我十餘年來爲民主政治而奔走的信心更加堅定了。

談到最近國際形勢，鄒先生根據他極豐富的國際國內知識評述道：蘇聯的勝利對德黑蘭的會議有巨大的作用；他又正確的指出：蘇英美團結的鞏固使開羅會議能勝利召開結束，擊潰了日寇的政治誘降。目前國際形勢空前有利，全國人民應督責國民黨實行民主，準備反攻。

鄒先生身形雖較瘦，但精神旺盛，他希望自己早日復原，可以參加整風學習和工作。記者恐怕使他疲勞，即就此告別。我們也誠心默禱這位熱心中國民主運動的鄒韜奮先生早日健康。

韬奋隐居广东梅县时，左耳曾患病，红肿疼痛，为环境所迫，不能及时寻医求治。路经上海，当时是敌占区，也不便多留仔细检查。到苏北不久，耳病转剧，痛苦非常。不得已在党组织的护送下，秘密回到上海，经诊断，发现他患的是癌症，已是晚期了。

这是韬奋在苏北抗日民主根据地病中接见《苏中报》记者的消息报道。

一九四二年十二月，韬奋在苏北抗日民主根据地书写的陈毅将军《卫岗初战》诗。

辛苦艱難起一经　干戈寥落四周星
河山破碎風飄瓦　生死浮沈雨打萍
惶恐灘頭说惶恐　零丁洋裏歎零丁
人生自古誰無死　留取丹心照汗青
孝若先生屬書　韜奋

一九四三年春，韬奋秘密返回上海就医。党对韬奋病情十分关怀，新四军代军长陈毅和中共华中局指示要想尽一切办法为他治病。

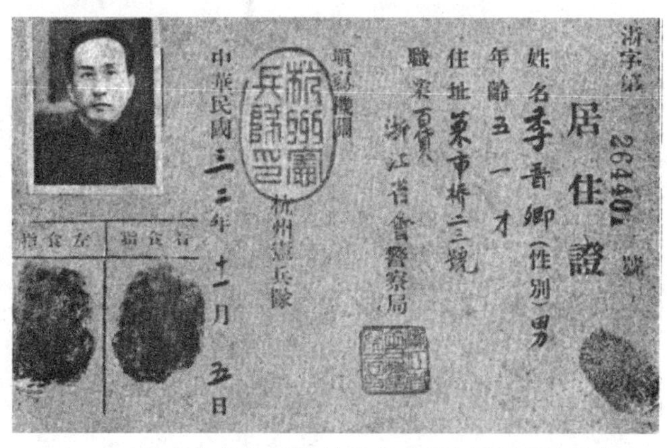

韬奋化名季晋卿。这是他在敌占区用的假居住证。

韬奋在苏北抗日民主根据地时书写的文天祥《过零丁洋》诗，充分表达了他为争取民族解放、争取民主政治的坚强信心。

韬奋返回上海治病时，曾隐居在新闸路一一二四弄二十二号生活书店同事毕青家。这是二十二号大门和三楼亭子间外景。

我自愧能力薄弱贡献微小二十年来追随诸先进努力于民族解放民主政治和进步文化事业竭尽愚钝全力以赴虽颠沛流离艰苦危难甘之如饴此次在敌后视察研究目击人民以伟大斗争争取我民族新中国光明的未来我正增加百倍的勇气和信心奋勉自励为我伟大祖国与伟大人民继续奋斗但三四年来我所处环境的压迫我的行动不能自由尚其次不幸卧病经年呻吟床蓐不得不暂时停止我卅余年来我所借以择用笔舌为民族解放人民自由及进步文化事业呼喊倡导的工作我个人的安危早置之度外但我心怀祖国惦念同胞苦思焦虑中夜彷徨所谓危不敢不告故强支病体以最沉痛迫切的心情提出我个人意见的最严重的问题对海内外同胞作最诚挚热切的呼吁希望共同奋起为我们所能挽救危机保卫祖国

民国卅二年十月十二日写于病榻

韬奋

一九四三年十月，国民党反动派调集大军进攻陕甘宁边区，韬奋在病榻上闻讯，愤不可抑，立即写了《对国事的呼吁》，严词痛斥国民党反动派反共反人民的罪行，并恳切呼吁海内外同胞共同奋斗，“挽救危机，保卫祖国”。这是《对国事的呼吁》手迹。

韬奋在上海医院病榻上和夫人及长子嘉骅合影

一九四四年春，韬奋病情已十分沉重，疼痛异常。但在药物控制下，他病痛稍有缓解，就在病床上坚持写作《患难余生记》，还计划写《苏北观感录》和《各国民主政治运动史》。只坚持了一个月，完成五万多字，第三章还没写完，便因病势转剧不能再写下去。这成了他最后的遗作。

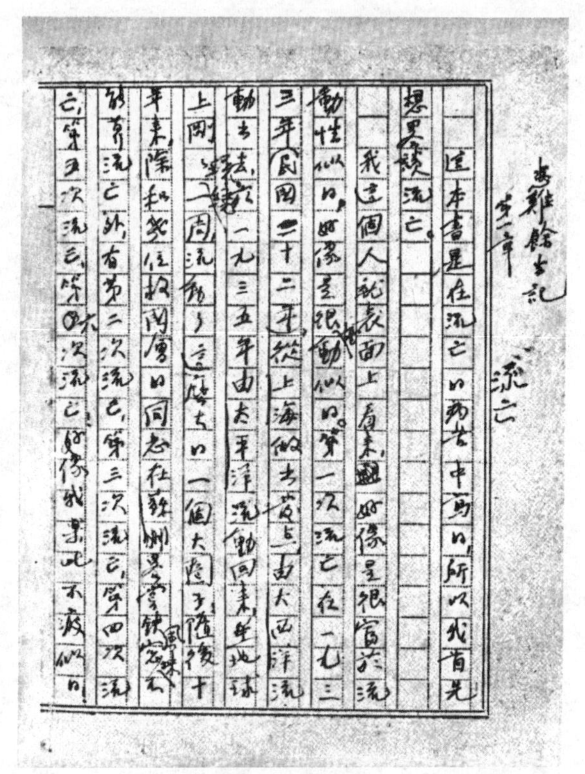
患難餘生記
第一章
流亡

這本書是在流亡的務苦中寫的，所以我首先想略談流亡。

《患难余生记》手稿。下图是刊载《患难余生记》的《消息》三日刊。

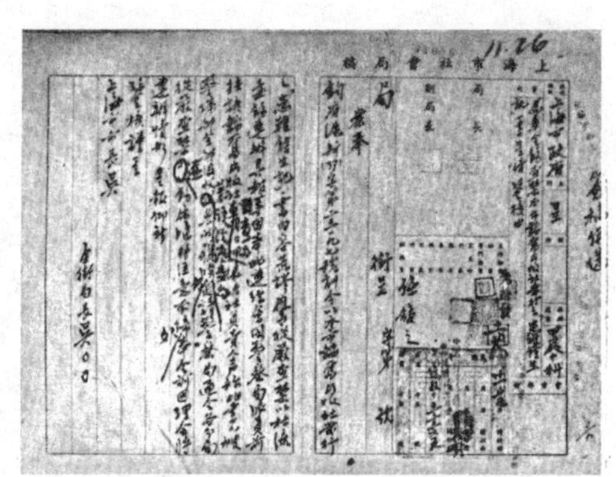
上海市社會局稿

一九四六年，《患难余生记》在上海地下党办的《消息》三日刊上刊载，并在各解放区出版单行本，受到广大读者的欢迎。在国统区，却遭到了国民党反动派的查禁。这是国民党上海市社会局奉令查禁《患难余生记》拟的呈文原稿。

患難餘生記

韜奮

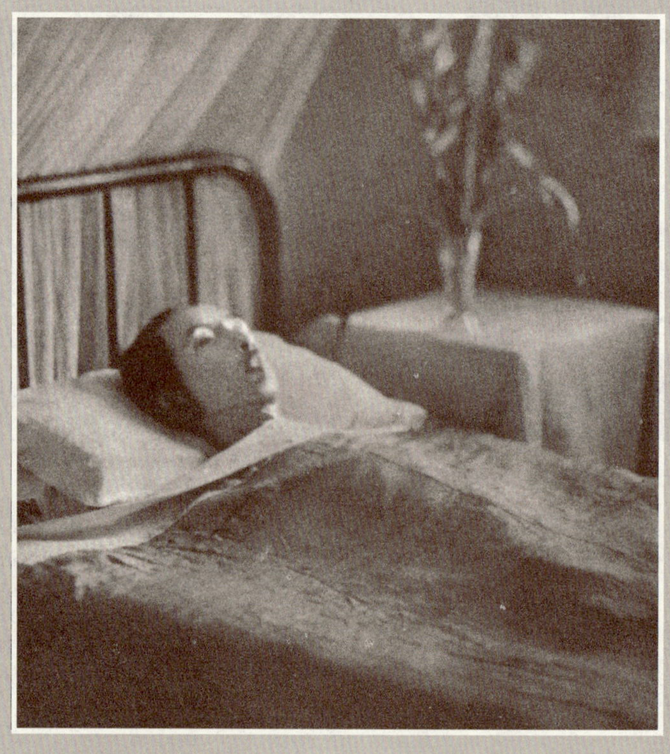

遺　囑

我自愧能力薄弱，貢獻微少，二十餘年來追隨諸先進，努力於民族解放、民主政治和進步文化事業，竭盡愚鈍，全力以赴，雖顛沛流離，艱苦危難，甘之如飴。此次在敵後根據地視察研究，目擊人民的偉大鬥爭，使我更看到新中國光明的未來。我正增加百倍的勇氣和信心，奮勉自勵，爲我偉大祖國與偉大人民繼續奮鬥。但四五年來，由於環境的壓迫，我的行動不能自由，最近更不幸臥病經年，呻吟床褥，竟至不起。但我心懷祖國，惓念同胞，願以最沉痛迫切的心情，最後一次呼籲全國堅持團結抗戰，早日實行眞正的民主政治，建設獨立自由幸福的新中國。我死後，希望能將遺體先行解剖，或可對醫學上有所貢獻，然後舉行火葬，骨灰盡可能帶往延安。請中國共產黨中央嚴格審查我一生奮鬥歷史，如其合格，請追認入黨，遺囑亦望能妥送延安。我妻沈粹縝女士可參加社會工作，大兒嘉驊專攻機械工程，次子嘉騮研習醫學，幼女嘉驪愛好文學，均望予以深造機會，俾可貢獻於偉大的革命事業。

韜奮

一九四四年六月二日，韬奋病势转危，口授遗嘱，“最后一次呼吁全国坚持团结抗战，早日实行真正的民主政治，建设独立自由幸福的新中国”。要求中共中央审查他的一生，“如其合格，请追认入党”。

一九四四年七月二十四日早晨七时二十分，伟大的爱国者、民主战士邹韬奋同志与世长辞。终年四十九岁。这是他在上海医院的最后遗容。

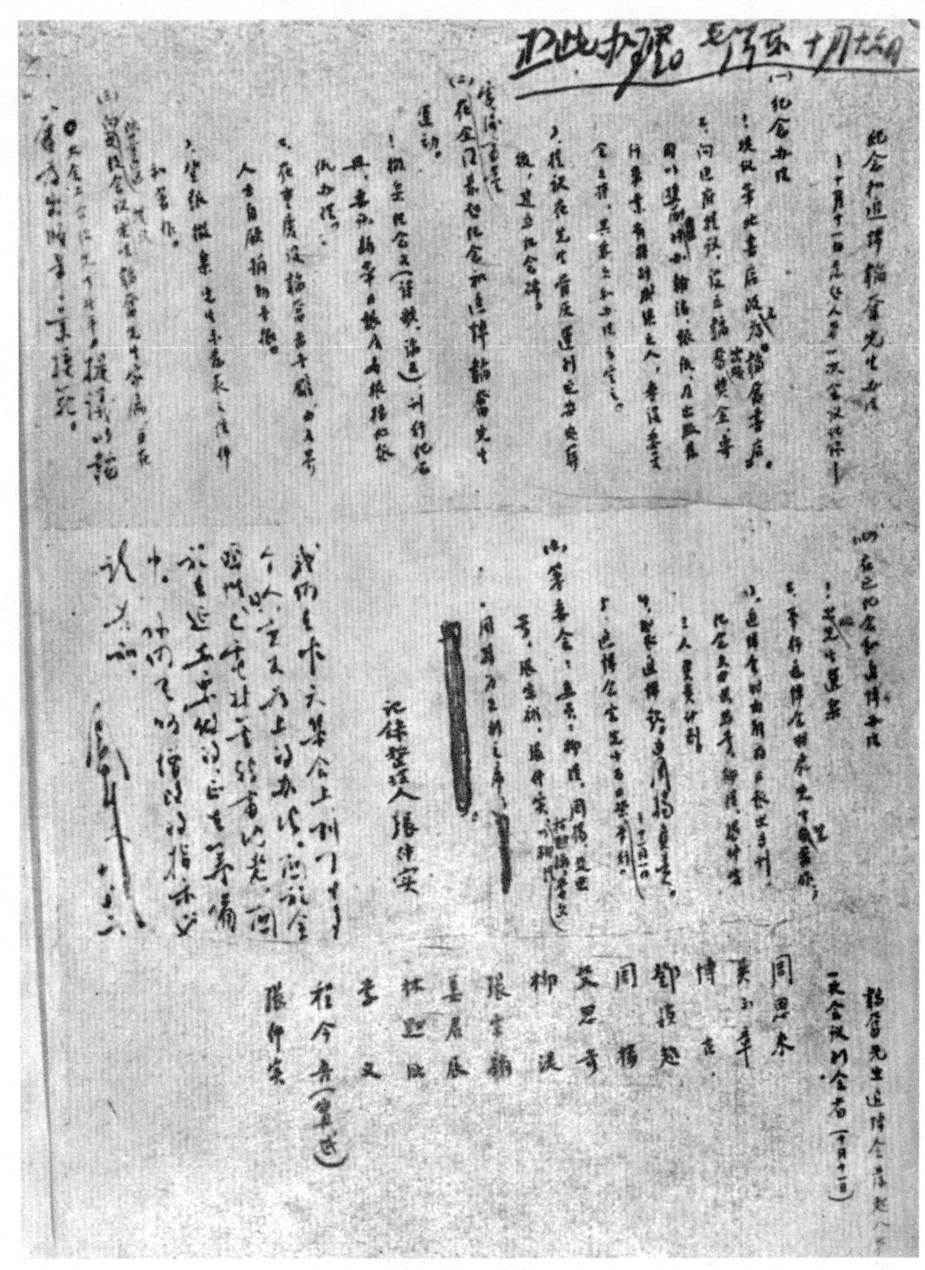

一九四四年十月十一日在延安，由周恩来同志主持韬奋追悼会发起人第一次会议，订定“纪念和追悼韬奋先生办法”。恩来同志在纪念办法中亲笔加写了“提议以韬奋为出版事业模范”。毛泽东主席批示“照此办理”。

韬奋的名字和他的事业将在人民心中永存。

一九四四年陕甘宁边区文教大会作出决议，号召文化工作者学习韬奋，确认韬奋为“中国新民主主义的新闻出版事业的模范”。

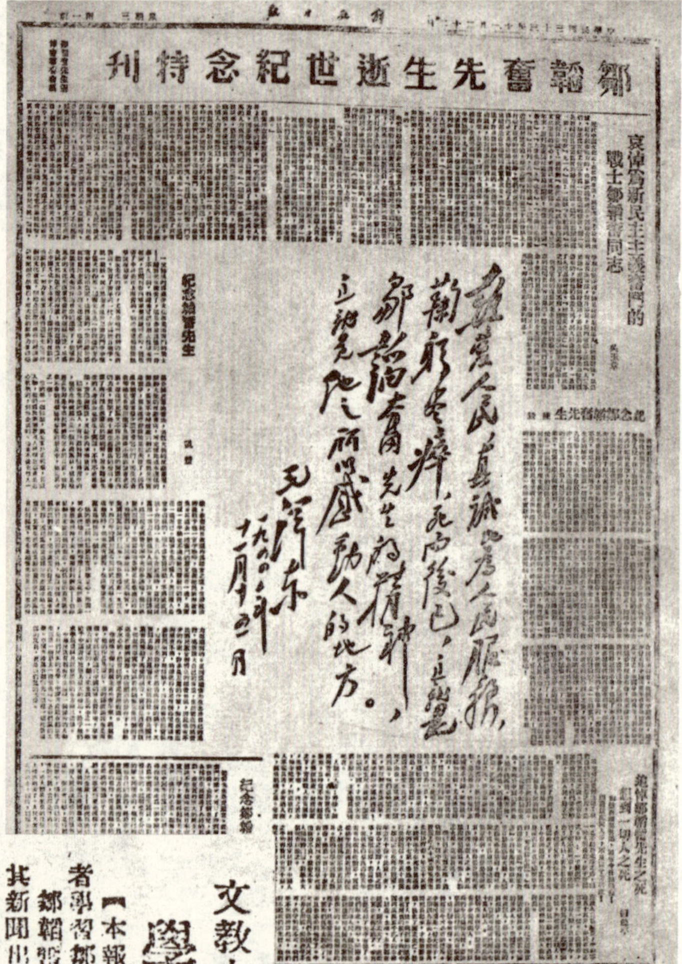
鄒韜奮先生逝世紀念特刊

哀悼為新民主主義奮鬥的戰士鄒韜奮同志

紀念鄒韜奮先生

熱愛人民，真誠地為人民服務，鞠躬盡瘁，死而後已，這就是鄒韜奮先生的精神，這就是他之所以感動人的地方。

毛澤東

一九四四年十一月

文教大會號召文化工作者

學習韜奮同志

【本報訊】陝甘寧邊區文教大會號召文化工作者學習鄒韜奮先生的決議稱：

鄒韜奮先生為了中國人民大衆，在文化事業尤其新聞出版事業方面艱苦奮鬥二十餘年，有偉大的貢獻。先生主編之刊物報紙及創辦書店，均能站在人民的立場為人民的利益而努力，並一貫注意聯系羣衆，經常擁有數萬至數十萬人的通信網。其始終為羣衆服務的精神，將永為全國人民所紀念。大會一致確認先生是中國新民主主義的新聞出版事業的模範，並號召全邊區的文化工作者尤其新聞出版工作者向先生的工作精神學習，為發展邊區與中國新民主主義新聞出版事業而奮鬥。

一九四四年十一月二十二日，延安隆重举行韬奋同志追悼大会，中共中央许多领导同志参加了追悼会。朱德、吴玉章、陈毅等在会上讲了话。毛泽东主席亲题挽词。党中央机关报《解放日报》出了纪念特刊。

一九四四年九月二十八日，中共中央电唁韬奋家属，接受韬奋入党的要求，追认他为中国共产党党员。

中共中央
電唁鄒韜奮先生家屬

鄒韜奮先生家屬禮鑒：驚聞韜奮先生病逝，使我們十分悲悼，接讀先生遺囑，更增加我們的感奮。韜奮先生二十餘年爲救國運動，爲民主政治，爲文化事業，奮鬥不息，雖坐監流亡，決不屈於强暴，決不改變主張，直至最後一息，猶殷殷以祖國人民爲念，其精神將長在人間，其著作將永垂不朽。先生遺囑，要求追認入黨，骨灰移葬延安，我們謹以嚴肅而沉痛的心情，接受先生臨終的請求，並引此爲吾黨的光榮。韜奮先生長逝了，願中國人民齊頌先生最後呼籲，爲堅持團結抗戰，實行真正民主，建設獨立自由繁榮和平的新中國而共同奮鬥到底。謹此電唁，更望家屬諸位節哀承志，遵守先生遺囑於永久。

中國共產黨中央委員會

一九四四年九月廿八日

一九四四年十一月毛泽东同志和朱德同志为悼念韬奋逝世的题词。

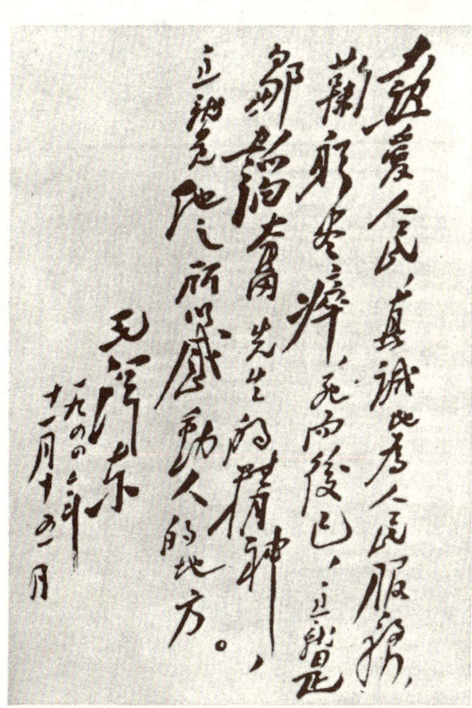

韜奮同志
愛國志士
民主先鋒
朱德

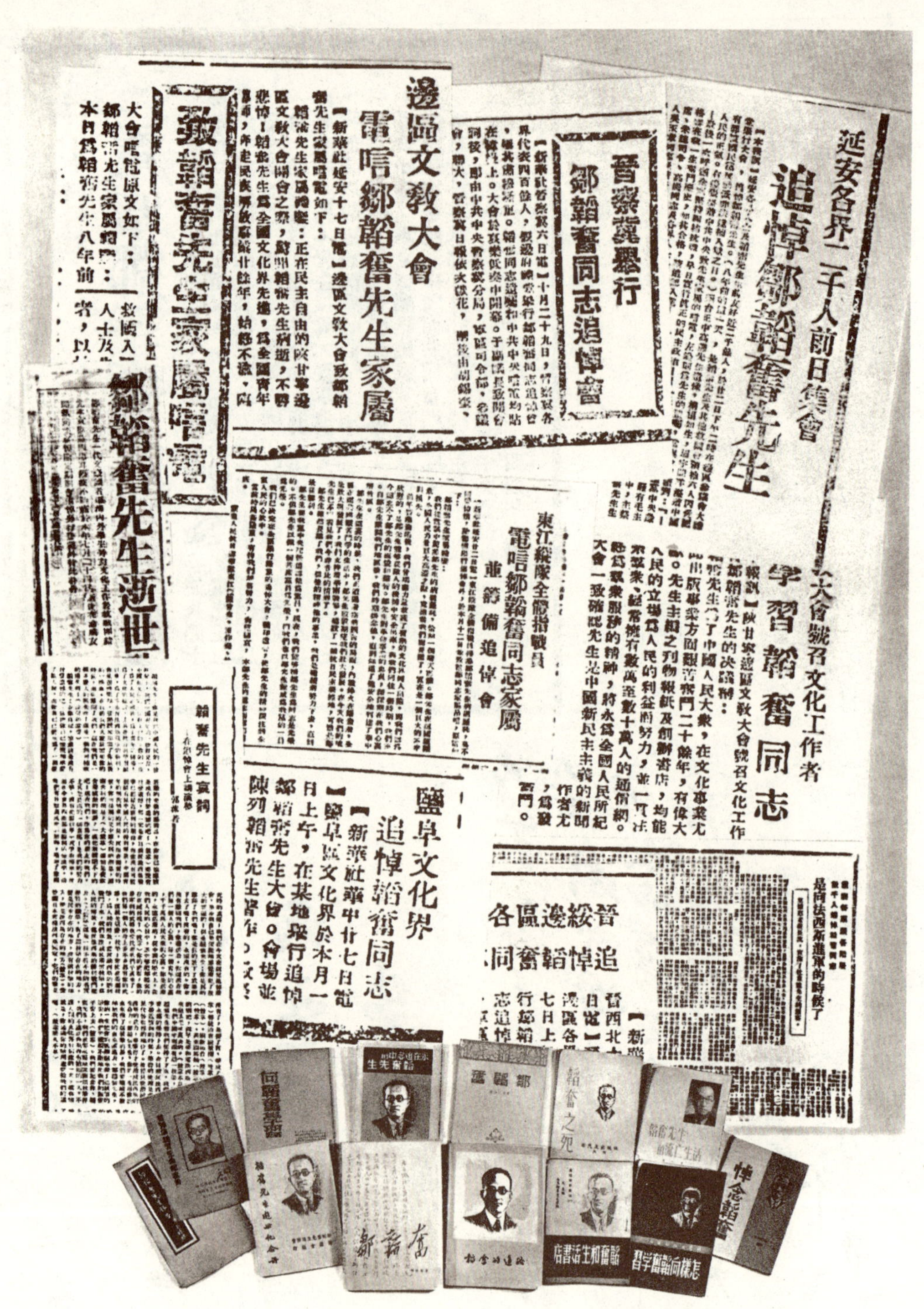

延安各界一千人前日集會
追悼鄒韜奮先生

晉察冀舉行
鄒韜奮同志追悼會

邊區文教大會
電唁鄒韜奮先生家屬

【新華社延安十七日電】邊區文教大會致鄒韜奮先生家屬唁電如下：
韜奮先生家屬禮鑒：正在民主自由的陝甘寧邊區文教大會開會之際，驚悉韜奮先生病逝，不勝悲悼！韜奮先生為全國文化界先進，為全國青年導師，奔走民族解放事業廿餘年，始終不渝，……

致韜奮先生家屬唁電

大會唁電原文如下：
鄒韜奮先生家屬禮鑒：
本日為韜奮先生八年前……

鄒韜奮先生逝世

大會號召文化工作者
學習韜奮同志

【……報訊】陝甘寧邊區文教大會號召文化工作者學習鄒韜奮先生的決議稱：「韜奮先生……了中國人民大衆，在文化事業尤其出版事業方面艱苦奮鬥二十餘年，有偉大貢獻。先生主辦之刊物報紙及創辦書店，均能站在人民的立場為人民的利益而努力，並一貫不苟，經常擁有數萬至數十萬人的通信網。……為羣衆服務的精神，將永為全國人民所紀念。大會一致確認先生是中國新民主主義的新聞作者尤……」

東江縱隊全體指戰員
電唁鄒韜奮同志家屬
並籌備追悼會

韜奮先生哀詞

鹽阜文化界
追悼韜奮同志

【新華社華中廿七日電】鹽阜區文化界於本月一日上午，在某地舉行追悼鄒韜奮先生大會。會場並陳列韜奮先生著作……

晉綏邊區各……
追悼韜奮同……

是向法西斯進軍的時候了

韬奋逝世后，全国各解放区和国统区的报纸都报道了悼念的消息，许多地方还编印了纪念韬奋的书籍。

韬奋逝世时，上海还在日寇魔掌中，不能公开安葬。抗日战争胜利后才将灵柩安葬于上海虹桥公墓。上图是韬奋墓，右图是墓上的碑文。

一九六七年韬奋墓迁葬于上海龙华革命公墓

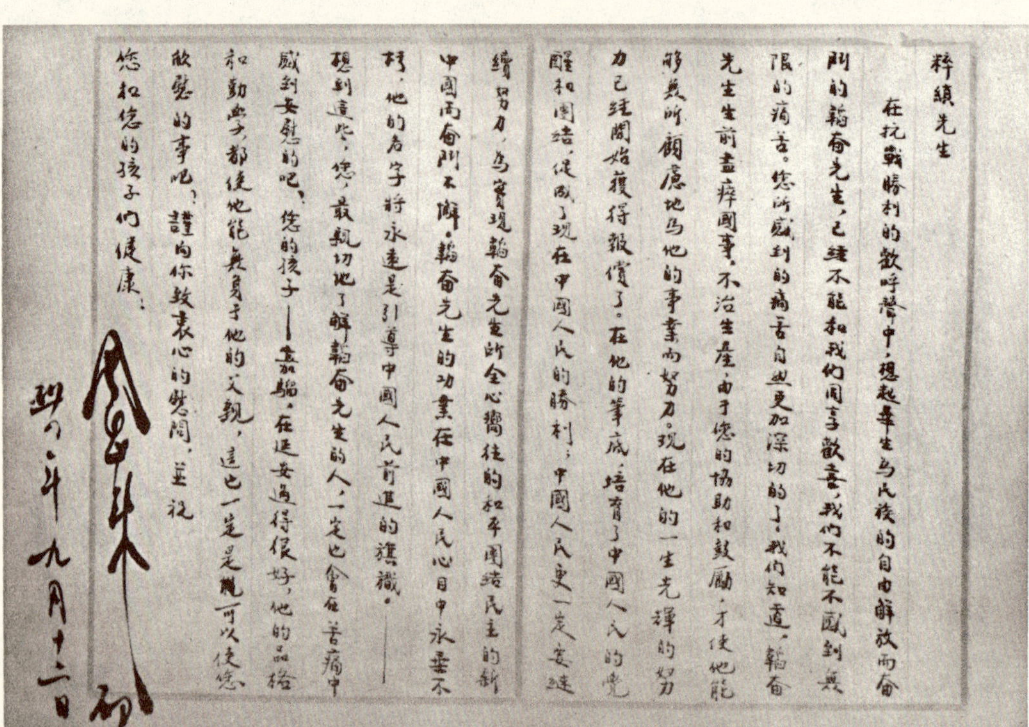

粹縝先生

在抗戰勝利的歡呼聲中，想起畢生爲民族的自由解放而奮鬥的韜奮先生，已經不能和我們同享歡喜，我們不能不感到無限的痛苦。您所感到的痛苦自然更加深切的了。我們知道，韜奮先生生前盡瘁國事，不治生產，由于您的協助和鼓勵，才使他能夠無所顧慮地爲他的事業而努力。現在他的一生光輝的努力已經開始獲得報償了。在他的筆底，培育了中國人民的覺醒和團結，促成了現在中國人民的勝利；中國人民更一定要繼續努力，以實現韜奮先生所全心嚮往的和平團結民主的新中國而奮鬥不懈。韜奮先生的功業在中國人民心目中永垂不朽，他的名字將永遠是引導中國人民前進的旗幟。——想到這些，您，最親切地了解韜奮先生的人，一定也會在苦痛中感到安慰的吧。您的孩子——嘉驪，在延安過得很好，他的品格和勤學，都使他能無負于他的父親，這也一定是足可以使您欣慰的事吧。謹向你致衷心的慰問，並祝您和您的孩子們健康。

周恩來

卅四年九月十二日

周恩来同志在一九四五年抗日战争胜利后，自延安写给韬奋夫人沈粹缜的慰问信。

一九四七年沈钧儒为纪念韬奋写的诗稿

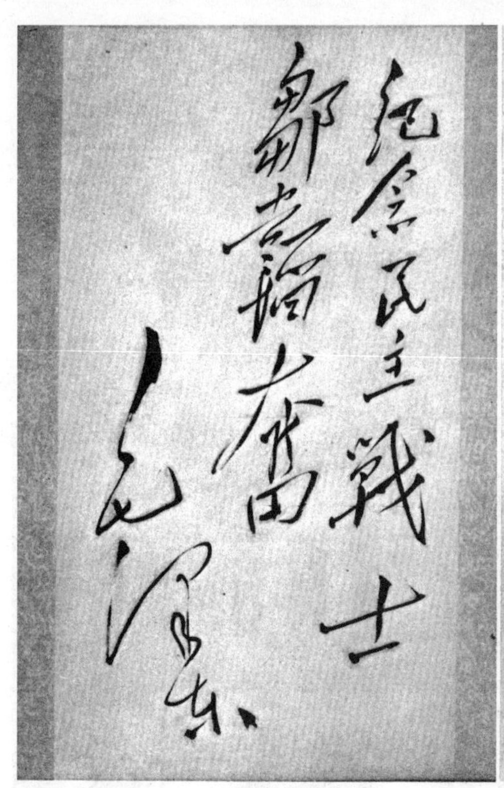

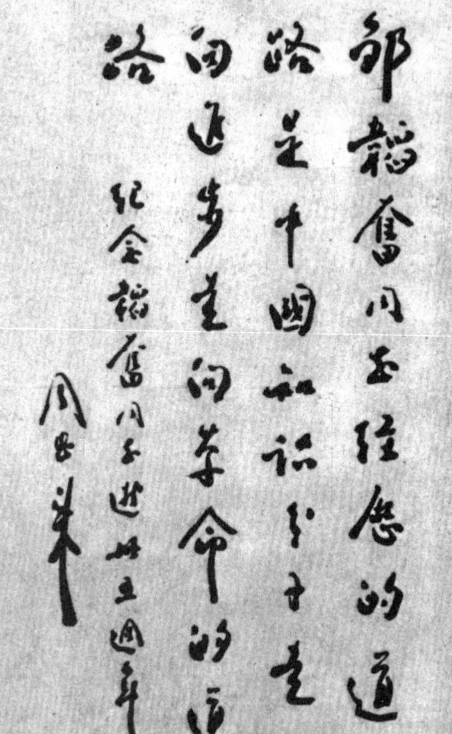

一九四九年七月毛泽东同志和周恩来同志为纪念韬奋逝世五周年的题词

一九五〇年七月陈毅同志为纪念韬奋逝世六周年的题词

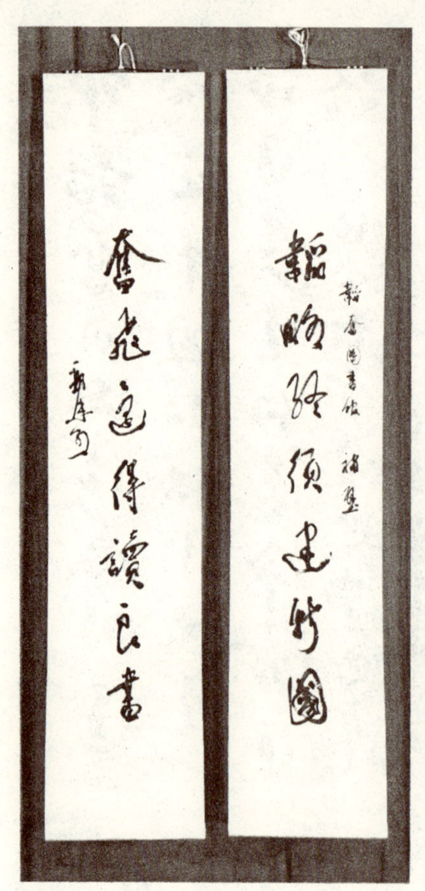

郭沫若为韬奋图书馆写的对联:“韬略终须建新国,奋飞还得读良书”。

上海解放后,圣约翰大学的师生为了纪念韬奋,将该校的教学主楼命名为“韬奋楼”。

江苏南通人民为纪念韬奋,解放后将一所印刷厂命名为“韬奋印刷厂”。

一九五四年七月，韬奋逝世十周年。北京、上海、天津等地文化界与各界人士一起，举行了纪念会。一九五六年经周恩来总理批准，在上海重庆南路万宜坊五十三号建立了韬奋纪念馆，以示永久纪念。

韬奋纪念馆外景，右屋为韬奋故居。

上海重庆南路二〇五弄(万宜坊)弄口

上海重庆南路万宜坊五十四号，为韬奋故居。是韬奋在一九三〇年至一九三六年战斗和生活的寓所。

一九六〇年八月，上海复旦大学学生在韬奋纪念馆听韬奋夫人沈粹缜讲述韬奋生平。

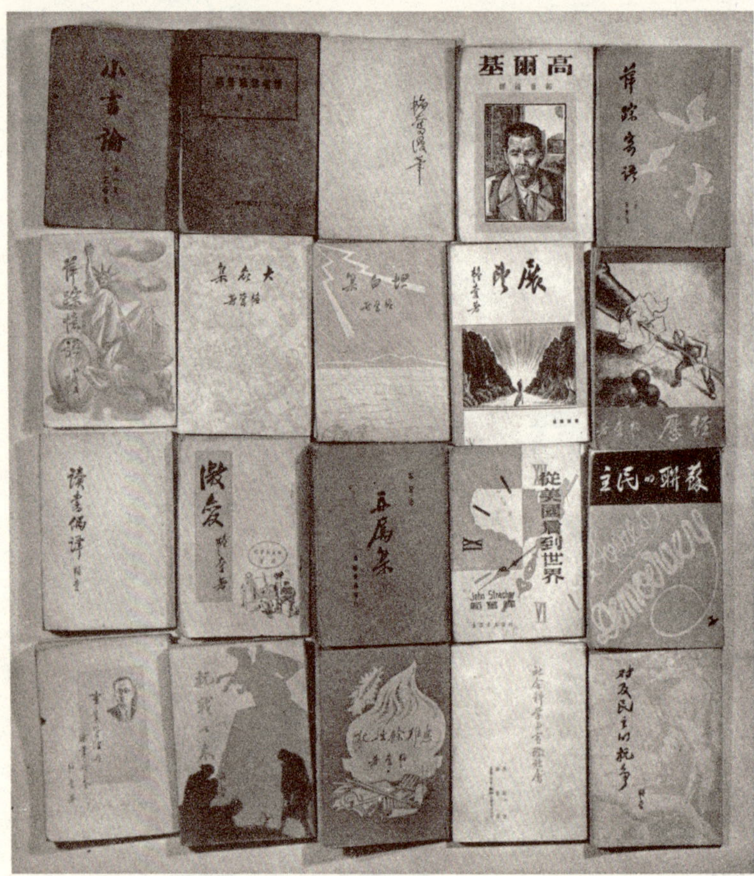

韬奋的重要著作

新中国成立后出版的各种版本的韬奋著作

“文化大革命”中，林彪、“四人帮”出于篡党夺权的需要，妄图否定周恩来同志领导下的国统区的革命文化工作。以查三十年代出版黑线黑店为由，竟迫使韬奋纪念馆停馆达十多年之久。粉碎“四人帮”后，韬奋纪念馆得以恢复。叶剑英、宋庆龄、陆定一、史良、沙千里等亲笔为纪念馆题词。

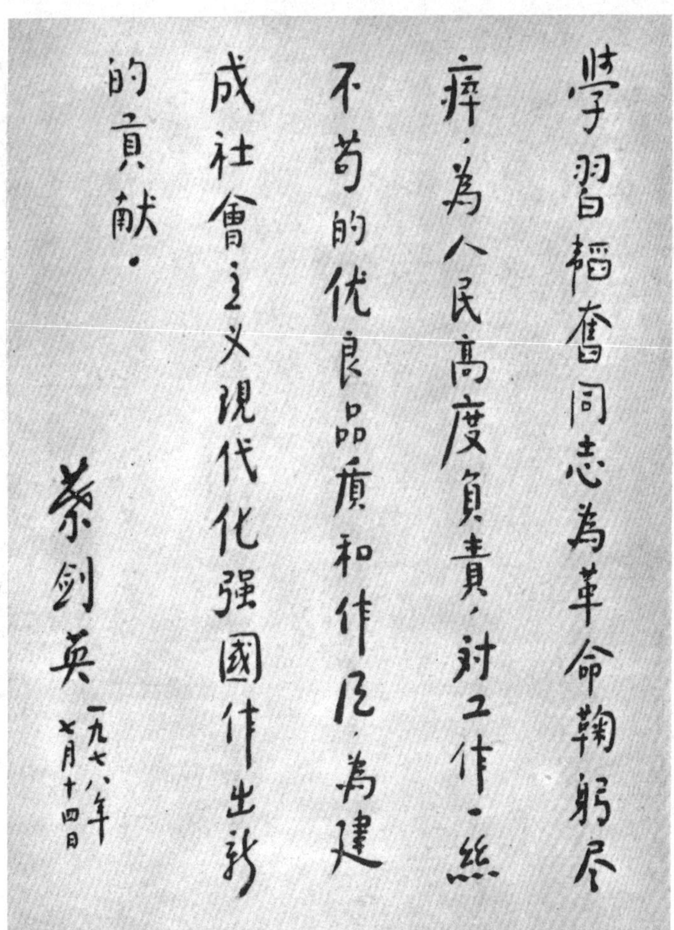

韬奋同志舍己为公，用他的一枝笔为革命利益奋斗一生的精神永远活在人们心里。

宋庆龄
一九七九年四月廿四日

邹韬奋同志是革命的宣传家，伟大的共产主义战士。他異軍突起，在日本帝国主義并吞中國，國民党白色恐怖籠罩全国的时候，宣传团结抗戰，在人民群众特别是青年群众中影响极大。他不但自己逐步摆脱资产階级民主主义，终於成為坚定的共產主義者，而且影响了一大批群众走向革命。他對工作的認真態度和联系群众的作風是值得学習的。他的革命功績是不可磨滅的。林彪、"四人邦"反革命小丑贬低韬奋同志现已澈底破產。在新的長征中，我们要继续向韬奋同志学習。

韬奋纪念馆

一九八〇年一月八日 陆定一敬题于上海

韬奋同志

民主先锋一代人
鞠躬尽瘁为人民
凌云壮志今犹在
韬奋精神永世存

史良 一九七八年六月十二日

韬奋同志是抗日救国的先锋，争取民主的战士，他战斗的一生是我们学习的榜样

沙千里 一九七九年七月三日

一九七九年七月二十四日，韬奋逝世三十五周年，被林彪、“四人帮”干扰停止开放达十多年的上海韬奋纪念馆，又重新正式开放。

韬奋的名字和他的事业将在人民心中永存。

邹韬奋同志经历的道
路是中国知识分子走
向进步走向革命的道
路
纪念韬奋同志逝世五周年
周恩来

經歷

翰儔

开头的话

时间过得真快！在我提笔写这篇《开头的话》的时候，离开这本书的脱稿又有两个多月了。在这两个多月里面，我和几位朋友在羁押中的生活和以前差不多。关于我自己在这时期内的“工作”，完成了两本书，除这本《经历》外，还有一本是《萍踪忆语》；随后把我从香港回上海后所发表的文章略加整理，编成一书，名叫《展望》；同时看了十几本书。我个人在这几个月羁押中所得的只是这一点点微小的收获；但是睁开眼看看中国时局的变化，却有了值得特别注意的新的形势——渐渐地走上和平统一的道路。依政府当局的表示，在国际主张参加集体安全，也就是参加反侵略的阵线；在国内主张保全国力以救亡图存；关于民族敌人的侵略，加强保全领土主权的决心；关于国民大会和制宪问题，准备有所改进；关于释放政治犯，集中人材和开放言论，也有比较具体的表示。事实上的表现虽还有待于全国上下的继续努力，但是一线曙光的显露，却已给予国事前途以转机的可能性。这可能性的大小，全视今后全国上下努力程度为转移。我们国民此后应该格外努力的是：一方面要从种种工作上更充实团结御侮的内容；一方面要用种种方法督促并协助政府实现民主政治。民主政治的忠实执行，对于民众救国运动的民权有切实的保障，正所以增加全国一致救亡的力量，所以这两方面实在有着密切的联系。这一点也许可以作为本书立场和主张的补充。

关于这本《经历》，还有几句话想附带提及的，就是这本书并非什么自传，我也够不上有什么自传，只不过就我二十年来的生活过程中抽出一些关于就学就业的经历片段，和关心我的好友们谈谈，其中或者不无一些可供青年朋友们的参考，如此而已。这本书的写成，也许还靠我的被捕，因为在外面也许有更重要的文字要写，没有时间来写这样的书；而且在羁押中写别的著作，参考材料不易带，只有写这样回想的东西，比较地便当些，所以无意中居然把它写完了。

我很愉快地有机会把同时被捕的几位朋友的可贵的经历记下来，为本书增光不少。我近来发现自己对于写传记的兴趣特别浓厚，这几篇关于几位朋友的记述，便是在这样的心境中写的。关于传记，我以前只是用过因公和落霞的笔名，替《生活》周刊写过几篇名人小传，后来编译过一本二十万字的《革命文豪高尔基》，但是最近才深切地觉得自己对这件事有着特别浓厚的兴趣，很想以后再多多研究历史，勉励自己做个传记家，更希望能有机会替民族解放的斗士们多著几本有声有色的传记。我是个新闻记者，就记者的立场说，虽在不自由的境域中，写了关于这几位朋友的记述，对于新闻记者的"任务"总算也尽了一些，因为所记关于这几位朋友的生平，也就等于访问记。同时我应该乘此机会谢谢这几位朋友。本书里"同在羁押中"的几张相片是承沙千里先生摄赠的，也附此志谢。

我们在羁押中，除看书写作和运动外，大家对各种问题也时有讨论。关于讨论问题，我们的"家长"常说起两句话，那就是"主张坚决，态度和平"。我觉得这两句话实在可以作为我们的座右铭，所以特别提出来转赠给读者诸友。这里所谓主张，当然是指合理的切于现实的主张；如果现实变化了，主张需要修正，或甚至更换，那又是另一回事了。所谓和平是指在讨论或说服的时候，用不着面红耳赤，大声咆哮，因为这并不能丝毫增加你的理由！

最后我要践约报告读者诸友的，是我和同时被捕的几位朋友已于四月三日经江苏高等法院提起公诉了。这是很出乎我们意料之外的。公诉的结果怎样，将来有机会时再奉告吧。

二十年来的经历

一　永不能忘的先生*

曾经偶然在西报上的“补白”里看到这两句怪有趣的话：

“A gossip is one who talks to you about others; a bore is one who talks to you about himself.”

如把这两句话勉强译成中文，大意也许可以这样说：“喜欢闲谈的人，就是对你瞎谈着别人的事情；令人讨厌的人，就是对你尽谈着关于他自己的事情。”我说“勉强译成”，因为一种文字的幽默意味，最难一点不走漏地译成别一种文字，但是无论如何，大意是可以明白的了。我尤其注意第二句，即“令人讨厌的人，就是对你尽谈着关于他自己的事情”。一个人谈到自己的事情，往往要啰啰嗦嗦地拖泥带水地说个不完，使人听了感觉到厌烦，诸君也许已经有过这样听得不耐烦的经验吧。我有鉴于此，所以向来对于“自述”一类的文字不愿写。

最近因为在香港办了几个月的报，回到上海以后，有不少朋友问起在香港的情形，我便写了好几篇《在香港的经历》（登在《生活星期刊》），原来

* 原载1936年10月25日上海《生活星期刊》第1卷第21号，署名韬奋。

不过随笔写来，拉杂谈谈而已，不料有好多读者写信来勉励我要多写一些，大概还不觉得怎样厌烦；但是在香港几个月的经历就不过那一些，所以登了九期就把它结束了。可是经了读者的这样怂恿，我又转着念头，想要尝试写几篇《二十年来的经历》，不知道要不要引起诸君的厌烦。倘若读者听得厌烦，我希望不客气地写信来警告一下，我便可提早结束，或不再写下去。

我这二十年来的经历，想从小学时代谈起。当时我所进的是南洋公学附属小学，校长是沈叔逵先生。他是一位很精明干练的教育家，全副精神都用在这个小学里面，所以把学校办得很好。我们那一级的主任教员是沈永癯先生，他教我们国文和历史——我最感兴趣的科目。他那样讲解得清晰有条理，课本以外所供给的参考材料的丰富，都格外增加了我的研究兴趣。我尤其受他的熏陶的是他的人格的可爱。我这里所谓人格，是包括他的性格的一切。他的服饰并不华丽，但是非常整洁，和我所不喜欢的蓬头垢面的自命名士派的恰恰相反。他对于所教授的科目有着充分的准备，我对于他所教的科目有任何疑难，他都能给我以满意的解释。他教得非常认真，常常好像生怕我们有一句一字不明了；他的认真和负责的态度，是我一生做事所最得力的模范。他并没有什么呆板的信条教给我，但是他在举止言行上给我的现成的榜样，是我终身所不能忘的。我自己做事，没有别的什么特长，凡是担任了一件事，我总是要认真，要负责，否则宁愿不干。这虽然是做事的人所应该有的起码的条件，但是我却永远不能忘却永癯先生给我的模范。此外令我倾倒的是他的和蔼可亲的音容。他对于学生总是和颜悦色的，我从来没有看见他动过气；我上他的课，比上任何人的课都来得愉快。但是他所以得到学生的敬爱，并不是由于姑息，随便，拆烂污，却是由于认真而又不致令人难堪。我当时敬爱这位先生的热度可以说是很高很高，但是并未曾对他表示过我的这样的心意，现在这位良师已去世多年了，可是我一生不能忘记他。

当时我们的一级里只有二十个同学，因为人数少，彼此的个性相知很深，现在有的做医生，有的做律师，有的做工程师，有的服务于邮政局。陆鼎揆律师也是当时同级里的同学之一。在国文一课，我们俩是劲敌。每星期有一次作文，永癯先生批卷很严；最好的文章，他在题目上加三圈，其次的加两圈，再次的加一圈。此外仅于一篇之中比较有精彩的句子的点断处加双圈。每次文卷发下来的时候，大家都好像急不及待地探听谁有着三圈，谁有着两圈，谁有着一圈，乃至于下课后争相比较句子点断处的双圈谁多。有的同学紧紧地把文卷藏在课桌的抽屉里，压在重重的课本下，生怕有人去偷看它，那很显然地是一个双圈都没有！当时我们那种竞赛得津津有味的神情，大家都感觉到深切的兴趣。有了这样的竞赛，每星期都受着推动一次，大家都的确容易有进步。

二　工程师的幻想*

我的父亲所以把我送进南洋公学附属小学，因为他希望我将来能做一个工程师。当时的南洋公学是国内数一数二的工程学校，由附属小学毕业可直接升中院（即附属中学），中院毕业可直接升上院（即大学），所以一跨进了附属小学，就好像是在准备做工程师了。我在那个时候，不知道工程师究竟有多大贡献，模模糊糊的观念只是以为工程师能造铁路，在铁路上做了工程师，每月有着一千或八百元的丰富的薪俸。父亲既叫我准备做工程师，我也就冒冒失失地准备做工程师。其实讲到我的天性，实在不配做工程师。要做工程师，至少对于算学、物理一类的科目能感到浓厚的兴趣和特殊的机敏。我在这方面的缺憾，看到我的弟弟在这方面的特长，更为显著。我们年纪很小还在私塾的时候，所好便不同。当时我们请了一位老夫子在家里教着“诗云子曰”，并没有什么算学的功课，但是我的弟弟看见家里用的厨子记账的时候打着算盘，就感觉到深刻的兴趣，立刻去买了一本《珠算歌诀》，独自一人学起什么“九归”来了。我看了一点不感觉兴味，连袖手旁观都不干。

* 原载 1936 年 11 月 1 日上海《生活星期刊》第 1 卷第 22 号，署名韬奋。

我只有趣味于看《纲鉴》，读史论。后来进了小学，最怕的科目便是算学。当时教算学的是吴叔厘先生。他的资格很老，做了十几年的算学教员，用的课本就是他自己编的。我看他真是熟透了，课本里的每题答数大概他都背得出来！他上课的时候，在黑板上写着一个题目，或在书上指定一个题目，大家就立刻在自己桌上所放着的那块小石板上，用石笔滴滴答答地算着。不一会儿，他老先生手上拿着一个记分数的小簿子，走过一个一个的桌旁，看见你的石板上的答数是对的，他在小簿上记一个记号；看见你的石板上的答数不对，他在小簿上另记一个记号。我愈是着急，他跑到我的桌旁似乎也愈快！我的答数对的少而错的多，那是不消说的。如我存心拆拆烂污，那也可以处之泰然，但是我却很认真，所以心里格外的难过，每遇着上算学课，简直是好像上断头台！当时如有什么职业指导的先生，我这样的情形，一定可供给他一种研究的材料，至少可以劝我不必准备做什么工程师了。但是当时没有人顾问到这件事情，我自己也在糊里糊涂中过日子。小学毕业的时候，我的算学考得不好，但是总平均仍算是最多，在名次上仍占着便宜。刚升到中院后，师友们都把我当作成绩优异的学生，只有我自己知道在实际上是不行的。

但是大家既把我误看作成绩优异的学生，我为着虚荣心所推动，也就勉为其难，拼命用功，什么代数哪，几何哪，我都勉强地学习，考的成绩居然很好，大考的结果仍侥幸得到最前的名次，但是我心里对这些课目，实在感觉不到一点兴趣。这时候我的弟弟也在同一学校里求学，我们住在一个房间里。我看他做算学题的时候，无论怎样难的题目，在几分钟内就很顺手地得到正确的答数；我总是想了好些时候才勉强得到，心里有着说不出的烦闷。我把这些题目勉强做好之后，便赶紧把课本搁在一边，希望和它永别，留出时间来看我自己所要看的书。这样看来，一个人在学校里表面上的成绩，以及较高的名次，都是靠不住的，惟一的要点是你对于你所学的是否心里真正觉得喜欢？是否真有浓厚的兴趣和特殊的机敏？这只有你自己知道，旁人总是隔膜的。

我进了中院以后，仍常常在夜里跑到附属小学沈永癯先生那里去请教。他的书橱里有着全份的《新民丛报》，我几本几本的借出来看，简直看入了迷。我始终觉得梁任公先生一生最有吸引力的文章要算是这个时代了。他的文章的激昂慷慨，淋漓痛快，对于当前政治的深刻的评判，对于当前实际问题的明锐的建议，在他的那枝带着情感的笔端奔腾澎湃着，往往令人非终篇不能释卷。我所苦的是在夜里不得不自修校课，尤其讨厌的是做算学题目；我一面埋头苦算，一面我的心却常常要转到新借来放在桌旁的那几本《新民丛报》！夜里十点钟照章要熄灯睡觉，我偷点着洋蜡烛在帐里偷看，往往看到两三点钟才勉强吹熄烛光睡去。睡后还做梦看见意大利三杰和罗兰夫人！（这些都是梁任公在《新民丛报》里所发表的有声有色的传记。）这样准备做工程师，当然是很少希望的了！

础。倘若不是这样，只许我一天到晚在 XYZ 里面翻斤斗，后来要改行便很困难的了。但是这却不是由于我的自觉的选择，只是偶然的凑合。在这种地方，我们便感觉到职业指导对于青年是有着怎样重要的意义。

当然，自己对于所喜欢的知识加以努力的研究，多少都是有进步的，但是环境的影响也很大。因为唐先生既注意学生的国文程度和学习，蹩脚的国文教员便不敢滥竽其间，对于教材及教法方面都不能不加以相当的注意。同时国文较好的学生，由比较而得到师友的重视和直接间接的鼓励，这种种对于研究的兴趣都是有着相当的关系的。

我们最感觉有趣味和敬重的是中学初年级的国文教师朱叔子先生。他一口的太仓土音，上海人听来已怪有趣，而他上国文课时的起劲，更非笔墨所能形容。他对学生讲解古文的时候，读一段，讲一段，读时是用着全副气力，提高嗓子，埋头苦喊，读到有精彩处，更是弄得头上的筋一条条地现露出来，面色涨红得像关老爷，全身都震动起来（他总是立着读），无论哪一个善打瞌睡的同学，也不得不肃然悚然！他那样用尽气力的办法，我虽自问做不到，但是他的那样聚精会神，一点不肯拆烂污的认真态度，我到现在还是很佩服他。

我们每两星期有一次作文课。朱先生每次把所批改的文卷订成一厚本，带到课堂里来，从第一名批评起，一篇一篇地批评到最后，遇着同学的文卷里有精彩处，他也用读古文时的同样的拼命态度，大声疾呼地朗诵起来，往往要弄得哄堂大笑。但是每次经他这一番的批评和大声疾呼，大家确受着很大的推动，有的人也在寄宿舍里效法，那时你如有机会走过我们寄宿舍的门口，一定要震得你耳聋的。朱先生改文章很有本领，他改你一个字，都有道理；你的文章里只要有一句精彩的话，他都不会抹煞掉。他实在是一个极好的国文教师。

我觉得要像他那样改国文，学的人才易有进步。有些教师尽转着他自己的念头，不顾你的思想；为着他自己的便利计，一来就是几行一删，在你的

四　课外阅读*

常有青年朋友写信问起写作的秘诀，其实我只是一个平凡的新闻记者，写的不过是平凡的新闻记者所写的很平凡的东西，说不上什么作家，所以对于这种问句，很感到惭愧。不过就我很平凡的写作的一点经验说，觉得在初学方面最重要的不外两点：一是写的技术，二是写的内容。简单说起来，所谓写的技术，是能够写得出自己所要说的话，也就是能够达意。所谓写的内容是有话说，也就是有什么意思或意见要说出来。

我上次和诸君谈过在小学和中学里得到良师教授国文的情形。但教师尽管教得好，实际的领略和运用，还是要靠自己努力去干，从干的当中得到要诀，这好像游泳一样，只是听了算数是无用的，必须钻到水里去游泳，才有所得。我当时在学校里所学的国文还是文言文，读的是古文。只靠教师在课堂上教的几篇是不够的，所以对于什么《古文辞类纂》、《经史百家杂钞》，所谓八大家的各个专集（尤其是《韩昌黎全集》），《王阳明全集》、《曾文正全集》以及《明儒学案》等等，在课外都完全看了一下。觉得其中特别为自

* 原载1936年11月15日上海《生活星期刊》第1卷第24号，署名韬奋。

己所喜欢的，便在题目上做个记号，再看第二次；尤其喜欢的再看第三次；最最喜欢的，一遇着可以偷闲的时候，就常常看。此外如《新民丛报》，梁任公和汪精卫笔战的文字，在当时也是我看得津津有味的东西。还有一部书也是我在当时很喜欢看的，说来很奇特，是所谓《三名臣书牍》，共有四册，是曾涤生、胡林翼、曾纪泽三人的奏折和信札。我却不是崇拜什么“名臣”，只觉得这里面的文字都很精悍通达，对于他们处理事务的精明强干，尤其是物色人材和运用人材方面，感到很深的兴趣。据说他们的这些文字不一定是完全自己写的，有好些是当时幕府中的能手代做的。我有一天在旧书摊上无意中碰到这部旧书，偶然翻看了几页，觉得越看越有趣，便把它买了回来，居然在我的书堆里面占了很“得宠”的位置。

当然，这是当时研究文言文做了的一点点功夫，现在注意的是白话文，研究的人不一定要走这条路，而且时代也更前进了，内容方面相去也更远。所以我和诸君随便谈到这里，并不是要开什么书目供参考，只是表示我们在初学的时候，要想增进自己的写的技术，便要注意多看自己所喜欢看的书。

我当时发现一个有趣的事实。我所看的书，当然不能都背诵得出的，看过了就好像和它分手，彼此好像都忘掉，但是当我拿起笔来写作的时候，只要用得着任何文句或故事，它竟会突然出现于我的脑际，效驰驱于我的腕下。我所以觉得奇怪的，是我用不着它的时候，它在我脑子里毫无影踪，一到用得着它的时候，它好像自己就跑了出来。我后来读到了心理学，觉得这大概就是所谓潜意识的作用吧。无论如何，我在当时自己暗中发现了这个事实，对于课外的阅读格外感觉到兴奋，因为我知道不是白读白看的，知道这在事实上的确是有益于我的写的技术的。

我觉得我们在阅读里既有着这样潜意识的作用，对于所选择的书籍的文字（这仅就写的技术方面说，内容当然也很重要），要特别注意。例如有些文字，尤其是所谓直译的文字，写得佶屈聱牙，几十个字一停的长句，看得多了，也要不知不觉中影响到一个人的写作的技术，写出来的东西也使人看了不懂，或似懂非懂，使人感觉头痛！

当然，看书有人指导是可以省却许多不必要的时间和精力的耗费。现在的青年在这方面已有比较的便利，因为有好些杂志对于读书指导都是很热诚的。我在当时却是自己在暗中摸索着，但是我自己却也有一点选择的“策略”，虽简单得可笑，但在当时确受到不少的好处。我每到书店或旧书摊上去东张西望着，看到书目引我注意时，先在那里看它几页，称心才买，否则就要和它永诀。有些所谓作家，你虽然东看到他的大名，西也看到他的大名，但是也许买到他的大作来看看，却不免感觉到硬着头皮看下去也看不懂，或是味同嚼蜡，看着就想睡觉！

五　写作的尝试*

在国文课上作文，当然也可以说是写作的尝试，但是我在这里指的却是发表或投稿的文字。

我读到中学初年级，几个月后就陷入了经济的绝境。我知道家里已绝对没有办法，只有自己挣扎，在挣扎中想起投稿也许不无小补。但是不知道可以投到哪里去。有一天偶然在学校的阅报室里看到《申报》的《自由谈》登着请领稿费的启事，才打定主意写点东西去试试看。那时的《自由谈》是由冷血先生主编，他自己每天在那上面做一篇短评，其余的文字大概都是靠投稿。

但是我有什么可以写呢？的确踌躇了好些时候。我上次不是和诸君谈过吗？我觉得写作在初学方面最重要的不外两点：一是写的技术，二是写的内容。这两点虽同是不可少的，但是第二点似乎比第一点还要重要。我这时在写的技术方面比较地有一些把握，但是因为经验的薄弱，观察的不深刻，实在觉得没有什么可写。于是我想个办法，到图书馆里去看几种英文的杂志，

* 原载1936年11月22日上海《生活星期刊》第1卷第25号，署名韬奋。

选译一些东西。这选译并不是什么长篇大文，只是几百字的短篇的材料，例如体育杂志，科学杂志等等里面的零星的材料，大讲其健康或卫生的方法，以及科学上形形色色的有趣的发明。这种材料在当时的《自由谈》是可以适用的，可是试了几次总是失败，好像石沉大海，无影无踪。但是我可以勉强抽出时间来的时候，还是试试看。有一天翻开报纸来，居然看见自己的文字登了出来，最初一刹那间好像还不能相信自己的眼睛，仔细看着题目下的署名，的的确确一毫不差的是“谷僧”两字！（这是当时随便取的笔名。）这样陆陆续续地发表了好几篇，到月底结算稿费的时候，报上那个请取稿费的启事里，当然缺不了我的分！我便和我的弟弟同到棋盘街的一个刻图章的小摊上去刻了一个，拿到申报馆去伸手拿钱。心里一直狐疑着，不知到底能够拿到多少。不料一拿就拿了六块亮晶晶的大洋！如计算起来，一千字至多不过一块钱，但是我在当时根本没有想到这样计算过，只觉得喜出望外。我的弟弟比我年龄更小，看见好像无缘无故地柜台上的人悄悄地付出几块大洋钱，也笑嘻嘻地很天真地替我高兴。我们两个人连奔带跳地出了申报馆，一直奔回徐家汇。这在我当时买一枝笔买一块墨都须打算打算的时候，当然不无小补。但是钱到了手，却也就学了一点坏！回校的途中经过了一个卖彩票的店铺门口，和弟弟两个人商量一会，居然土头土脑地下决心掏出一块大洋买了一张彩票，后来这张彩票的结果和我最初若干次的投稿有着同样的命运！

不久我又发现了一个投稿的新园地——商务印书馆出版的《学生杂志》。记得当时在这个杂志里投稿最多的有三个人：一个是杨贤江，当时他还在师范学校求学；一个是萧公权，他的底细我不知道，由他的文字里看出他似乎是四川人；一个便是我。我的文字虽常常也被采登，但我自己知道都不及他们的两位好，因此愈益勉力求进步，好像暗中和他们比赛似的。在这个杂志里所投的稿不像在《自由谈》上的只有数百字，一来就是几千字了。所写的内容，大概偏于学生修养方面的居多，这是我在当时的学生群中观察得来的材料（当时南洋公学的学生有千余人，这学生群还不算小），比以前译述健康方法和科学小品的内容又有不同，在组织材料和构思方面比较地多得一点训练。我从这里又得到一个教训，就是我们要写自己所知道得最清楚的事情，尤其是实践或经验中感到最深刻印象的事情。

但是我在《学生杂志》里投稿也不是完全顺利的，总是去了好几篇才登出一篇。登了一篇之后，好像替我打了一个强心针，再陆续写几篇去，登后再等着多少时候。关于好多没有采登的稿子，我当时并不知道，也没有想到这应该埋怨编辑先生，因为我知道自己的稿子并不是篇篇都好。我当时虽一点不知道自己将来的职业是编辑，但是说来奇怪，对于做编辑的苦衷，似乎已经了解。

六　新闻记者的作品*

我在准备做工程师的学校里面——虽则还在中学——并不专心于准备做工程师，却分着大部分的心力看这样的书，翻那样的报，和准备做工程师的工作都没有什么直接的关系，这实在不足为训。就职业指导的原则说，应该赶紧设法掉换学校才是，可是我当时在这方面是个“阿木林”，想都没有想到，还是在暗中摸索着。

但是有一点却在小学的最后一年就在心里决定了的，那就是自己宜于做一个新闻记者。在那个时候，我对于《时报》上的远生的《北京》通讯着了迷。每次到阅报室里去看报，先要注意《时报》上有没有登着远生的特约通讯。我特别喜欢看他的通讯，有两个理由：第一是他的探访新闻的能力实在好，他每遇一件要事，都能直接由那个有关系的机关，尤其是由那个有关系的政治上的重要人物，探得详细正确的内部的情形；第二是他写得实在好！所以好，因为流利、畅达、爽快、诚恳、幽默。他所写的内容和所用的写的技术，都使当时的我佩服得很，常常羡慕他，希望自己将来也能做成那样一

* 原载1936年11月29日上海《生活星期刊》第1卷第26号，署名韬奋。

个新闻记者。想诸君也许还记得，远生就是名记者黄远庸先生的笔名。我当时对于他的为人怎样，完全不知道，但是在文字上认识了他，好像他就是我的一个极要好的朋友。后来他因反对袁世凯称帝而冒险南下，我已在中学里，对于他的安危，简直时刻担心着，甚至有好几夜为着这件事情睡不着。他离开上海赴美国，途中还写了好几篇短小精悍，充满着朝气的通讯登在《申报》上，是我生平最倾倒的佳作，我正切盼着他能继续写下去，不料他到旧金山的时候竟被暗杀，真使我悒郁不欢，好像死了我自己的一个好朋友。

我以前曾经谈起在中学初年级的时候，对于先师沈永癯先生所借给我的《新民丛报》，也有一时看入了迷，这也是鼓励我要做新闻记者的一个要素。当然，那里面所建议的事情和所讨论的问题，和当年的时代已不适合，我只是欣赏那里面的锐利明快引人入胜的写的技术，所以在中学二年级的时候就无意再看了，可是增强了我要做个新闻记者的动机，那影响却是很有永久性的。

在中学二年级的时候，同房间的同学有一位彭昕先生，他的国文根底很好，对于秋桐（即现在到华北去做什么委员，使国人为之齿冷的章士钊）所办的《甲寅杂志》看入了迷。他常常在我面前把秋桐的文章捧上了天，赞不绝口。平心而论，章士钊的现在行为虽令人齿冷，但在当时那一段时期的努力，却也有他的劳绩。我厌恶他现在的为人，同时我却要承认当时确曾经受着秋桐文字的相当的影响。我因为彭先生的入迷，也对于《甲寅杂志》加了特殊的注意，每期都从我这位朋友那里借来看。秋桐文字的最大优点是能心平气和地说理，文字的结构细密周详，对政敌或争论的对方有着诚恳的礼貌，一点没有泼妇骂街的恶习气。我很觉得这是现在我们应该注意的态度——尤其是现在积极推动全国团结御侮的时候——不要心境过于狭隘，太不容人，我当时对于秋桐的文字虽不像我的同学彭先生那样入迷，但却也喜欢看。这对于我要做新闻记者的动机，也有相当的推动力。

其实也只有《甲寅杂志》能使秋桐令人敬重，后来秋桐反对“五四”运动的新文化，又办什么《甲寅周刊》，同样地用秋桐署名的文字，看了便令人作三日呕！关于这一点，我也许可以捏造一个原则，做文章和做人实在有着密切的关系。做了一个要不得的人，原来能写很好文章的，到了那时写出来的也要变成要不得的东西。这也许是因为好的文章不仅是有着好的写的技术，同时也离不开好的写的内容。而且还有一点似乎奇特而却也是事实的：那便是内容的要不得往往也要影响到写的技术，因为只有理直气壮的内容才写得好，否则扭扭捏捏，不能遮掩它的丑态！

七　英文的学习*

关于英文的学习，我不能忘却在南洋公学的中院里所得到的两位教师。后来虽有不少美籍的教师在这方面给我许多益处，但是这两位教师却给我以初学英文的很大的训练和诀窍，是我永远所不能忘的厚惠。在这国际交通日密，学术国际化的时代，我们要研究学问，学习一两种外国文以作研究学问的工具，在事实上是很有必要的，所以我提出一些来谈谈，也许可以供诸君的参考。

我所要说的两位英文教师，一位是在中学二年级的时候教授英文的黄添福先生。他就是拙译《一位美国人嫁与一位中国人》的那本书里的男主人公。他大概是生长在美国，英文和美国人之精通英文者无异；英语的流利畅达，口音的正确，那是不消说的。他只能英语，不会说中国话。做中国人不会说中国话，这就某种意义说来，似乎不免是一件憾事，但是仅就做英文教师这一点说，却给学生以很大的优点。当然，倘若只是精通英文而不懂教授法，还是够不上做外国文的良师。黄先生的教授法却有他的长处。他教的是

* 自7—51节，共45篇，系韬奋在1936年12月—1937年2月写于江苏省高等法院看守所。

英文文学名著，每次指定学生在课外预备若干页，最初数量很少，例如只有两三页，随后才逐渐加多。我记得在一年以内，每小时的功课，由两三页逐渐加多到二十几页。上课的时候，全课堂的同学都须把书本关拢来，他自己也很公平地把放在自己桌上的那本书关拢起来。随后他不分次序的向每一个同学询问书里的情节，有时还加以讨论。问完了每个同学之后，就在簿子上做个记号，作为平日积分的根据。他问每个同学的时候，别的同学也不得不倾耳静听，注意前后情节的线索，否则突然问到，便不免瞠目结舌，不知所答。在上课的五十分钟里面，同学们可以说没有一刻不在紧张的空气中过去，没有一刻不在练习听的能力。

除听的能力外，看的能力也因此而有长足的进展，因为你要在课堂上关拢书本子，随时回答教师关于书内情节的问句，或参加这些情节的讨论，那你在上课前仅仅查了生字，读了一两遍是不够的，必须完全了然全课的情节，才能胸有成竹，应付裕如。换句话说，你看了你的功课，必须在关拢书本之后，对于书内的情节都能明白：这样的训练，对于看的能力是有很大的益处。我和同学们最初却在心里有些反对，认为教师问起文学的内容好像和什么历史事实一样看待，使人费了许多工夫预备。但是经过一年之后，觉得自己的看的能力为之大增，才感觉到得益很大。

还有一位英文良师是徐守伍先生。他是当时的中院主任，等于附属中学的校长；当我们到了四年级的时候（当时中学是四年制），他兼授我们一级的英文。他曾经在美国研究经济学，对于英文也很下过苦功。他研究英文的最重要的诀窍是要明白英文成语的运用。这句话看来似乎平常，但是在初学却是一个非常重要而受用无穷的秘诀。徐先生还有一句很直率而扼要的话，那就是你千万不要用你自己从来没有听过或读过的字句。这在中国人写惯中国文的人们，也许要觉得太拘泥，但是仔细想想，在原理上却也有可相通的。我们写“艰难”而不写作“难艰”，我们写“努力”“奋斗”而不写作“奋力”“努斗”，不过是由于我们在不知什么时候什么地方听过或看过这类的用法罢了。初学英文的人，在口语上或写作上往往有“捏造”的毛病，或强把中国语气强译为英文，成为“中国式的英文”！要补救这个毛病，就在乎留意不要用你自己从来没有听过或读过的英文字句。在积极方面，我们在阅读的时候，便须时常注意成语的用法。成语的用法不是仅仅记住成语的本身就够的，必须注意成语所在处的上下文的意思。我们在所阅读的书报里，看到一种成语出现两三次或更多次数的时候，如真在用心注意研究，必能意会它的妙用的。我们用这样的态度阅读书报，懂得成语越多，记得成语越多，不但阅读的能力随着增进，就是写作的能力也要随着增进。

黄先生使我们听得懂听得快，看得懂看得快，偏重在意义方面的收获；徐先生使我们注意成语的运用，对于阅读的能力当然也有很大的裨益，尤其偏重在写作能力的收获。

我觉得这两位良师的研究法可通用于研究各种外国文。

八　修身科的试卷

我读到中学一年级的第二学期，家中对我的学费已无法供给，经济上陷入了困境。在四面楚歌之中，忽然得到意外的援军！在第一学期结束的时候，有一天无意中走过宿舍里的布告板的前面，看见有一大堆人伸长脖子看着一大篇的校长的布告，上面开头便是校长对于品行重要的说教，最后一句是“本校长有厚望焉”，随后是大批“优行生”的姓名。出乎我意料之外的是我自己的姓名也赫然夹在里面凑热闹！老实说，我当时对于“优行”这个好名称却不觉得怎样，可是听老同学们说起做了“优行生”可以得到免缴学费的优待，对于我当时竭泽而渔的苦况却不无小补。

说起当时这种“优行生”的资格，却也颇有趣味。最重要的是在大考时候那一篇修身科的试卷。修身科的教师就是当时的国文教务长，教的是宋明的理学，油印的讲义充满着许多慎独的功夫、克欲的方法。教师上课的时候，就把这些讲义高声朗诵，同时在课堂里大踱其方步。他只是朗诵着讲义，不大讲解其中的意义，朗诵之后，余下来的工夫就大骂当代的一切人物，这些人在他似乎觉得都不合于他心目中的修身的标准！骂得痛快淋漓，往往要骂得哄堂大笑。当他滔滔不绝、口若悬河的当儿，如偶有同学在课堂里打瞌睡给他看见，他就要大声发问："你昨天夜里在被窝里干什么？我看你的脸色很靠不住!"弄得哄堂大笑，那个同学往往要难为情得面红耳赤，无容身之地！到了大考的时候，他出一个多少有关理学的题目，叫大家做一篇文章。其实这篇文章的好坏，与其说是关于作者平日修身的怎样，不如说是关于作者国文程度的怎样。国文好的人就大占便宜，和修身不修身似乎没有什么直接的关系。就一般说，国文好的同学大概多是用功朋友，在品行上不致怎样拆烂污，但是也有例外的。我就亲知道在另一级里有一位同学在考"修身"的前一夜，还请假在外打了通宵的麻将，第二天早晨匆匆到校应考，因为他的国文程度很好，考卷上仍得到一百分，他的大名仍在"优行生"之列!

大概"优行生"的推举，是在教务会议中由修身科教师提出，由其他教师赞成通过的，所以仅仅修身科考卷好还不够，其他功课也要相当的好。如有什么功课过于拆烂污，教这功课的那位教师也许要说几句中伤的话，"优行生"突然间便不免要发生问题了！但是修身科在大考时的那一篇文章的优劣，确是一个很重要的因素。这样决定"优行生"的办法似乎很有疑问，可是在当时的我，得因此免除学费，却是一个很大的帮助。

我在南洋公学读到大学二年级（电机科），除了有一个学期是例外，其余的学期都很侥幸地被列在"优行生"，学费也随着被免除了。我对于修身科的教师虽有着奇异的感想，但是这一点却不得不感谢他。其中有一个学期是例外，这里面的情形也可说是例外的例外。校长依向例贴出布告宣布"优行生"的名单，在名单之前也依向例有着一大篇"本校长有厚望焉"的说教，在那篇说教里特别提出我的名字，说我好得不得了，除学识是怎样怎样的精研通达外，性情又是怎样怎样的谦逊韬晦，简直不是什么物质的奖励所能包容的，所以特由校长加以这样荣誉的奖励，把"优行生"的名义暂停一次。这在教师们鼓励的盛情固然可感，可是我那一学期的学费却大费了一番的筹谋!

诸君知道学校里的费用，学费不过占着其中的一小部分，此外如买书费、膳费、纸笔费、洗衣费以及无法再节省的零用费，都要另外设法。投稿生涯也是“开源”之一法，所以当时有许多写作译述，与其说是要发表意见或介绍知识，不如说是要救穷。我的弟弟当时也同在南洋公学求学，他的经济状况当然不会比我好，也有一部分要靠做“优行生”所得的免除学费的优待。我们两个人的“开源”的途径既不广，同时只得极力“节流”。从徐家汇到上海（指热闹的街市）有一二十里路，原有电车可通，我们在星期日偶因有事出校，往往不敢乘电车，只得跑路。在暑假期内，极力找家庭教师的职务做。在那时的南洋公学是上海最著名的一个学校，对于招考时的考试特别严格，所以有志投考的，在暑假内常由父兄请人在家里补习功课。我们弟兄两人很幸运地得到同学们的信任，他们遇着有亲友们要物色这种补习教师，常替我们作负责的介绍，所以这在当时也是我们这苦学生的一条出路。

现在常有些青年写信问我苦学生怎样可以自给，这问题的确不易答复，因为这事没有什么一定的公式，要看各人的环境、人缘和自己的能力。回想我自己当时的苦学生生涯，也不敢说有什么把握，只是过一学期算一学期，过一个月算一个月。这学期不知道下学期的费用在哪里，甚至这一个月不知道下一个月的费用在哪里，这简直是常事。因此心境上常常好像有一块石头重重地压住。别的同学在星期日是有着当然的娱乐，我的星期日却和平日一样；出校要用车费，没有特别的事也不愿跑远路；躲在校里也没有什么娱乐，因为在星期日的学校原已像个静寂的寺院。

孩子究竟脱不了孩子气！记得有一次听着一个亲戚盛赞梅兰芳的戏，说他真做得好，简直是个“怪物”，不可不看，我们弟兄俩刚巧衣袋里多着几块钱，竟下決心同到天蟾舞台去看了一次！看的是夜戏，因太迟不便回校，还同往旅馆住宿了一夜。虽由徐家汇出来往返都是跑腿，但是已破天荒地用了十块大洋，因为一个位置的票价就去了四块大洋，那真是闹了一次大阔！这事如被那位修身科教师知道了，也许要取消我们的“优行生”的资格！

九　幻想的消失

我在南洋公学的时候，在精神上常感到麻烦的，一件是经济的窘迫，一件是勉强向着工程师的路上跑。前者的麻烦似乎还可以勉强拖过去，虽则有的时候很像到了绝境；后者的麻烦却一天天地继续下去。如果我肯随随便便地敷衍，得过且过，也许可以没有什么问题，可是我生性不做事则已，既做事又要尽力做得像样；所以我不想做工程师则已，要做工程师，决不愿做个“蹩脚”的工程师。我读到中学四年级的时候，已感觉到《解析几何》的和我为难，但是我当时并不知道天地间有所谓职业指导这个东西，只常常怪自己何以那样不行！中学毕业后要分科了。除土木科和电机科外，还新设有铁路管理科。原来同学里面性情不近于学工科的不止我一个人，据说铁路管理科是不必注重物理、算学的，所以有不少同学加入。照理我也可以加入这一科，不过当时加入这一科的却有许多平日不用功的同学，在一般同学看来，大有这是“藏污纳垢”的一科，存着轻视的心理！而且我对于铁路管理，自问也没有什么特别的兴味，所以我没有一点意思要进这一科。由现在看来，前一种心理确是错误的，后一种心理也许还合于职业指导的一个原则。无论如何，我既无意于管理什么铁路，只得在土木科和电机科两者之间选择一科。我说“只得”，因为在当时竟好像除了南洋公学，没有别的什么学校看得上眼！算学是我的对头，这是诸君所知道的。我听见有些同学谈起电机科对于算学的需要，不及土木科那样紧张，我为避免“对头”起见，便选定了电机科。到了这个时候，我对于工程师的幻想还没有消失。这种幻想的所以还未消失，并不是因为我喜欢做工程师，却是因为不知道有更改的必要和可能。我所以不喜欢做工程师，并不是不重视工程师，却是因为我自己的能力和工程师没有缘分。

但是我仍然糊里糊涂地向着工程师的路上跑。不久我对于工程师的幻想终于不得不完全消失，这件事我却不得不谢谢张贡九先生。他当时教我们的微积分和高等物理学。诸君知道微积分是算学中比较最高级的阶段，高等物理学对于算学的需求也是特别紧张的。而这位张先生对于这两科考试的题目又特别地苛刻。他到考试的时候，总喜欢从别的书上搜求最艰深困难的题目给学生做，弄得同学们叫苦连天，尤其引起深刻反省的当然是像我这样和算学做对头的人们。最初我还再接再厉，不肯罢休，但是后来感觉到“非战之罪”，便不得不另寻途径了。可是怎么办呢？尤其是“优行生”的问题！在南洋公学还可借口“优行生”来凑凑学费，如换一个学校，连这样一点点的凭借也没有了。这是一种最踌躇的心理。

可是问题当然还没有解决。同时有一位姓戴的同学却给我一个很大的推动。他在我们的同级里，对于工科的功课却是赋有天才的，但是他对于医学的研究具有更浓厚的兴味，便下决心于中学毕业后，考入圣约翰大学的医科（先须进理科）。他去了以后，偶然来谈谈，我才知道圣约翰的文科比较地可以做我转校的参考。我此时所要打算的是经济的问题，因为到圣约翰去之后，不但没有“优行生”的奖学金，而且圣约翰大学是向来有名的贵族化的学校。这个学校的课程内容，比较地合于我的需要，而贵族化的费用却给予我一个很困难的问题。事有凑巧，有一位同级的同学葛英先生正在替他的一个本家物色一个家庭教师。他的那位本家是在宜兴县的蜀山镇，家里是开瓷厂的，年已六十几岁了，对于三个孙子的学业希望得非常殷切，托我的这位同学代为物色一个好教师，要请到蜀山镇去做西席老夫子的。我是否够得上做一个好教师，自己实在毫无把握，但是这位同学知道我有暂时做事积资再行求学的意思，极力怂恿我接受这个位置。当时是在将放年假的时候，他们打算请我去教半年，准备使那三个小学生能在第二年的暑假考入学校。为特别优待我起见，他们自动建议每月送我“束修”四十元，来往盘费都由东家担任。这位东家虽还拖着一根辫子，年龄已达六十几岁的老先生，但是对于我这个青年“老夫子”却表示着十二万分的敬意；他的那样谦恭诚挚的盛情厚谊，实在使我受到很深的感动。我想一部分也许是由于他对于三个孙子的学业前途盼望得十分殷切，推他爱护孙子的心而爱护到所请的“老夫子”；一部分也许是由于我的那位同学在他面前，把我说得太好了。

一〇　青年“老学究”

我真料想不到居然做了几个月的“老学究”！这在当时的我当然是不愿意做的。一般青年的心理也许都和我一样吧，喜走直线，不喜走曲线，要求学就一直入校求下去，不愿当中有着间断。这心理当然不能算坏；如果有走直线的可能，直线当然比曲线来得经济——至少在时间方面。但是我们所处的实际环境并不是乌托邦，有的时候要应付现实，不许你走直线，也只有走曲线。我当时因为不能继续入校，心理上的确发生了非常烦闷悒郁的情绪；去做几个月的“老学究”，确是满不高兴，无可奈何的。不过从现在想来，如有着相当的计划，鼓着勇气往前走，不要自馁，不要中途自划，走曲线并不就是失败，在心境上用不着怎样难过；这一点，我很诚恳地提出来，贡献于也许不得不走着曲线的青年朋友们。拿破仑说“胜利在最后的五分钟”，这句话越想越有深刻的意味，因为真正的胜利要看最后的分晓，在过程中的曲折是不能即作为定案的。我们所要注意的是要作继续不断的努力，有着百折不回的精神向前进。

我当时在最初虽不免有着烦闷悒郁的情绪，但是打定了主意之后，倒也没有什么，按着已定的计划向前干去就是了。

我的那位东家葛老先生亲自来上海把我迎接去。由上海往宜兴县的蜀山镇，要坐一段火车，再乘小火轮，他都一路很殷勤地陪伴着我。蜀山是一个小村镇，葛家是那个村镇里的大户，他由码头陪我走到家里的时候，在街道上不断地受着路上行人的点头问安的敬礼，他也忙着答谢，这情形是我们在城市里所不易见到的，倒很引起我的兴趣。大概这个村镇里请到了一个青年“老学究”是家家户户所知道的。这个村镇里没有邮政局，只有一家杂货铺兼作邮政代理处，我到了之后，简直使他特别忙了起来。

我们住的虽是乡村的平屋，但是我们的书房却颇为像样。这书房是个隔墙小花厅，由一个大天井旁边的小门进去，厅前还有个小天井，走过天井是一个小房间，那便是“老夫子”的卧室。地上是砖地，窗是纸窗，夜里点的是煤油灯。终日所见的，除老东家偶然进来探问外，只是三个小学生和一个癞痢头的小工役。三个小学生的年龄都不过十一二岁，有一个很聪明，一个稍次，一个是聋子，最笨，但是他们的性情都很诚挚笃厚得可爱，每看到他们的天真，便使我感觉到愉快。所以我虽像入山隐居，但有机会和这些天真的儿童朝夕相对，倒不觉得怎样烦闷。出了大门便是碧绿的田野，相距不远的地方有个山墩。我每日下午五点钟放课后，便独自一人在田陌中乱跑，跑到山墩上瞭望一番。这种赏心悦目的自然界的享受，也是在城市里所不易得到，即比之到公园去走走，并无逊色。有的时候，我还带着这几位小学生一同出去玩玩。

在功课方面，这个青年“老学究”大有包办的嫌疑！他要讲解《论语》、《孟子》，要讲历史和地理，要教短篇论说，要教英文，要教算学，要教书法，要出题目改文章。《论语》、《孟子》不是我选定的，是他们已经读过，老东家要我替他们讲解的。那个聋学生只能读读比较简单的教科书，不能作文。夜里还有夜课，读到九点钟才休息。这样的儿童，我本来不赞成有什么夜课，但是做“老夫子”是不无困难的，如反对东家的建议，大有偷懒的嫌疑。只得在夜里采用马虎主义，让他们随便看看书，有时和他们随便谈谈，并不认真。

我自己是吃过私塾苦头的，知道私塾偏重记忆（例如背诵）而忽略理解的流弊，所以我自己做“老学究”的时候，便反其道而行之，特重理解力的训练，对于背诵并不注重。结果，除了那位聋学生没有多大进步外，其余的两个小学生，都有着很大的进步。最显著的表现，为他们的老祖父所看得出的，是他们每天做一篇的短篇论说。

我很惭愧地未曾受过师范教育，所以对于怎样教小学生，只得“独出心裁”来瞎干一阵。例如作文，每出一个题目，必先顾到学生们所已吸收的知识和所能运用的字汇，并且就题旨先和他们略为讨论一下；这样他们在落笔的时候，便已有着“成竹在胸”、“左右逢源”的形势。修改后的卷子，和他们讲解一遍之后，还叫他们抄一遍，使他们对于修改的地方不但知其所以然，并且有较深的印象。

一一　踏进了约翰

几个月的乡村生活匆匆地过去，转瞬已到了暑假。几个小学生到上海投考学校，我也回到上海准备投考圣约翰大学。

和我同时投考约翰的还有一位南洋同学，就是现在的王以敬医师。他原是在南洋选定土本科的，因为性情不近，改选医科。我们两个人在南洋时虽所进的学科不同，但是都读到大学二年级。他进医科，先要进约翰的理科，我要进的却是约翰的文科。由工科转到理科，比我由工科转到文科来得便当，因为工科和文科的课程相差太多了。幸而我自己平时对于文科有关系的书籍已无意中看得不少。在那时并不知道自己要转文科，不过因为自己喜欢看，所以便常常看看，不料在这个紧急备考的时候，居然有一点用处。例如要考的英文文学名著，在一二十种中选考四种，这就不是临时抱佛脚所能速成的。可是无论如何，要想从工科二年级跳到文科三年级，这在当时好多朋友都认为是太大胆的。我所以不得不这样大胆来拼一下，与其说是我的野心，不如说是因为我的经济力量常在风雨飘摇的境况中，希望早些结束我的大学教育。

我和王先生同住在上海青年会寄宿舍里，两个人同住在一个房间。临考的那几天，我们两个人的心理都非常紧张。我们都存着非考取不可的念头，因为我们都各有苦衷。王先生立志研究医学，上海除德文的同济外，英文的医学校在当时只有约翰是比较差强人意的。我呢，在当时也觉得要研究英文，在上海似乎也只有约翰是比较差强人意的。可是考试的成败是最难捉摸的事情，所以那几天我们的心理是特别的紧张，差不多每日二十四小时都是时刻在惴惴危惧着的。每天夜里，我们两人都开着“夜车”，预备考试的功课到两三点钟，疲顿得不堪言状。天蒙蒙亮就起来，匆匆盥洗了后，连早餐都没有用，就匆匆出发，同乘电车到静安寺。还早得很，有几十个同往投考的人们不约而聚地步行一小时左右，才到约翰。考大学三年级的只有王先生和我两个人。因为我们所投考的学科不同，所以两个人还是分开来考的，各人都分别到各个有关系的教授房间里去应试。提心吊胆了差不多一个星期，结果居然两人都被录取了。希望愈迫切和用力愈艰苦而得到的东西，在心理上也愈觉到快慰。我们两人得到投考胜利的消息后，当然是喜不自胜的。

好了，我如愿以偿地踏进了约翰了。这样转换了一个学校，在南洋时功课上所感到的烦闷，一扫而光，这是最痛快的一件事。在约翰的教授方面，也有几位是比较可以满意的，例如哲学教授卜威廉，历史学教授麦克纳尔，经济学教授伦默等。虽也有几个饭桶教授滥竽其间，但是我可以不选他们的课程，不致受到什么影响。

我在约翰虽然仅有两年，但也得到很多的益处，尤其是快读的能力。像麦克纳尔先生，他最注重课外参考书的阅读；他所指定的参考书很多，而且要调阅我们的笔记，非读得快，很难交卷，所以我们用在图书馆里的时间不少。约翰在最初受人诟病的是造成了不少买办，或做外人爪牙的翻译，但是我以为学会了英文来做研究学问的工具，却是另一回事。平心而论，对于这个工具的熟练，我不得不感谢我的母校——约翰大学。讲到社会科学方面，这个学校里只是沿袭着美国式的传统的说法，就近代新社会科学的眼光看去，似乎给予学者的没有什么精要的知识，但是近代新社会科学也不是凭空突如其来的，要彻底懂得近代新社会科学的真谛，对于传统学说也需要有相当的明了，所以我这两年的光阴并不觉得是虚掷的。

在约翰时最使我索然乏味的事情，是每晨二十分钟和星期日上午一两小时的“做礼拜”。每日早晨上课之前，全体同学千余人要聚在大礼堂上，校长和教授们便聚在大礼堂的讲坛上，由校长领导着大玩其祷告和朗诵圣经的玩意儿。依例全体都要跪着，幸而除却前两排的同学因为太近于讲坛不得不下跪外，后面的大多数的同学坐在一排一排的矮椅上，和跪下的样子也差不多，大家便实行马虎主义，还是堂而皇之地坐着。星期日的上午，不得不坐在教堂里听那个主教的胡说八道，也是一件苦事。抵制的办法只得让他尽管张开他的嘴巴，我却尽转着我自己的念头，这也许是另一种的“走曲线”吧。

一二　深挚的友谊

跨进了约翰之后，课程上的烦闷消除了，而经济上的苦窘还是继续着。辛辛苦苦做了几个月的青年“老学究”所获得的经费，一个学期就用得精光了，虽则是栗栗危惧地使用着。约翰是贵族化的学校，富家子弟是很多的。到了星期六，一辆辆的汽车排在校前好像长蛇阵似地来迎接“少爷们”回府，我穿着那样寒酸气十足的衣服跑出门口，连黄包车都不敢坐的一个穷小子，望望这样景象，觉得自己在这个学校简直是个“化外”的人物！但是我并不自馁，因为我打定了“走曲线”的求学办法。

但是我却不得不承认，关于经济方面的应付，无论怎样极力“节流”，总不能一文不花；换句话说，总不能一点“开源”都没有。这却不是完全可由自己做主的了！在南洋附属小学就做同学的老友郁锡范先生，那时已入职业界做事；我实在没有办法的时候，往往到他那里去五块十块钱的借用一下，等想到法子的时候再还。他的经济力并不怎样充分，但是隔几时暂借五块十块钱还觉可能，尤其是他待我的好，信我的深，使我每次借款的时候并不感觉到有着丝毫的难堪或不痛快的情绪，否则我虽穷得没有办法，也是不肯随便向人开口的。在我苦学的时候，郁先生实在可算是我的“鲍叔”。最使我感动的是有一次我的学费不够，他手边也刚巧在周转不灵，竟由他商得他的夫人的同意，把她的首饰都典当了来助我。但是他对于我的信任心虽始终不变，我自己却也很小心，非至万不得已时也绝对不向他开口借钱；第一次的借款未还，绝对不随便向他商量第二次的借款。一则他固然也没有许多款可借；二则如果过于麻烦，任何热心的朋友也难免于要皱眉的。

我因为要极力“节流”，虽不致衣不蔽体，但是往往衣服破烂了，便无力置备新的；别人棉衣上身，我还穿着夹衣。蚊帐破得东一个洞，西一个洞，蚊虫乘机来袭，常在我的脸部留下不少的成绩。这时注意到我的情形的却另有一位好友刘威阁先生。他是在约翰和我同级的，我刚入约翰做新生的时候，第一次和他见面，我们便成了莫逆交。他有一天由家里回到学校，手里抱着一大包的衣物，一团高兴地跑进了我的卧室，打开来一看，原来是一件棉袍，一顶纱帐！我还婉谢着，但是他一定要我留下来用。他那种特别爱护我的深情厚谊，实在使我一生不能忘的。那时他虽已结了婚，还是和大家族同居的，他的夫人每月向例可分到大家族津贴的零用费十块钱；有一次他的夫人回苏州娘家去了一个月，他就硬把那十块钱给我用。我觉得这十块钱所含蓄的情义，是几十万几百万的巨款所含蓄不了的。

我国有句俗话，叫做“救急不救穷”，就个人的能力说，确是经验之谈。因为救急是偶然的，临时的；救穷却是长时期的。我所得到的深挚的友谊和热诚的赞助，已是很难得的了，但是经常方面还需要有相当的办法。我于是开始翻译杜威所著的《民治与教育》。但是巨著的译述，有远水不及救近火之苦，最后还是靠私家教课的职务。这职务的得到，并不是靠什么职业介绍所，或自己登报自荐，却是和我在南洋时一样，承蒙同学的信任，刚巧碰到他们正在替亲戚物色这样的教师。我每日下午下课后就要往外奔，教两小时后再奔回学校。这在经济上当然有着相当的救济，可是在时间上却弄得更忙。忙有什么办法？只有硬着头皮向前干去。白天的时间不够用，只有常在夜里“开夜车”。

后来我的三弟进南洋中学，我和我的二弟每月各人还要设法拿几块钱给他零用，我经济上又加上了一点负担。幸而约翰的图书馆要雇用一个夜里的助理员，每夜一小时，每月薪金九块钱。我作毛遂自荐，居然被校长核准了。这样才勉强挨过难关。

毕云程先生乘着汽车赶来借给我一笔学费，也在这个时期里，这也是我所不能忘的一件事，曾经在《萍踪寄语》初集里面谈起过，在这里就不赘述了。

深挚的友情是最足感人的。就我们自己说，我们要能多得到深挚的友谊，也许还要多多注意自己怎样做人，不辜负好友们的知人之明。

一三　苦学时代的教书生涯

我在做苦学生的时代，经济方面的最主要的来源，可以说是做家庭教师。除在宜兴蜀山镇几个月所教的几个小学生外，其余的补习的学生都是预备投考中学高级的。好些课程由一个人包办，内容却也颇为复杂。幸而我那时可算是一个“杂牌”学生：修改几句文言文的文章，靠着在南洋公学的时候研究过一些“古文”；教英文文学，靠着自己平日对这方面也颇注意，南洋和约翰对于英文都有着相当的注重，尤其是约翰；教算学，不外几何和代数，那也是在南洋时所熟练过的。诸君也许要感觉到算学既是我的对头，怎好为人之师，未免误人子弟。其实还不至此，因为我在南洋附属中学时，对于算学的成绩还不坏，虽则我很不喜欢它。至少教几何和代数，我还能胜任愉快。现在想来，有许多事真是在矛盾中进展着。我在南洋公学求学的时候，虽自觉性情不近工科，但是一面仍尽我的心力干去，考试的成绩仍然很好，仍有许多同学误把我看作“高才生”，由此才信任我可以胜任他们所物色的家庭教师。到约翰后，同学里面所以很热心拉我到他们亲戚家里去做家庭教师，也因为听说我在南洋是“高才生”；至少由他们看来，一般的约翰生教起国文和算学来总不及我这个由南洋来的“高才生”！我慨然担任家庭教师的职务，为的是要救穷，但是替子弟延请教师的人家所要求的条件却不是“穷”，仅靠“穷”来寻觅职业，是断然无望的。我自己由“工”而“文”，常悔恨时间的虚耗，但是在这一点上却无意中不无得到一些好处；还是靠我在读工科的时候仍要认真，不肯随随便便拆烂污。

在我自己方面，所以要担任家庭教师，实在是为着救穷，这是已坦白自招的了。（这倒不是看不起家庭教师，却是因为我的功课已很忙，倘若不穷的话，很想多用些工夫在功课方面，不愿以家庭教师来分心。）可是在执行家庭教师职务的时候，一点不愿存着“患得患失”的念头，对于学生的功课异常严格，所毅然保持的态度是：“你要我教，我就是这样；你不愿我这样教，尽管另请高明。”记得有一次在一个人家担任家庭教师，那家有一位“四太爷”，掌握着全家的威权，全家上下对他都怕得好像遇着了老虎，任何人看他来了都起立致敬。他有一天走到我们的“书房”门口，我正在考问我所教的那个学生的功课，那个学生见“老虎”来了，急欲起来立正致敬，我不许他中断，说我教课的时候是不许任何人来阻挠的。事后那全家上下都以为“老虎”必将大发雷霆，开除这个大胆的先生。但是我不管，结果他也不敢动我分毫。我所以敢于强硬的，是因为自信我在功课上对得住这个学生的家长。同时我深信不严格就教不好书，教不好书我就不愿干，此时的心里已把“穷”字抛到九霄云外了！

这种心理当然是很矛盾的。自己的求学费用明明要靠担任家庭教师来做主要的来源，而同时又要这样做硬汉！为什么要这样呢？我自己也并没有什么理论上的根据，只是好像生成了一副这样的性格，遇着当前的实际环境，觉得就应该这样做，否则便感觉得痛苦不堪忍受。

出乎我意料之外的，是我这样的一个“硬汉教师”，不但未曾有一次被东家驱逐出来，而且凡是东家的亲友偶然知道的，反而表示热烈的欢迎，一家结束，很容易地另有一家接下去。我仔细分析我的“硬”的性质，觉得我并不是瞎“硬”，不是要争什么意气，只是要争我在职务上本分所应有的

“主权”。我因为要忠于我的职务，要尽我的心力使我的职务没有缺憾，便不得不坚决地保持我在职务上的“主权”，不能容许任何方面对于我的职务作无理的干涉或破坏。（在职务上如有错误，当然也应该虚心领教。）我不但在做苦学生时代对于职务有着这样的性格，细想自从出了学校，正式加入职业界以来，也仍然处处保持着这样的性格。我自问在社会上服务了十几年，在经济上仅能这手拿来，那手用去，在英文俗语所谓“由手到嘴”的境况中过日子，失了业便没有后靠可言，也好像在苦学生时代要靠着工作来支持求学的费用，但是要使职务不亏，又往往不得不存着“合则留，不合则去”的态度。所以我在职业方面，也可说是一种矛盾的进展。

一四　初出茅庐

我是在一九二一年毕业于约翰的。向例在行毕业礼的那一天，各同学都一律要穿西装，要罩上宽袍大袖的学士礼服，戴上方帽子。这在富家的子弟，到了这一天，当然可以出钱特制很讲究的西装和礼服，在我这穷学生，却又是一个问题了。学士礼服和方帽子是可以租的，这倒有法可想。关于西装，因为常有西装裁缝到寄宿舍里来兜生意，尤其是在将行毕业礼的前几天。我便和其中一个商量，要暂时赊账，等两三个月以后才付钱。他答应了，我这个问题才解决。

到了行毕业礼的那一天，各同学的家属，老的幼的，男的女的，都跑来凑热闹。他们当然都是笑嘻嘻的，很快乐的。各同学先在草场上列成双人队，由校长和各教授引导着，鱼贯缓步进大礼堂，各家属和来宾们很拥挤的围着大鼓其掌。我此时夹在队伍中，的确引起了异样的情感——与其说是胜利的感觉，不如说是伤感的意味居多。我的大家族住在北平，自己还未结婚，没有什么娇妻，也没有什么爱人，来分受我在这刹那间的情绪上的反应。所以我很觉得好像是个孤零零的孤儿夹在怪热闹的环境中，想到平日的苦忙，想到平日的奔波，想到平日筹措学费的艰辛，想到这一天所剩下来的是三四百元的债务和身上穿着的赊账的西装！这种种零零碎碎的毫无系统的念头，像电闪似的在脑际掠过去，竟使我在那刹那间“生踢门陀”（Sentimental）起来了，眼眶里涌上了热泪——莫名其妙的热泪。但在前后左右都充满着喜容和笑声，独有一个人掉泪，似乎是怪难为情的，所以立刻装做笑容，把那涌上来的热泪抑制着向里流。

大学教育算是告了一个结束。虽然在求学的工具和社会科学的知识方面，还只是建立了一个基础，但是学校却不得不离开了。离开了学校，当然要注意到职业界这方面来。

同级的各同学在将毕业的时候，对于自已的将来职业就已开始打算。（其中虽有极少数已决定毕业后到美国去留学。）我本来是要想入新闻界的，但是一时得不到什么机会，以前“走曲线”求学，现在又不得不“走曲线”就业了。我说“就业”而不说“求业”，因为在毕业前的一两个月，毕云程先生就对我说，穆藕初先生要请一位英文秘书，问我就不就。当时穆先生正在办厚生纱厂，不久正出了五万元资送五个北大学生出国留学，这件慨捐巨款乐育人材的事情，使我对他颇有着好感，便答应了下来。

到厚生纱厂办事没有几天工夫，穆先生创办上海纱布交易所，他自已任理事长，把我调到纱布交易所担任英文秘书。其实纱布交易所里面关于英文的信件很少，每天只翻译几页关于纱市的英文电讯，内容只是数目字的变异，格式都是很呆板的。每月薪水倒有一百二十元，这在我这样初毕业于学校的小子，已不能算少，虽则当时交易所林立，生意兴隆，薪水比任何机关都大，我这样的薪水在比较上仍是很平常的。我倒不嫌薪水少，却觉得我的工作不合于我的爱好。诚然，我也知道初出就业，不能苛求，只得一步一步地干去；也明知重大的责任要从比较小的责任开始。我的不喜欢，不是因为事情的机械，或是事情的小。我后来办理出版业的时候，任何机械的事情或是任何小事情，我都干得津津有味。我只觉得一天那样翻译着几张纱市的电讯，没有什么意义，尤其觉得这是用不着一个什么英文秘书来办的事情。空闲的时候太多，也是使我觉得不安的一件事。

在精神上虽有这样的烦闷，但是因为一方面还没有较适宜的机会，一方面又急于要归还所借的学费，只得打定主意拖下去。

在这样的烦闷的环境中，如果说还有一些愉快的事情，那要算是认识了一位好友余天栋先生。他是东南大学商科毕业的一个英俊焕发至诚感人的有为青年，这时他在担任纱布交易所的会计科科长，在该所是比较重要的职务。我以前并不认识他，到交易所的第一天，在成立会的会场上遇着，经穆先生介绍后，他那样的和蔼殷勤豪爽的态度，和待我的恳挚亲切，就已使我感觉到他是一个值得敬爱的好友。我是一个爽快的人，他也是一个爽快的人。我每遇着我所敬爱而知心的人，就喜欢披肝沥胆地畅谈，他也是这样。所以我们不遇着则已，一遇着了，总是一谈几小时。他为人整洁、敦厚、聪明、正直，而又很富于幽默。在星期日，我们常在一起，每每一谈就谈了半天。我记得有一次我们在大雨中穿着雨衣，在四川路一带走着，上面虽有倾盆大雨淋着，我们还是谈笑自若，边走边谈，愈谈愈有味。

我那时因为急于归还学费，每次领薪水的时候，留下自用的钱总是很少的，到了月底往往只剩几角钱，窘迫得可笑。他的薪水赚得比我多，到了这种时候，他往往自动地一定要把五块钱的钞票塞在我的衣袋里，强要借给我用。

我离开纱布交易所之后，他还在那里做他的会计科科长。一时失却了我，使他感到懊丧万状。后来我们虽因各人都忙，不能常聚。一聚还是畅谈几小时。当我筹备结婚的时候，他也离开了纱布交易所，正在打算赴美再求深造，同时在做标金生意，想多弄得几个钱带出去。他知道我婚费还有问题，慨然代出二百元凑在他一起做一次标金生意，不料运道不好，完全蚀光。他又慨然说，我的费用来源不易，一定不要我还这二百元，所蚀的由他负责付出。虽经我再三婉却，他还是不许。他对于朋友的慷慨义侠，往往如此。

他还未赴美，忽于一个夏天患时疫，上午还是活泼泼的，下午就死在时疫医院里。我知道了好像听到晴天霹雳，泪如泉涌，急奔到尸前大哭一场，已不能和他再谈一句话了。失却了这样的一个好友，实在是我生平的一大损失。

一五　三星期的练习

初出茅庐的第一炮似乎就放得不响!

当然，我对于所做的事还不肯马虎。即如每天所译的纱市电讯，我对于其中的数目字都特别谨慎，总是很仔细地和原稿对一遍才放手发出去，因为我知道这些数目字在我看来虽毫无关系，在做生意的人们看来，错了一个数目字也许就有着很大的出入。我要么立刻辞职不干，否则在职一日，当然要尽我一日的职守。

我对于自己的职务不肯一丝一毫的拆烂污，但同时却不愿忍受任何不合理的侮辱。这时纱布交易所里有一个高级职员自恃他是所里的某要人的亲戚，对一般同事常表现他的盛气凌人的侮慢的音容。各人对他虽积恨在心，但都敢怒而不敢言，尤其是和我同办公室的那位长着两撇八字须的中文秘书，常受他的闲气。有一天他也来向我尝试尝试，用很不客气的口吻“命令”我写一封英文信，我也立刻板起面孔，严肃着嗓子，回敬他一个打击：“你不要那样神气活现！我不是你个人的英文秘书！我不写!”他还想争辩，我再敬他一个打击：“你不配和我多说，有理尽可径向理事长或理事会报告!”他才怒气冲冲地跑开。他一出了我的办公室，那位中文秘书就乐得起跳，急急地宣传了出去，各同事都为之欢腾，那位充满着正义感的好友余天栋，立刻跑进来欣欣然和我大握其手，大道其贺！

我老等着那个自恃有靠山的职员"借刀杀人"，来打破我的饭碗，但是等了好几天，并没有什么动静，才知道他原是一个欺软怕硬的东西！从此以后，他固然不敢再来惹我，就是对于其他的同事，也不得不稍为小心了。但是他虽然不能打破我的饭碗，我自己却很想打破这个饭碗！我是靠自食其力的人，要打破这个旧饭碗，不得不先找新饭碗，所以我在这个时候的问题是怎样找个新饭碗。

我很想进新闻界，所以我的注意又先转到这方面来。当时张竹平先生正在做《申报》的经理，我因为他是约翰同学，便借着这个关系去找他。我表示要进新闻界服务的意思，托他替我留意相当的机会。他很诚恳，据说对我在学校时的成绩也很知道，先拿一件近两万字的英文文件叫我翻译。我很卖力地把那文件在最短时间内译好送去，他看后表示满意，送我二十块钱稿费，同时叫我再等机会。

不久张先生又来叫我去。他说在申报馆里暂时有不少英文函件需要人帮忙，叫我帮帮他的忙，不过说明只是以私人的资格去帮他的忙，还不算是正式职员。我答应了，每天在下午六点后，离开了交易所的办公室，便匆匆跑到他那里去。我们两人同在申报馆楼上一间小小的办公室里，在我的小桌上摆着一架英文打字机，他的办公桌上七横八竖地堆着不少待复的英文函件。依我所记得，那些信件的内容大概都是关于广告方面说服外国公司兜生意的，或是因为买报纸和外国纸张公司办交涉的。他把答应的大意告诉我，由我就在打字机上翻成英文。他对于英文的写作虽不很高明，但是对于英文写作的辨别力却很强。他办事那样认真的态度，实在给我一个很深刻的教训。你替他写的英文信，一定要把他的意思完全不漏地写出来，而且要用很有表示力的字句写出来，否则写好了他还是一定要你重新写过。你只要有一句写得不能完全使他恰意，他也要你再写过一张。不但如此，他把意思告诉你之后，你一面在打字机上滴滴答答地打着，他一面却在房里踱着方步，仍在转着他对于复信的念头。有时你的信打到了一半，他老先生在踱方步中抓抓他的秃头，想出了新的意思，叫你重打过！最尴尬的是有时你的全信刚要打好，他忽然抓着头想出了什么好意思，再叫你重新打过！他对于某一件要答复的事情，总是要在这件事情上转尽了念头：要说明的意思，总要说得一丝一毫不漏；如果是驳复的话，总要使得接信的人不能再开口！所以我每夜工作到十点钟，手不停止地在打字机上工作着，每封信打到最后一行的时候，总要很担心地望望那位踱方步抓秃头的朋友！每夜这样工作了几小时，走出申报馆门口的时候，总是筋疲力尽，好像生了一场大病刚好似的。

这样干了三个星期，把堆积的英文信件清理之后，才告一段落。当时我得到多少金钱的酬报，现在已不记得，但我好像做了三星期的练习生，学得办事的认真态度，却是无价之宝，虽则我以为办理信件的时候，尤其是叫人打英文信件的时候，转念头最好仔仔细细地总转一下，不要零零碎碎地转。

后来张先生拉我加入《时事新报》，这三星期的练习也许也是一种有力的媒介。

一六　新饭碗问题

“练习生”虽做了三星期，“新饭碗”问题还是未能解决。

整个的“新饭碗”一时虽未找到，零碎的小事却接踵而来。有一位比我前一级毕业的约翰同学在上海青年会中学担任教务主任，有一级的英文教员被学生驱走，尤其是因为在那一级里有三四个“吵客”，弄得那位英文教员不得不知难而退。这位约翰同学不知从哪里听到我的教授法可以镇压“学潮”，赶快来和我商量，要我去暂行代庖；为我的便利起见，他特把功课的时间分排在午饭后的一小时，不致妨碍到我在交易所的办公时间。其实我这时只做过家庭教师，对于学校的正式教课并没有过实际的经验。但是因为他的要求非常迫切，我也还有时间凑凑，便答应他试试看，并说明是尝试性质，如果上了一两课，学生略有不服的表示，我就不来。他答应了这个条件，我才接受他的要求。

我这次试验的结论，觉得学校之所以有学潮，除有特殊的复杂情形之外，教师自己的不行实在是主要的原因，不能完全怪学生。我在这里并不是要替自己瞎吹，表示自己是怎样“行”的好教师：我在上面已老实承认过，我此时对于学校的正式教课还是毫无经验的。可是我去代替那位被驱逐的教师，却也有我自己的方法。我很认真地把自己所教的功课准备好，上课的时候使学生们对于所提出的疑问得到满意的解释；等到大家没有问题可问的时候，就对学生加以考问，被问的人愈多愈好，使全课堂都有着紧张的空气；问的时候，要随手在一个小簿子上把各人答案的成绩，用符号记录下来，这样使学生们知道你是在深切注意各人的平日成绩，不是可以含糊过去的；尤其是对于著名做“吵客”的几位学生，要每课都要问到，这倒不是有意和他们为难，却是使他们的精神才力转到研究学问方面去，不过问的时候却要在考问各人的当中随意问到他们，不可使他们误会是有意和他们为难；同时在课堂里要睁开眼睛时刻注意望到全课堂的各角落，使各人都知道你的注意力是在顾到全课堂的秩序，“吵客”们便没有机会在课堂上瞎吵了。在这样注意力笼罩下的课堂，偶有一二“吵客”捣乱，如向同学掷纸丸之类的恶作剧，教师只须立刻对他注目，甚至把功课暂行搁置几秒钟对他注目，全课堂的同学都会移转视线对他望望，竟可使他面红耳赤，感到不安，没有人更愿效尤了。最重要的当然是要教师自己对于功课能够力求胜任愉快，其余的问题都比较易于解决了。

以前那位英文教员每课一句句用中文讲给学生听，学生不必自己预备，不必用功夫找字典，对他还是不满意；我渐渐使学生自己预备功课，找字典，上课用英语考问，学生不但不讨厌，不反对，反而表示欢迎，在学期末了，反而向教务主任要求叫我连任下去。（虽到后来我因离开交易所，另就他业，时间上难于兼顾，没有回报他们的好意。）以我当时那样没有经验的英文教师，和驱逐教员的学生们周旋，还有这样意外的结果，可见制造学潮的责任不得不归功于教员自己的“饭桶”！

每星期三四小时的功课，这不能成为整个的“新饭碗”，所以我还不能不设法解决我的“新饭碗”问题。

新闻界方面一时既没有相当的机会给我尝试，我在中学校里教英文又有相当的好印象，于是觉得倘若教育界方面能有相当的机会做做看，也颇想再试试“走曲线”的就业策略。主意打定之后，便向这条路线进攻。我想起教育界前辈黄任之先生。我知道他是南洋公学的师范生，那时候还是蔡孑民先生当教员，后来的南洋公学在那时还只有一个雏形，我要和他认先后同学，当然是远得很。我和黄先生第一次见面的时候，还在南洋附属小学做小学生。记得那时他刚由美国考察回来，有一晚南洋学会请他到上院大礼堂向全体同学演讲，小学的最高两级由沈叔逵先生领导着去参加听讲，我也夹在这人群中听他演讲游美的感想。当然，那时我认识他，他并不认识我。此后一直到我想要掉饭碗的时候，和他未曾再见过面，交情当然更说不上，可是我仍旧大着胆写一封信去试试看。事有凑巧，那时黄先生所主持的中华职业教育社正在物色一个中英文都有相当可取的编辑人才，我的“新饭碗”的机会居然到来了。

一七　编译的教训

我写给黄先生的信去了之后，他便约我去谈了一次，并向我取去了几本《约翰声》。这是约翰出版的月刊，我在约翰就学时候的中英文的作品，在这里面都可以看到一部分。后来他曾经向穆先生和当时在申报馆营业部服务的一个约翰同学调查我的为人。他们的回答是对我有了好评。不久黄先生便根据他的考察研究，决定请我到中华职业教育社去担任编辑股主任。黄先生请我去是煞费苦心的。以当时职教社的经济力量，只能请我担任半天的职务，因为只能出六十元的月薪，我的学费债务还未理清，这是不够我的需要的。他答应还有半天，另想办法。这时附属于江苏省教育会里面有个科学名词审查会，由沈信卿先生和俞凤宾医师主持其事，需要一个人编辑已审查过的各科名词。黄先生便介绍我替该会做半天的工作，由此略得补助。所以我上半天替职教社编译职业教育丛书，下半天替科学名词审查会编辑各科名词；幸而办公的地方都在江苏省教育会的会所里面，所以还算便利。

编辑各科名词，听起来似乎颇为堂皇，其实却只是一种非常机械的呆板的工作。各科的名词草案是已经用铅字印好，订成小册子，用横排的方式，依次列着英、德、法、日文以及中文的译名，不过先后的次序还未依照字母排好。所谓编译的工作，不过先把这册子里的名词裁成字条，分成顺序，一条一条地贴入一本空白的纸簿上，以备排印。这工作显然是很机械呆板的，只是要多费些时间罢了。我一时没有别的较有意义的事做，也只好接受下来，幸而还有半天的编辑丛书职务，比较还可以调剂调剂。就是这种机械呆板的工作，我既已接受下来，却也认真地干。例如字母的前后不要弄错，各条的名词裁下之后，贴时不要有所遗漏，半天的工作不要有间断。

我辞去交易所的职务，并不是为着编辑名词的事，却是为着另外半天的编辑丛书的事情较有意义。当时我在职教社所主持的事有两种：一种是职教社所出版的月刊，名叫《教育与职业》，还有一种便是编辑职业教育丛书。此外每半年编写一册关于中国职业教育的英文小册子，寄往各国教育机关作宣传之用。为着要编译职业教育丛书，我替职教社定购了关于这方面的英文参考书几十种。我记得第一本编译的书是《职业智能测验》，以贾伯门博士（Dr. Chapman）著的 *Trade Test* 做主要的根据。编译专书，这在我是破题儿第一遭，但是就得到一个很大教训。我这时只译过一本杜威著的《民治与教育》，对于编译书还没有过什么经验。我只依据着英文书的内容和顺序，依样画葫芦似的把它翻成中文，用足劲儿译成了三万多字，给黄先生看看。在我自问是很卖力的了，可是黄先生第二天却拿着我的译文，跑到我的桌旁，对我所编译的文字作诚恳而严格的批评。他所指出的要点是我们编译这本书的时候，不要忘却我们的重要的对象——中国的读者。我们要处处顾到读者的理解力，顾到读者的心理，顾到读者的需要，而我所已写成的东西在编法和措辞方面都依照英文原著，合于英美人胃口的编法和措辞，未必即合于中国读者的胃口。我在那刹那间好像背上浇了一大盆的冷水；老实说一句，觉得一肚子的不高兴，尤其是因为很努力地编译了三万多字。但是黄先生的话却有很充分的理由，尤其是他指导青年时候那种心平气和轻声解释的诚恳态度，使我发不出脾气。我接受了他的批评，从头写过，写完了一万字就给他看，并把全书的纲要也写出来给他看。这一次的结果和上次同样地出于意外，虽则是在两极端的相反。他看后大加称赞，不但他自己欣赏，立刻还交给沈信卿先生看看，沈先生看了也大加鼓励。

我应该老实承认，我对于职业教育并没有怎样浓厚的兴趣。（这当然不是说职业教育的不重要，也不是说我看不起职业教育，我只是就我自己的工作兴趣说罢了。）可是黄先生给我的这个教训，却很有益于我以后的著作方法，很有助于我以后办刊物时的技术。所以我特把这件事提出来谈谈。我认为这是有志著述的人们最要注意的一个原则：在写作的时候，不要忘记了你的读者。

一八　英文教员

我在纱布交易所做英文秘书大概不到半年，这一段时期是我在职业界里最烦闷的时候。穆先生待我很好，优礼有加，但是这个英文秘书的职务是有名无实，所以我在那几个月简直如坐针毡。我找到了职教社的新饭碗，便抛弃了这个旧饭碗。我向穆先生提出辞职还不到几天，人还未离开，交易所忽因节省开支起见，裁了一大批人员，有名无实的英文秘书当然也在内。我说"当然"，因为如果我做理事会的当局，也觉得这一个职位可裁。但是有一点却使我自幸的，由于我一向不愿居于有名无实的这个职位，惶惶然找新饭碗，总算安然改业，否则也许还有一段青黄不接的失业时期，而在"由手到嘴"的我，失业却是一个很困难的问题。

我觉得我们做事，要做到使人感到少不了你。这并不是要包办或有所要挟的意思，是说我们要尽我们的心力把职务上应做的事（这里指的当然是有益人群的事，不是残害人群的事），做得尽量的好，使人感到你确能称职，为着这个职务起见，不肯让你走开，或至少觉得你的走开是一件很可惜的事情。同时我又深信有名无实的事情终于不能长久的。诚然，像纱布交易所的英文秘书，并不是我不把英文秘书的职务做好，却是在事实上没有什么事——合于这个职位的事——可做。一个有名无实的职位被裁撤，是一件毫无足怪的事情。

我的新饭碗仍然只有一半是名副其实的事情：那就是半天替职教社编辑月刊和丛书。还有半天不是没有事做，可是不能称为什么编辑。在这个时候，有一段时期，因为平海澜先生创办海澜英文专门学校，离我的办公处不远，每星期被他拉去教两三小时的书，课程是英文文学和英文地理，教的时间都排在我的办公时间以外的时间，有的在清早，有的在午饭后。这是零星的“外快”工作，算是帮帮朋友的忙。

大概过了一年光景，当时在中华职业学校担任校长的顾荫亭先生正在物色一个英文教员，想到了我。刚巧我所“贴”的科学名词也可以告一段落，于是便接受了他的聘请。从那时起，每日上半天便在中华职业学校教英文，并兼该校的英文教务主任；下半天，仍在职教社主持编辑股的事务。夜里是用来预备教课、修改卷子和自己阅看书报等等。

我在加入时事新报馆以前，对于教书的这个职务却有着不少的缘分。其中陆陆续续的教书生活，在上面已谈过了一些。自从兼任中华职业学校的英文教员，一兼就兼了七八年之久，直到加入时事新报馆为止。最初请我去的是顾先生，后来经过的校长还有黄伯樵和潘仰尧两先生。我始终要感谢这几位先生的，是他们肯优容我这样一个“硬汉”的英文教员干了许多年。我觉得随便换一个别的不是以教务为前提而只以营私植党为得计的校长，我老早就要滚蛋的。

中华职业学校在当时只有两科，商科和铁工科。商科对于英文的课程特别注重些，约等于高中的程度。英文教员大概有四五个。英文教务主任的职责是要排列课程，分配钟点，选定课本，协助教员解决问题等等。这种职责，大概都是在开学和学期终了的时候特别忙些，平日主要地还是执行我的教书职务。讲到教英文，我对于这件事的兴趣比“贴”名词好得多了。因为兴趣比较的好，所以虽在每天上午要教三四小时，忙而不甚觉其苦。而且在英文教授法方面，自信还不无一些可取之处。现在有些朋友或是职校毕业的同学，谈起我当时的英文教授法，还大加谬奖，我听了虽觉惭愧，但是在当时却费了一番功夫。现在虽脱离了教书的生涯，回念前尘，有如隔世，而且在这许多年来，从事教英文的先生们，对于教授法一定有了很大的进步，原用不着我再来献丑，但是仍想乘此机会贡献一些我的意见，也许可给有意研究英文的朋友们做参考。

我在这里要把英文当作“学问的工具”看，注重应用方面。我们学英文，原可有两种目的：一种是把英文做研究其他学问的工具；一种是把英文本身就作为文学的研究。我不是英文文学家，也不过把英文看作工具用，所以只能谈谈前一种。

一九　外国文和外国教师

教外国文的教师，最理想的当然是外国人。例如教法文请法国人，教英文请英国人或美国人。（英国人的英文和美国人的英文也有差异，尤其是口头语，虽则它们是彼此看得懂听得懂的。）这倒不是我要盲目地崇拜外国人，却有我的理由。

试以英文为例。学习英文者所学的技能不外三种：说、看、写。教英文的人所应该教好的也是说、看、写。先讲"说"。教"说"的人先要自己说得好；要说得好，最起码的条件是要：（一）发音正确，（二）成语适当。无论发音或成语，都要很自然。这就一般说，只有这语言的本国人才可以无憾，虽则在极少数的别国人也有例外。依我们寻常的观察，往往湖北人有湖北口音的英文，江西人有江西口音的英文。（这只是随便举例，并不是说湖北或江西人就学不好英文，下例同。）即就更小的区域说，也往往无锡有无锡口音的英文，宁波有宁波口音的英文。我曾在上海看见一个宁波籍的英文教员，虽教了多年的英文，对于教授法不无心得，但说的却是满口宁波音的英文，我就很替他的学生们担心！这并不是说只是中国有这样的情形；英国人说法语，或俄国人说英语，也常有相类的毛病。以他们彼此间的文字相类，还不免有这样的毛病，那么以特异于西洋各国文字的中国，中国人可告无愧了。可是无论如何，教英文的人如把“走样”的英文或语音辗转教给学生去学习，这却是一件很不妥当的事情。例如一个满口宁波音英文的那位朋友，他自己勉强可应用这样“走样”的英语，在需要英语的场所，勉强可以表达出他所说的意思。这于他当然比“走样”英语都不懂的好些，可是要把他的“走样”的英语教给学生，以误传误，那就是很难恕谅的另一回事了。

讲到成语，有些人的脑里不是没有若干成语，但是用起来，叠床架屋，拖泥带水，如由那种语言的本国人用来，就不是这样的。倘竟大胆把这类“走样用法”教给学生，也很显然是不妥当的事情。我就亲见一个留美学生用这样“走样用法”教他的学生。学生的耳朵平日熟于这种“走样用法”的浸润熏陶，英文是永远学不好的，至少要用很大的功夫才能纠正过来，这是一件多么不经济的不幸的事情！

看的能力和写的能力的严格训练，尤其是后者，要获得“自然”的良果，那也只有请外国人做外国文教师，最为妥当。

教会学校诚然有不少的流弊，但是关于这一点，即用外国教师教外国文，却不无它的优点。就是在外国教师教外国文的情况之下，还不免有人在所学的英文中保留着他的乡音；如果尽由夹着中国乡音的英文教师以误传误，那不是要更糟吗？

有些人到外国去留学，却未先把那个外国的文字弄通，到了外国才开始补习那国的文字。这在经济上固然很不合算，但是有件事实却是无可疑的，那就是在外国环境中，由外国教师教外国文，在效率上确有“事半功倍”的优点。这是在国外求学，对外国文的研究特别注意的人所共同感觉得到的。在德国补习德文，或在法国补习法文，进步的速率，不是在别的地方所能比拟的。这虽不是人人办得到，但哪一国文字最好请哪一国人来做教师，却是比较适宜的办法。

不过就中国的情形说，要各校的外国文都请外国教师教，在经济上也许是不可能的。既是在事实上不可能，我竟说了一大堆的话，不是辞费吗？却也不然。我所以特别郑重先把这一点提出来，是要特别注重英文教学法的根本问题。倘若教英文的人，不得已而求诸中国人，即由本国人教外国文，对于这一门课程的知识技能，也须努力有充分的修养，也须努力求得和外国教师差不多，否则便不免要“误人子弟”！

二〇　一个基本原则

我以为做英文教师的都须懂些语音学（Phonetics），不是要用来教学生，却是教师自己要用来作为一种重要的参考材料。有了这种参考，关于发音正确方面，可以得到很好的保障。就是你的音本来正确，再懂些语音学，于教授的时候也有很大的益处。所以我做英文教员的时候，对于语音学是有过相当的注意，虽则我只是用来使我的英文教学增加效率，并没有意思要做什么语音学专家。

此外关于英文教学法方面，我有个很简单而却非常重要的基本原则。那就是在英文课堂里，要用全部分的时间使学生听的是英文，讲的是英文，看的当然也是英文；非万不得已的时候，最好一个中文字都不讲。（所谓万不得已的时候，也许有时遇着一个名词，用中文解释一下最容易明白，但也只可说一次，不宜多说。）这个原则也许有人觉得不必，甚至有人觉得中国人何以不许说中国话？固然，我们有时在电车里（尤其是在上海这样的地方），听见中国人和中国人谈话，抛弃本国话不用，却用起外国语来，好像要以此骄人似的，这是最可厌恶的卑鄙的心理。但是不要忘却的是我们在这里所指的地方是在英文课堂里，更不要忘却我们在英文课堂里是要尽量用最好的法子达到我们学习英文的目的；为着这个特殊的目的，在这样特殊的地方（指英文课堂），必须应用这个原则：教师和学生都须用全部分的时间来讲英文、听英文。我在教英文的时候，开宗明义第一章，就是要使我的学生明白这个原则，相信这个原则。我很郑重地告诉他们：倘若他们不明白这个原则，不相信这个原则，他们不必来上我的英文课，因为他们的英文就很少进步的希望。尤其是从一九二六年，中国革命高潮发生以后，有些青年发生误解，把仇视帝国主义的心理也应用到仇视外国文方面来；一方面虽到课堂去学习外国文，一方面却满不高兴地在课堂里听外国语，讲外国语，所以我更要在开始教他们英文的时候，消除他们的这种误解。我对他们指出：如果他们不能消除这种误解，就索性不要学习外国文，否则便是糟蹋时间和精力。如果遇着学生的英文程度较浅的一级，我上第一课的时候，也要用一小部分的时间，用中文说明这个原则的要旨，使学生们彻底明白，随后便抱定在英文课堂里不说中国话的决心。

我很不愉快地说，就是在今日，我们在有些学校里，还可以看到外国文教师用着二三十年前的老古板教授法：由教师在课堂里向学生用中国话逐字逐句逐段讲述外国文的课本！在教外国文的课堂上，有着一大半的时间说的是中国话，听的是中国话！就是那一小半时间里，学生所听的外国文，也只是注意中文的意思，对于外国文还是很隔膜的，很生疏的，因为学习任何外国文都要靠反复多次的练习，不是听用中文逐句讲一下就能收效的；而这种练习——说的练习，听的练习，乃至看的练习——都要由教师和学生共同做的，虽则教师是处于领导、纠正、推动和鼓励的地位。

谈到这里，诸君也许要发生一个疑问：学生的英文程度已经有些根底的，对于教师的英语诚然可以了解，但是初学的学生怎样就听得懂呢？

这个问题确是值得注意的。但是这个问题可用直接教授法来解决。这并不是我发明的方法，只是采用来解决这个问题罢了。这个方法说来也没有什么希奇，简单的内容，只是用英文教英文，不用中文教英文。因为初学的学生不能立刻听得懂，所以一定要先从实物入手，从可见的行动入手。教师要把实物带到课堂里去，拿什么给学生看的时候，就把什么名词说给学生听，同时叫学生随着你说；随后你可以做相当的行动给他们看，同时把这种行动的说法说给学生听，并叫学生随着你说。先从身体，身上可见的一切，课堂内可见的一切，学校内可见的一切，慢慢儿推到一般社会的事物。先由教师帮助学生练习得烂熟，用种种问句和答语练习得烂熟，然后叫他们翻开书本来看。他们看书的时候，对于其中的意义和读音已经烂熟了，所注意的只是拼法和写法罢了，用不着教师再用中文来解释英文了。这种教授法，在教师方面，当然比依样画葫芦地讲一遍——用中文讲一遍——来得吃力，但是在学生方面却可以得到较大的益处。

二一　进一步的研究

上次所谈过的直接教授法，只是对初学而言，略进一步，最重要的事情是要训练学生用英文字典。最好是要用英文注解的字典，至少也要用中英文注解的字典，这样不但可以得到正确的意义，而且也可于无意中多学得几个生字。况且教师用的既是直接教授法，在课堂里是不许用中文回答，学生亦非用英文注解的字典不可。用英文字典的方法很简单（对于注音的符号和重读的方法要叫学生注意），重要的是在用得熟，用得惯；要能用得熟用得惯，全在乎多"用"。要使学生勤用字典，只须使学生养成自己预备功课的习惯。像那样用中文讲解的老古板教授法，学生便无须勤用英文字典了。我们要知道，教师的重要责任是要训练学生养成独立研究的精神和能力，并不是仅仅在课堂里教了一些课本上的东西就算了事的。就英文一科而说，要训练学生养成独立研究英文的精神和能力，勤用英文字典的习惯是绝对必要的。所以英文教师应于每次上课的时候，指定下一次的功课；开始的时候，所指定的页数可以少一些，渐渐地可以增加。学生在下次上课以前，自己就要利用字典把所指定的功课预备好。他们在预备的时候，不但要把每个生字的意义弄明白，而且要把全课的意思弄清楚——要弄到上课的时候，关着书能用英语把要点说出来。这和训练看的能力是很有关系的。依我教学的经验，最初就用直接教授法教的学生，训练他们这样自己预备书，可以毫无困难。如果学生在开始时就受了用中文讲解的遗毒，这方法便比较地有些困难，用的时候便不可过于求速；例如在开始的时候，所指定的功课页数要特别的少，慢慢地一点点增加起来，否则使学生过于感觉困难，反而容易破坏他们对于研究的兴趣，消失他们前进的勇气。

要使学生在上课前自己预备所指定的功课，这原是一种很平常的方法，不过因为到现在我国学校里还有许多仍死守着用中文讲解英文的老办法，所以仍值得提出来说一下。

其次便要谈到上课时教师考问学生的事情。教师问的时候，应该也把自己的书关拢来，这样公平的态度，可以给学生一个很好的印象。问的时候，对每个学生不要问得太多，每次要在可能范围内使越多学生问到越好；这样一来，学生知道不易躲避，大家都要用心预备。但也不可问得太少；如果每人只问一两句简单的话，容易使预备好的学生觉得表现太少，不易引起兴趣。教师一方面要注意自己的问句是好英文，一方面也要注意到学生答语的结构。他要知道这个时候不但是问读本，同时也就是训练会话，纠正发音和语调，研究文法的结构：在这种种方面都要顾到教育的效用。教师每次对于各个学生考问的结果，都要在簿子上记下来，使学生知道教师是在很认真地记载他们的成绩。

除考问之外，还要匀出一部分时间，叫几个学生各读一段，听听他们的读法对不对；并叫几个学生分析一段书的文法结构。我教英文，对于文法的钟点是向来主张要减少的，特别注意在读本中研究文法。这样研究文法，才是活的实际的研究法。学生在读物中能够明白每句每段的结构，文法上的死法则不记得，那是毫无关系的；而且有许多结构上的巧妙，不是文法书所能包括，也只有在读物中才能看到。

除上面所说的几点外，还有一点也很重要：教师每一次要把书里的最有用的生字和成语特别指出，用笔划出来，并叫学生也要用笔划出来。这事的注意，对于学生的英文生字和成语的增富，有着很大的关系。有许多学生在写作的时候不是没有意思要发表，却是因为生字和成语不够用。这种困难的克服，没有别的什么巧妙，惟一的办法，只有努力“积蓄”最有用的生字和成语。（字句和段落的结构法，同时也要顾到。）“积蓄”不能仅由硬记隔离开的生字和成语，尤其重要的是要彻底明白怎样运用的方法，所以必须注意研究上下文的意思。学生知道运用这种研究法之后，他们即在自看课外的读物，重复几次遇着同样或同类的成语，也知道特别注意，把它“积蓄”起来。

关于考问学生对于成语的“积蓄”，我常常用笔试；每星期至少有一两次，每次只出十个题目，只费学生一刻钟，所以多试并不妨碍正课的进行。笔试的时候，是抽取书里最有用的句子，读着令学生默写，把成语空出，叫他们自己把所知道的填写进去。每次各人的笔试成绩，教师也要在簿子上记载下来。

教师每次收去的笔试考卷，只要在错误处用红笔划出，第二次上课时交还学生自己改正后再交进来。这样可使学生对于所错的成语得到更深刻的印象，将来用的时候不易再错。

二二　写作中的“积蓄”

上两次所谈过的是关于英文的说和看的方面，现在要谈谈怎样训练学生的写的能力。

写的能力当然和看的能力有着很密切的关系。我已经说过，中国学生不是没有意思发表，往往苦于所习的英文生字和成语不够用；要补这个缺憾，只有在看的时候注意“积蓄”最有用的生字和成语。可是仅在看的时候“积蓄”还不够，还要训练他们在写的时候也要下“积蓄”的功夫。这又怎么说呢？需要相当的解释。

学生们所用的读本的内容，大概不外乎故事或传记之类，并且是分章的。每遇学生读完一章的时候，我就叫他们各人在课外预备一篇短文，把那章的内容要点，用自己的结构，重新写出来。这种短文的长短，可根据原文的长短和学生的能力而酌定下来。开始的时候，可限学生写两页或三页，以后可略为增加。这短文当然不可和书上的原文一样长；那样，学生便没有运用自己重组能力的余地，所以要比原文短，使学生要用一番思考和选择。这短文的内容要能尽量包括原文的全部要点；如果学生只是随便抄录一段，那是要不得的。这短文既比原文短，又须包括原文全部分的要点，所以学生尽管用着原文里的许多生字和成语，却并不能把原文照抄下来。但是因为要用着原文里的许多生字和成语，便在写的里面也包含着“积蓄”的功用。当然，有些学生在课外还自己看些英文的书报，如果他看得有心得，也另有些生字和成语运用在这短文里面，只须是用得好，也是可以的。这种地方，做教师的也可以鼓励学生的自动研究的精神。

初学英文写作的学生，通常往往因为所有的生字和成语不够用，文法的知识也不够用，而教师的英文题目却摆在他的眼前，他为交卷计，不得不瞎写一阵；生字和成语固然用得一塌糊涂，大半都是“独出心裁”，只就他所有的中文的语句，“捏造”成不中不英的语句来塞责，文法也是乱七八糟的。教师看了只有皱眉，改不胜改，叫苦连天，大怪学生的不行，不知道学生也不是愿意自己这样不行，无奈脑里“空空如也”，“行”不出何！用上面所说的那样办法，学生写的时候，有书里的原文做参考，文法不会错，就是有也极少，辞意的表现也不必求助于“捏造”的不中不英的语句了。

这种短文须学生于课外自己预备好，然后在课堂上写出来。他们在课堂上写的时候，可以看原书，但是不许看自己所预备的稿子。这理由很简单。学生在外面的时候，也许因为自己的程度差一些，要请教请教比较高明的同学，甚至难免有一两次请人代写（虽则这是不应该有的，但是在最初的时候，在事实上也许不能完全没有），本人也不得不用心，把这短文原稿的意义和结构弄清楚，记清楚，否则在课堂上既不许看原稿，也仍然是写不出的。学生在课堂上写的时候，所以许他们翻阅原书，这倒没有什么重要的意义；我觉得只是给学生一些便利，使他们不要感到过分的困难，对原稿不必用死记的功夫。学生觉得既有原书可以做参考，在精神上也似乎可以减少过于紧张的苦痛。他们在课堂上写的时候，不但可以带原书做参考，还可以带字典到课堂上来用。

学生这样开始练习写作，不但于他们大有益处，就是做教师的看卷子，也可以减少许多麻烦或甚至于苦痛！教师改卷子的时候，只须把不妥当的地方（无论是字的不妥，或是文法的不妥），用红笔划出，下次上课时发还学生，叫他们自己在课外改好后再交进来。有的学生需要发还三次，修改三次。为鼓励起见，教师在第一次发还给学生的卷子上都要依成绩的优劣，注明A·B·C等的等次，并另在簿子上记下来；第二次的修改也要把成绩记下来。每次全体文卷这样结束之后，教师还应把这次各文卷里所犯的较大的错误，在课堂上提出来解释或讨论。

这样写作每做若干次后，可用一次来出一个学生所熟悉和有经验可以表现的题目，让学生自由（即不必根据书本）做一次文章，成绩一定是有相当可观的。

二三　一种有趣味的工作

我因为做过七八年的英文教员，便噜噜苏苏地讲了一大堆关于英文的教授法或研究法，但这不是什么英文教授法的书，我就把这件事告一结束吧。倘若这里有些意思可供给诸君研究外国文的参考，那就算是没有白说的了。

我这七八年的英文教员都是兼职，还有一半的时间仍在职教社里做我的编辑的工作。所以自我出了学校以来，除最初的半年时间做着“有名无实”的英文秘书之外，可以说一直到现在没有和编辑的生涯间断过关系。编辑的职务是最合于我的个性，关于这方面，以后再谈，现在请再谈谈关于教员的职务。做教员，在我也可说是一种有趣味的工作。我尤其感觉愉快的，是可由这样和天真的青年接触。我觉得青年都是可爱的，虽则有时也有一两个使你感到不舒服，但是仔细想来，他自身也有特殊的原因而不能任咎的，像我将要谈到的一个低能学生，便可做个例证。讲到大多数的青年学生，只须教员教得认真，教得好，赏罚公平，青年学生没有不敬爱教员的。

做教员在我既是一种有趣味的工作，我为什么后来不干呢？这里面至少也有两个理由。一个是我的性太急，看见学生有时答不出，或是错误多了一些，我很容易生气，对于这种学生，我易于疾言厉色，似乎予人以难堪，事后往往懊悔，第二次遇着同样情形时仍不免再犯这个毛病；这样容易生气不但觉得对不住我的学生，对于我自己的健康也有损害。我觉得忍耐性也是做教师的应有的特性，我的忍耐性——至少在教学方面——太缺乏，因此我觉得自己还不十分适宜于做教员。第二个原因是：因为经济的关系，教员的钟点太多，夜里缺乏自己看书的时间。我每日上半天要教三四时的功课，这还不打紧，但课外应该为着学生做的工作还是很多，修改考卷和文卷就要费了很多的时间，都不得不在夜里做。这样一来，除了全天的紧张工作外，夜里的时间也是不自由的，自己看书固然没有了时间，一遇着有应酬，或其他的临时事情，往往不得不“开夜车”。因为有着这两个缺憾，所以我不得不抛弃教员的生活。

当然，我不是想抛弃就立刻抛弃，因为这不是我的经济能力所许。我一面要留心更适宜的机会，一面对于我的职责仍然是要很认真地做去的。因为我对于我的职责要认真，所以我对于我的职权也不得不认真。关于这一点，我还记得有一件事可以谈谈。我有一年在所教的商科三年级里遇着一个低能学生。他在别科的成绩怎样，我不知道，但至少关于英文这一科，他所表现的是低能儿。我平日对于学生的成绩都有很详细的记录。平日记录好的学生，在大考的时候尽可放心，因为就是在大考的时候不幸考得不好，无论如何也不会不及格的。而且我对于分数的计算也不愿斤斤较量，差几分分数我都认为应该通融，因为分数这东西本来只能表现个大概。这个学生的平日成绩总结算起来不过十分（六十分及格），大考的成绩不过五分，这相差实在是太远了。这样的学生怎样能升到三年级，在我已莫名其妙。后来仔细打听一下，才知道他的父亲是有着相当大势力的。他做着某教育会的干事，和这个学校的董事们都有着密切的关系！但是我做的是英文教员，所知道的是英文的成绩怎样，不知道学生背后的“势力”的大小。他补考后仍得到不上十分的成绩。我对此事的办法是决定他不能升级。这个决定居然引起了一个轩然大波！这位自信有势力的“父亲”跑到校长那里去大办交涉，他的理由是我对他的儿子有成见。我把平日的记录给校长看，校长没有话说。我并向校长声明，如果这样的学生可以升级，我要立刻提出辞职不干，请他另请高明。校长被他缠绕得没有办法，老实说这是某某（指我）的职权，你可以和他去交涉。他不敢来和我交涉，却直接跑到两个校董那里去糟蹋我，幸而那两位校董平日知道我在校里教学的情形，竟给他一顿教训！我倒不怪这个学生，因为他并非不肯用功，无奈他的那个“父亲”给他一种先天低能的“礼物”，这并不是他自己所能负责的。后来听说他的那个很有钱的“父亲”，已出巨资送他的这个儿子出洋留学去了！

这件事所以使我不能忘的，是我经过了一番坚持的斗争。校长终于没有屈服于有“势力”的学生家长，而牺牲我的职务，这一点是值得称赞的。

二四 现实的教训

我半天教书，半天编辑。最初除主持月刊外，是编辑丛书，这在前面已经谈过了。前后大概替职教社编译了半打以上的丛书，都由商务出版。我自问对于职业教育并没有什么心得，这几本书只是我在职务上不得不交的卷子罢了！可是在这段时期里有一件事颇有一谈的价值的，那就是参加职业指导运动。当时刘湛恩先生带着博士衔头从美国回来，他在哥伦比亚大学里研究过职业教育，职教社请他来帮忙，组织了一个职业指导股，由他来担任主任，由我用着副主任的名义襄助进行。我们共同发起了职业指导运动，接洽各校（中学）举行职业指导运动周。在这一周里叫学生填注我们特备的职业指导表，按日请专家演讲。最后由我们和青年作个别谈话。在职业指导的原理方面，由职教社同人如黄任之、杨卫玉、刘湛恩以及客串庄泽宣诸先生等担任，我自己也夹在里面凑热闹。关于专门的各部门，如各专业的指导，便就各地请各该业的专家参加。因这件事，我和杨卫玉先生还跑了好几省的地方，在各处都接洽若干中学举行职业指导运动周。我所感到兴趣的是乘着这个机会和各地的青年谈话，并到各处观察观察社会的情形。最后我还和庄泽宣先生各人根据在各处提倡职业指导的实况，编著了两本书，加入职业教育从书里面去。可是说来也许有些奇怪，我愈研究职业指导，愈在实际方面帮着职业指导呐喊，愈使我深刻地感觉到在现状下职业指导的效用很有限，愈使我想跳出职业指导的工作！这里面的理由说来也很简单。职业指导和教育指导是分不开的，在中国的现状下，进小学校还要经过竞争考试；中学以上的学校，你要学什么，不见得就有你所要进的学校，就是有，好的不易考，坏的不愿进；此外还有经济问题也不是空言指导所能解决的。职业指导和现实社会的职业状况当然更是分不开。在中国的现状下，谁都看出职业界是一团糟，有许多地方用人并不根据真正的才能，只靠背后的势力怎样，或是位置私人；有许多地方受着不景气的影响，虽想用人而不敢用；结果除少数例外，往往不免所用非所学，甚至于出了学校便须立即加入失业的队伍里去！在这样的状况下，我虽不敢说职业指导一点没有用处，但是不得不承认所受的限制实在太多太大了！

说句好笑的话，我在这时期里参加了职业指导运动，对于青年究竟有着什么实际的效果，我实在不敢说，可是对于我自己确有着很重要的"指导"作用！什么"指导"作用呢？使我从这里面感到惭愧，感到苦闷，感到我的思想应该由原来的"牛角尖"里面转出来！换句话说，这现实的教训使我的思想不得不转变！

我一方面在意识上虽有这样的觉悟，一方面对于我的职业指导的职务——我当时的一部分职务——仍然是很认真地干着。但是这个"干"只是"职务"上的事情，只是"毋忝职守"的"道德"在后面推动着，并不能唤起我的兴会淋漓的精神，并不能使我的全部身心陶醉在这事业里面。

但是能使我干得兴会淋漓，能使我的全部身心陶醉在里面的事业，竟渐渐地到来，虽则只是渐渐地到来。这是什么呢？这是民国十四年十月间创办的《生活》周刊！

我不能掠人之美，《生活》周刊并不是由我创办的。当时职教社原有一种月刊叫做《教育与职业》，专发表或讨论关于职业教育的种种问题，但是该社同人觉得月刊要每月一次，在时间上相隔得比较的久一些，只宜于发表理论或有系统的长篇事实；为传布职业教育的消息起见，有创办一种周刊的必要：这是最初创办《生活》周刊的意旨。这和以后的《生活》周刊的内容虽差得远，但最初创办时的意旨确是不过这样。这时它的意旨既是这样，所以大部分的篇幅都是登载各报上搜集下来关于职业教育的消息。除这种消息外，头上有一短篇数百字的评论，随着有一两篇一两千字的论文。“生活”这两个字的名称是杨卫玉先生想出的，第一位的主笔公推新由美国学银行学回国的王志莘先生担任。主笔的每月薪水只是四十元，在王先生当时也不过是一种兼职，他原是职教社的一位老同事，初回国后时间略闲，所以来帮帮忙。其余同人轮流帮着做做文章，我在最初也不过轮流帮助做些文章的一人而已。

二五　一幕悲喜剧

在我再续谈《生活》周刊的事情以前，其中有两件事可以先谈一谈。第一件是关于我的婚姻，第二件是我加入时事新报馆。

第一件虽是关于个人的私事，但是也脱不了当时的社会思潮的背景。大家都知道，接着五四运动以后的动向，打倒“吃人的礼教”，也是其中的一个支流，男女青年对于婚姻的自由权都提出大胆的要求，各人都把理想的社会和理想的家庭混做一谈，甚至相信理想的社会必须开始于理想的家庭！我在当时也是这许多青年里面的一分子，也受到了相类的影响，于是我的婚姻问题也随着发生过一次的波澜。

我的父亲和我的岳父在前清末季同在福建省的政界里混着，他们因自己的友谊深厚，便把儿女结成了“秦晋之好”，那时我虽在学校时代，五四运动的前奏还未开幕，对于这件事只有着糊里糊涂的态度。后来经过“五四”的洗礼后，对这件事才提出抗议。

我的未婚妻叶女士是一位十足的“诗礼之家”的“闺女”，吟诗读礼，工于针黹，但却未进过学校。这虽不是没有教育的女子，但在当时的心理，没有进过学校已经是第一个不满意的事实，况且从来未见过面，未谈过话，全由“父母之命”而成的婚约，那又是第二个不满意的事实。但是经我提出抗议之后，完全和五四运动的洗礼毫不相干的两方家长固然大不答应，就是我的未婚妻也秉着“诗礼之家”的训诲，表示情愿为着我而终身不嫁。于是这件事便成了僵局。但是因为我的求学费用，全由我自己设法维持，家里在经济上无从加我以制裁，无法干涉我的行动。在两方不相下的形势里面，这件事便搁了起来。直到我离开学校加入职业界以后，这件事还是搁着。但是我每想到有个女子为着我而终身不嫁，于心似乎有些不忍，又想她只是个时代的牺牲者，我再坚持僵局，徒然增加她的牺牲而已，因此虽坚持了几年，终于自动地收回了我的抗议。

我任事两三年后，还清了求学时的债务，多下了几百块钱，便完全为着自己的结婚，用得精光。我所堪以自慰的是我的婚事的费用完全由自己担任，没有给任何方面以丝毫的牵累。家属不必说，就是亲友们，我也不收一文的礼。婚礼用的是茶点，这原也很平常，不过想起当时的“维新”心理，却也有可笑处。行礼的时候新郎要演说，那随他去演说好了，又要勉强新娘也须演说；这在她却是个难题，但是因为迁就我，也只得勉强说几句话；这几句话的临时敷衍，却在事前给她以好几天的心事。这也罢了，又要勉强岳父也须演说。这在男子原不是一个很难的题目，可是因为我的岳父是百分百的老实人，生平就未曾演说过，他自问实在没有在数百人面前开口说话的勇气，但是也因为要迁就我，也只得勉强说几句话。他在行礼前的几天，就每天手上拿着一张纸，上面写着几十个字的短无可短的演说词，在房里踱着方步朗诵着，好像小学生似的“实习”了好几天。可是在行礼那天，他立起来的时候，已忘记得干干净净，勉强说了三两句答谢的话就坐了下来！我现在谈起当时的这段情形，不但丝毫不敢怪我的岳父，而且很怪我自己。他老人家为着他的自命“维新”的女婿的苛求，简直是“鞠躬尽瘁”地迁就我。我现在想来，真不得不谢谢他的盛情厚意，至少是推他爱女的心理而宽容了我。我现在想来，当时不该把这样的难题给他和他的女儿做。

结婚后，我的妻待我非常的厚。她的天性本来非常笃厚，尤其是对于她的母亲。我们结婚不到两年，她便以伤寒症去世了。她死了之后，我才更深刻地感到她的待我的厚，每一想起她，就泪如泉涌地痛哭着。她死后的那几个月，我简直是发了狂，独自一人跑到她的停柩处，在灵前对她哭诉！我生平不知道什么叫做鬼，但是在那时候——在情感那样激动的时候——并无暇加以理解，竟那样发疯似的常常跑到她的灵前哭着诉着。我知道她活的时候是异常重视我的，但是经我屡次的哭诉，固然得不到什么回答，即在夜里也没有给我什么梦。——老实说，我在那时候，实在希望她能在梦里来和我谈谈，告诉我她的近况！这种发疯的情形，实在是被她待我过厚所感动而出于无法自禁的。我在那个时候的生活，简直完全沉浸于情感的激动中，几于完全失去了理性的控制。

二六　一年的练习

民国十六年，张竹平先生接办《时事新报》，他自己担任董事长，拉我去担任秘书主任。当时张先生对于《时事新报》抱着很大的希望，拉的人很不少，总经理由潘公弼先生担任，总主笔由陈布雷先生担任。张先生仅主持大计，我和潘先生都全日在馆办公，我们两人在一间办公室里。潘先生当时在新闻界已有了十几年的经验，我和他相处一年，在学习方面得到不少的益处。我以前曾经谈过在申报馆里“练习”了三星期，我在时事新报馆工作的一年，是我生平更有意义的“练习”的时期。我常觉得我的这一年的“练习”，比进什么大学的新闻科都来得切实，来得更有益处。

时事新报馆的事情既需要全天的工夫，于是我决定把英文教员的职务完全辞掉。《生活》周刊办了一年多之后，已渐渐发达起来，在事实上全个半天都用在这个刊物上面。到了这个时候，因为时事新报馆需要全天，我便和职教社商量，把在职教社的半天工夫移到夜里来，于是我开始天天做夜工。

白天在时事新报馆做的事情，给我一个很好的“练习”的机会，因为我的工作几乎包括全报馆的内容。我的职责是秘书主任，除编辑部的通信稿外，全馆的各部信件都集中在我的办公桌上。关于全馆各部的来信，都先经我阅看，除应由总经理办理的文件由他抽出酌办外，其余的文件便都由我注明办法，分送给各部去办，各部根据情形，分别起草复信的底稿后，仍汇送到我的办公桌上，由我核定后缮发。其中遇着要和总经理商量的事情，便立刻和他商量后决定办法。这样一来，我和全馆各部的事情，都有着相当的接触，所以我说这个职责给我以一个很好的“练习”机会。尤其使我得益的是潘先生对于新闻业经验的丰富。他对于新闻业的种种方面都很熟悉，因为他都经历过的。他在编辑方面，由校对到总编辑和总主笔，都干过；在营业方面，他也干过种种职务。因为他对于各部分的工作内容都有透彻的了解，所以他解决各部分问题的时候都有独到的见解。我在人生观方面，政治的和社会的思想方面，虽和潘先生的未必相同，但是我对于他的办事的经验，处理问题时的镇定安详，对人接物的恰当，都应该表示我的敬意——至少是在我和潘先生做同事的时期内。

依我在当时所观察，潘先生处理事务有一个特长，那就是他用坚决的态度解决职务上的当前的各问题，一点都不着急，一点没有疾言厉色。任何同事进来和他商量什么事情，或甚至和他大起争辩，他总是对事对人根据他的见解作坚决的应付，很从容不迫地作坚决的应付，无论如何，总是始终和和气气的，从没有看见他发过脾气。我是个性急朋友，关于这一点，我很惭愧学不到他。我也明白，应付事情，或应付人，只须根据所决定的办法作沉着的应付就是了，只须能把事情或人应付得了，何必要发脾气？发脾气只是一种无补于事的耗费，徒然恼了自己，难堪了别人！原来没有职权解决某事或某人的人，发脾气无用；已有职权解决某事或某人的人，发脾气不必。但是这种涵养的功夫却不是一件容易的事情。

张竹平先生应付事务的精明详密，我在申报馆“练习”三星期的时候，已领过他的教了。在时事新报馆的一年间，更有充分的时间来领略他的精明详密。可是他对于我是不得不失望的。这倒不是因为我拆了他的烂污，也不是我对于秘书主任没有尽职，却是因为他对于我的希望没有达到。他似乎很有意要把我造成一个英文广告员。这英文广告员的本领是要能往各洋行大板游说，接洽；已登的人家肯增加广告费，未登的人家肯来登。我因为不愿就辜负他的一番厚望，也曾经努力过几次，其中也有几家成功过，但是我每次一看见那像理人不理人的搭足臭架子的洋鬼子的臭脸，就引起了我的一万分的精神上的苦痛。我宁愿饿死，不愿和这类东西敷衍，因此竟无法引起我的自动的兴趣来。要我勉强做一个英文广告员，比要我勉强做一个工程师还要难过十万倍，虽则这两种职业的性质是迥然不同的。

不久因为《生活》周刊的突飞猛进，需要我的全部分的时间，便自动地辞了时事新报馆的职务，由此也和英文广告员的苦痛永诀了！

二七　聚精会神的工作

现在请再回转来谈谈《生活》周刊。

关于《生活》周刊，我在《萍踪寄语》初集里也略为谈到，也许诸君已知道大概了。这个周刊最初创办的时候，它的意旨和后来的很不相同，只是要传播传播关于职业教育的消息罢了。当时我对于这件事并不感到什么兴趣，甚至并不觉得这周刊有什么前途，更不知道我和它后来会发生那样密切的关系。在事实上当时看的人也很少。大概创办了有一年的光景，王志莘先生因入工商银行任事，没有时间兼顾，职教社因为我原担任着编辑股主任的事情，便把这个周刊的编辑责任丢在我的身上。我因为职务的关系，只得把它接受下来。当我接办的时候，它的每期印数约有二千八百份左右，赠送的居多，所以这个数量并不算多。我接办之后，变换内容，注重短小精悍的评论和"有趣味有价值"的材料，并在信箱一栏讨论读者所提出的种种问题。对于编制方式的新颖和相片插图的动目，也很注意。所谓"有趣味有价值"，是当时《生活》周刊最注重的一个标语。空论是最没有趣味的，"雅俗共赏"的是有趣味的事实。这些事实，最初我是从各种英文的刊物里搜得的。当时一则因为文化界的帮忙的朋友很少很少，二则因为稿费几等于零，职教社同人也各忙于各人原有的职务，往往由我一个人唱独脚戏。最可笑的是替我自己取了六七个不同的笔名，把某类的文字“派”给某个笔名去担任！例如关于传记的由甲笔名专任，关于修养的由乙笔名专任，关于健康的由丙笔名专任，关于讨论的由丁笔名专任，关于小品文的由戊笔名专任，以此类推。简单说来，每个笔名都养成一个特殊的性格。这倒不是我的万能，因为我只努力于收集合于各个性格的材料，有许多是由各种英文刊物里搜得的。搜求的时候，却须有相当的判断力，要真能切合于读者需要的材料。把材料搜得之后，要用很畅达简洁而隽永的文笔译述出来。所登出的材料往往不是整篇有原文可据的译文，只是把各种相关联的材料，经过一番的消化和组织而造成的。材料的内容，仅有“有趣味”的事实还不够，同时还须“有价值”。所谓“有价值”，是必须使人看了在“进德修业”上得到多少的“灵感”(Inspiration)。每期的“小言论”虽仅仅数百字，却是我每周最费心血的一篇，每次必尽我心力就一般读者所认为最该说几句话的事情，发表我的意见。这一栏也最受读者的注意；后来有许多读者来信说，他们每遇着社会上发生一个轰动的事件或问题，就期待着看这一栏的文字。其次是信箱里解答的文字，也是我所聚精会神的一种工作。我不敢说我所解答的一定怎样好，但是我却尽了我的心力，有时并代为请教我认为可以请教的朋友们。

除了“唱独脚戏”的材料外，职教社的几位先生也常常做些文章帮忙，在这个初期里，毕云程先生做的文字也不少。关于国外的通讯，日本方面有徐玉文女士，美国方面有李公朴先生，都是很努力的。以上大概是最初两三年间的情形。

我对于搜集材料，选择文稿，撰述评论，解答问题，都感到极深刻浓厚的兴趣，我的全副的精神已和我的工作融为一体了。我每搜得我自己认为有精彩的材料，或收到一篇有精彩的文字，便快乐得好像哥伦布发现了新大陆似的！我对于选择文稿，不管是老前辈来的，或是幼后辈来的；不管是名人来的，或是“无名英雄”来的：只须是好的我都要竭诚欢迎，不好的我也不顾一切地不用。在这方面，我只知道周刊的内容应该怎样有精彩，不知道什么叫做情面，不知道什么叫做恩怨，不知道其他的一切！

《生活》周刊在这阶段的内容，现在看来显然有着很多的缺点，不过我所指出的是当时的这种工作已引起了我的兴会淋漓的精神，使我自动地用着全副的精神，不知疲乏地干着。同时还有一位好友徐伯昕先生，也开始了他对于本刊事业的兴趣。我接办本刊后，徐先生就用全力帮助我主持本刊营业的事务，他和我一样地用着全副的精神努力于本刊的事业。孙梦旦先生最初用一部分的时间加入努力，后来渐渐地也用着他的全部分的时间。最初经常替《生活》周刊努力的职员就只是这三个人。

二八　一个小小的过街楼

从上次所谈的情形，已可看出《生活》周刊的创办并没有什么大宗的开办费。寥若晨星的职员三个，徐先生月薪二十几块钱，孙先生月薪几块钱，我算是主持全部的事业，月薪最多的了，每月拿六十块钱。我还记得当时在辣斐德路一个小小的过街楼，排了三张办公桌就已觉得满满的，那就是我们的编辑部，也就是我们的总务部，也就是我们的发行部，也就是我们的广告部，也就是我们的会议厅！我们没有大宗的经费，也没有什么高楼大厦。我们有的是几个“患难同事”的心血和努力的精神！我们有的是突飞猛进的多数读者的同情和赞助！《生活》周刊就在这种“心血”、“努力”、“同情”和“赞助”所造成的摇篮里长大起来的。

我永远不能忘记在那个小小的过街楼里，在几盏悬挂在办公桌上的电灯光下面，和徐、孙两先生共同工作到午夜的景象。在那样静寂的夜里，就好像全世界上只有着我们这三个人；但同时念到我们的精神是和无数万的读者联系着，又好像我们是夹在无数万的好友丛中工作着！我们在办公的时候，也往往就是会议的时候；各人有什么新的意思，立刻就提出，就讨论，就议决，就实行！孙先生是偏重于主持会计的事情，虽则他对发行方面也很努力。徐先生是偏重于营业和广告的事情，虽则他在总务方面也很重要。在编辑方面他常用“吟秋”的笔名作些漫画凑凑热闹，因为他不但在营业和广告方面富有创造的天才，而且也对于美术具有深切的兴趣。我的工作当然偏重于编辑和著述方面。我不愿有一字或一句为我所不懂的，或为我所觉得不称心的，就随便付排。校样也完全由我一人看，看校样时的聚精会神，就和在写作的时候一样，因为我的目的要使它没有一个错字；一个错字都没有，在实际上也许做不到，但是我总是要以此为鹄的，至少能使它的错字极少。每期校样要看三次。有的时候，简直不仅是校，竟是重新修正了一下。讲到这里，我还要附带谢谢当时承印我们这个周刊的交通印刷所，尤其是当时在这个印刷所里服务的张铭宝先生和陈锡麟先生。他们不但不怪我的麻烦，而且都成了我的好朋友。

读者一天天多起来，国内外的来信也一天天多起来。我每天差不多要用全个半天来看信。这也是一件极有兴味的工作，因为这就好像天天和许多好友谈话，静心倾听许多读者好友的衷情。其中有一小部分的信是可以在周刊上公开发表和解答的，有大部分的信却有直接答复的必要。有的信虽不能发表，我也用全副精神答复；直接寄去的答复，最长的也有达数千字的。这虽使我感到工作上的极愉快的兴趣，乃至无上的荣幸，但是时间却渐渐不够起来了，因此只得摆脱一切原有的兼职，日夜都做《生活》周刊的事情，做到深夜还舍不得走。我的妻有一次和我说笑话，她说：“我看你恨不得要把床铺搬到办公室里面去!”其实后来纵然“把床铺搬到办公室里面去”也是来不及的。后来最盛的时候，有五六个同事全天为着信件的事帮我的忙，还有时来不及，一个人纵然不睡觉也干不了!

但是《生活》周刊的发展是随着本身经济力的发展而逐渐向前推的，所以在增加职员方面不得不慢慢儿来，因此事务的增繁和人手的增多，常常不能成正比例。《生活》周刊本身经济力的发展，来源不外两方面：一方面是发行的推广，由此增加报费的收入；一方面是广告费的收入随着销数的增加而增加。我们既没有什么大宗的经费，事业的规模不得不看这两方面的收入做进行的根据，因为我们是要量入为出的；但是我们所欣幸的，是我们可以尽量运用我们在这两方面的收入，扩充我们的事业，没有什么“老板”在后面剥削我们。关于这一点，我们不得不感谢职教社。当时《生活》周刊还在职教社的“帡幪”之下，我和徐孙诸先生都只是雇员，原没有支配的全权，但是职教社当局的诸先生全把这件事看作文化事业，一点没有从中取利的意思。

二九　转变

《生活》周刊所以能发展到后来的规模，其中固然有着好多的因素，但是可以尽量运用本刊自身在经济上的收入——尽量运用这收入于自身事业的扩充与充实——这也是很重要的一点。关于这一点，我在上次已经略为谈过了。所以能办到这一点，我们不得不感谢职教社在经济上的不干涉。但是还有一件更重要的事情，我尤其不得不感谢职教社的，是《生活》周刊经我接办了以后，不但由我全权主持，而且随我个人思想的进展而进展，职教社一点也不加以干涉。当时的《生活》周刊还是附属于职教社的，职教社如要加以干涉，在权力上是完全可以做的，我的惟一办法只有以去就争的一途，争不过，只有滚蛋而已。但是职教社诸先生对我始终信任，始终宽容，始终不加以丝毫的干涉。就这一点说，《生活》周刊对于社会如果不无一些贡献的话，我不敢居功，我应该归功于职教社当局的诸先生。

《生活》周刊初期的内容偏重于个人的修养问题，这还不出于教育的范围；同时并注意于职业修养的商讨，这也还算不出于职业指导或职业教育的范围。在这个最初的倾向之下，这周刊附属于职教社，还算是过得去了。也许是由于我的个性的倾向和一般读者的要求，《生活》周刊渐渐转变为主持正义的舆论机关，对于黑暗势力不免要迎面痛击；虽则我们自始就不注重于个人，只重于严厉评论已公开的事实，但是事实是人做出来的，而且往往是有势力的人做出来的；因严厉评论事实而开罪和事实有关的个人，这是难于避免的。职教社的主要职责是在提倡职业教育，本来是无须卷入这种漩涡里面去的，虽职教社诸先生待我仍然很好，我自己却开始感到不安了。不但如此，《生活》周刊既一天天和社会的现实发生着密切的联系，社会的改造到了现阶段又决不能从个人主义做出发点；如和整个社会的改造脱离关系而斤斤较量个人的问题，这条路是走不通的。于是《生活》周刊应着时代的要求，渐渐注意于社会的问题和政治的问题，渐渐由个人出发点而转到集体的出发点了。我个人是在且做且学，且学且做，做到这里，学到这里，除在前进的书报上求锁钥外，无时不皇皇然请益于师友，商讨于同志，后半期的《生活》周刊的新的进展也渐渐开始了。研究社会问题和政治问题，多少是含着冲锋性的，职教社显然也无须卷入这种漩涡里面去，我的不安更加甚了。幸而职教社诸先生深知这个周刊在社会上确有它的效用，不妨让它分道扬镳向前干去，允许它独立，由生活周刊社的同人组成合作社，继续努力。在这种地方，我们不得不敬佩职教社诸先生眼光的远大、识见的超卓、态度的光明。

生活周刊社以及由它所脱胎的文化机关，都是合作社的性质；关于这一点，我在《萍踪寄语》初集里面也曾经略有说明，在这里不想重述了。回想我和几位“患难同事”开始为文化事业努力到现在，我们的确只是以有机会为社会干些有意义的事为快慰，从没有想要从这里面取得什么个人的私利。我所以要顺便提出这一点，是因为社会上有些人的观念，看到什么事业办得似乎有些像样，便想到办的人一定发了什么财！有些人甚至看得眼红，或更有其他不可告人的卑鄙心理，硬说你已成了“资本家”，或诬蔑你括了多少钱！他们不管在我们的合作社里，社员更大的股款不得过二千元，到了二千元就根本没有任何利息可拿，五百元以上的股本所得的利息（倘若有的话），比二百五十元以下的股本所得的要少一倍。这是可以造成什么“资本家”或括钱的机关吗？我和一班共同努力于文化事业的朋友们，苦干了十几年，大家还是靠薪水餬口养家。我们并不觉得什么不满意，我们的兴趣都在文化事业的本身。像我这样苦干了十几年，所以能得到许多朋友们不顾艰难地共同努力，所以能够始终得到许多共同努力的朋友们的信任，最大的原因还是因为我始终未曾为着自己打算，始终未曾梦想替自己括一些什么。不但我这样，凡是和我共同努力于文化事业的朋友们都是这样的。

三〇 几个原则

现在有些朋友想起办刊物，往往联想到《生活》周刊。其实《生活》周刊以及它的姊妹刊《新生》、《大众生活》、《永生》、《生活星期刊》，都是有它们的特殊时代的需要，都各有它们的特点。历史既不是重复，供应各时代的特殊需要的精神粮食，当然也不该重复。但是抽象的原则，也许还有可以提出来谈谈的价值，也许可以供给有意办刊物的朋友们一些参考的材料。

最重要的是要有创造的精神。尾巴主义是成功的仇敌。刊物的内容如果只是“人云亦云”，格式如果只是“亦步亦趋”，那是刊物的尾巴主义。这种尾巴主义的刊物便无所谓个性或特色；没有个性或特色的刊物，生存已成问题，发展更没有希望了。要造成刊物的个性或特色，非有创造的精神不可。试以《生活》周刊做个例。它的内容并非模仿任何人的，作风和编制也极力“独出心裁”，不愿模仿别人已有的成例。单张的时候有单张时的特殊格式，订本的时候也有订本时的特殊格式。往往因为已用的格式被人模仿得多了，更竭尽心力，想出更新颖的格式来。单张的格式被人模仿得多了，便计划改为订本的格式；订本的格式被人模仿得多了，便计划添加画报。就是画报的格式和编制，也屡有变化。我们每看到一种新刊物，只要看到它的格式样样模仿着别人的，大概就可以知道它的前途了。

其次是内容的力求精警。尤其是周刊，每星期就要见面一次，更贵精而不贵多，要使读者看一篇得一篇的益处，每篇看完了都觉得时间并不是白费的。要办到这一点，不但内容要有精彩，而且要用最生动最经济的笔法写出来。要使两三千字短文所包含的精义，敌得过别人的两三万字的作品。写这样文章的人，必须把所要写的内容，彻底明了，彻底消化，然后用敏锐活泼的组织和生动隽永的语句，一挥而就。这样的文章给予读者的益处显然是很大的：作者替读者省下了许多搜讨和研究的时间，省下了许多看长文的费脑筋的时间，而得到某问题或某部门重要知识的精髓。

再其次，要顾到一般读者的需要。我在这里所谈的，是关于推进大众文化的刊物（尤其是周刊），而不是过于专门性的刊物。过于专门性的刊物，只要顾到它那特殊部门的读者的需要就行了；关于推进大众文化的刊物，便须顾到一般大众读者的需要。一般大众读者的需要当然不是一成不变的，所以不当用机械的看法，也没有什么一定的公式可以呆板地规定出来。要用敏锐的眼光和深切的注意、诚挚的同情，研究当前一般大众读者所需要的是怎样的“精神粮食”：这是主持大众刊物的编者所必须负起的责任。

最后我觉得“独脚戏”可以应付的时代过去了。现在要办刊物，即是开始的时候，也必须有若干基本的同志作经常的协助。“基本”和“经常”，在这里有相当重要的意义。现在的杂志界似乎有一种对读者不很有利的现象：新的杂志尽管好像雨后春笋，而作家却仍然只有常常看得到他们大名的这几个。在东一个杂志上你遇见他，在西一个杂志上你也遇见他。甚至有些作家因为对于催稿的人无法拒绝，只有一篇的意思，竟“改头换面”做着两篇或两篇以上的文章，同时登在几个杂志上。这样勉强的办法，在作家是苦痛，在读者也是莫大的损失，是很可惋惜的。所以我认为非有若干“基本”的朋友作“经常”的协助，便不该贸贸然创办一个新的杂志。当然，倘若一个作家有着极丰富的材料，虽同时替几个杂志做文章，并没有像上面所说的那样虚耗读者的精力和时间的流弊，那么他尽管“大量生产”，我们也没有反对的理由。

还有初办刊物的人，往往着急于销路的不易推广。当然，发行的技术和计划也是刊物的一个重要部分，我们不得不承认这方面也应加以相当的注意。但是根本还是在刊物的内容。内容如果真能使读者感到满意，或至少有着相当的满意，推广的前途是不足虑的。否则推广方面愈用功夫，结果反而愈糟，因为读者感觉到宣传的名不副实，一看之后就不想再看，反而阻碍了未来的推广的效能。

三一 社会的信用

《生活》周刊突飞猛进之后，时时立在时代的前线，获得国内外数十万读者好友的热烈的赞助和深挚的友谊，于是所受环境的逼迫也一天天加甚。我参加蔡孑民、宋庆龄诸先生所领导的民权保障同盟不久以后，便不得不暂离我所爱的职务而作欧洲之游。在这时候的情形，以及后来在各国的状况，读者诸君可在《萍踪寄语》初集、二集和三集里面看到大概。我于前年九月初由美回国，刚好环游了地球一周，关于在美几个月考察所得，都记在《萍踪忆语》里面，在这里不想多说了。回国后主办《大众生活》，反映全国救亡的高潮，现在有《大众集》留下了这高潮的影像。随后在香港创办《生活日报》，这在本书《在香港的经历》一文里可见一斑。自九一八国难发生以来，我竭尽我的心力，随同全国同胞共赴国难；一面尽量运用我的笔杆，为国难尽一部分宣传和研讨的责任，一面也尽量运用我的微力，参加救国运动。

十几年来在舆论界困知勉行的我，时刻感念的是许多指导我的师友，许多赞助我的同人，无量数的同情我的读者好友；我常自策勉，认为报答这样的深情厚惠于万一的途径，是要把在社会上所获得的信用，完全用在为大众谋福利的方面去。我深刻地知道，社会上所给我的信用，绝对不是我个人所造成的，是我的许多师友、许多同人以及无量数的读者好友，直接间接所共同造成的。因此也可以说，我在社会上的信用不只是我的信用，也是许多师友、许多同人，乃至无量数的读者好友所共有的。我应该尽善地运用这种信用，这不只是对我自己应负的责任，也是对许多师友、许多同人，乃至对无量数的读者好友所应负的责任。

我这信用绝对不为着我个人自己的私的目的而用，也不被任何个人或任何党派为着私的目的所利用，我这信用只许为大众而用。在现阶段，我所常常考虑的是：怎样把我所有的能力和信用运用于抗敌救亡的工作？

我生平没有私仇，但是因为现实的社会既有光明和黑暗两方面，你要立于光明方面，黑暗方面往往要中伤你。中伤的最容易的办法，是破坏你在社会上的信用。要破坏你在社会上的信用，最常见的方法是在金钱方面造你的谣言。

我主持任何机关，经手任何公款，对于账目都特别谨慎；无论如何，必须请会计师查账，得到证书。这固然是服务于公共机关者应有的职责，是很寻常的事情，本来是不值得提起的。我在这里所以还顺便提起的，因为要谈到社会上有些中伤的造谣阴谋，也许可供处世者避免陷害的参考。

也许诸君里面有许多人还记得，在马占山将军为抗敌救国血战嫩江的时候，《生活》周刊除在言论上大声疾呼，唤起民众共同奋斗外，并承国内外读者的踊跃输将，争先恐后地把捐款交给本刊汇齐汇寄前方。其中有一位“粤东女子”特捐所得遗产二万五千元，亲交给我收转。这样爱国的热诚和信任我们的深挚，使我们得到很深的感动。当时我们的周刊社的门口很小，热心的读者除邮汇捐款络绎不绝外，每天到门口来亲交捐款的，也挤得水泄不通，其中往往有卖菜的小贩和挑担的村夫，在柜台上伸手交着几只角子，或几块大洋，使人看着发生深深的感动，永不能忘的深深的感动！当时我们的同事几于全体动员，收款的收款，算账的算账，忙得不得了，为着急于算清以便从早汇交前线的战士，我们往往延长办公时间到深夜。这次捐款数量达十二万元，我们不但有细账，有收据，不但将捐款者的姓名公布（其先在本刊上公布，后来因人数太多，纸张所贴不资，特在《征信录》上全部公布，分寄各捐户），收据也制版公布，并且由会计师（潘序伦会计师）查账，认为无误，给予证明书公布。这在经手公款的人，手续上可说是应有尽有的了。但是后来仍有人用文字散布谣言，说我出国视察的费用是从捐款里括下来的！我前年回国后，听到这个消息，特把会计师所给的证明书制版，请律师（陈霆锐律师）再为登报宣布。但是仍有人以故作怀疑的口吻，抹煞这铁一般的事实！这样不顾事实的行为，显然是存心要毁坏我在社会上的信用，但是终于因为我有铁据足以证明这是毁谤诬蔑，他们徒然"心劳日拙"，并不能达到他们的目的。

我们只要自己脚跟立得稳，毁谤诬蔑是不足畏的。

三二　立场和主张

黑暗势力的陷害方法，除在经济方面尽其造谣的能事外，还有一个最简便的策略，那便是随便替你戴上帽子！这不是夏天的草帽，也不是冬季的呢帽，却是一顶可以陷你入罪的什么派什么党的帽子！其实戴帽子也不一定是丢脸的事情，有害尽苍生的党，有确能为大众谋幸福的党；前者的帽子是怪可耻的，后者的帽子却是很光荣的。但是这不过就一般说，讲到我个人的实际情形，一向并未曾想到这个帽子问题；再直截了当地说一句，我向来并未加入任何党派，我现在还是这样。我说这句话，并不含有褒贬任何党派的意味，只是说出一件关于我个人的事实。但是同时却不是说我没有立场，也不是说我没有主张。我服务于言论界者十几年，当然有我的立场和主张。我的立场是中国大众的立场；我的主张是自信必能有益于中国大众的主张。我心目中没有任何党派，这并不是轻视任何党派，只是何党何派不是我所注意的；只须所行的政策在事实上果能不违背中国大众的需求和公意，我都肯拥护；否则我都反对。我自己向来没有加入任何党派，因为我这样看法：我的立场既是大众的立场，不管任何党派，只要它真能站在大众的立场努力，真能实行有益大众的改革，那就无异于我已加入了这个党了，因为我在实际上所努力的也就是这个党所要努力的。

我虽有明确的立场和主张，但是因为有着这样的看法，所以向来未曾加入任何党派。现在呢？现在是整个民族生死存亡万分急迫的时候，除少数汉奸外，大多数的中国人都在挣扎着避免沦入亡国奴的惨劫。在这个时候，我们要积极提倡民族统一阵线来抢救我们的国家，要全国团结御侮，一致对外，我更无须加入任何党派，只须尽我的全力促进民族统一阵线的实现，因为这是抗敌救亡的惟一有效的途径。民族统一阵线或称联合阵线，或称民族阵线，名词上的差异没有什么关系，最重要的是我们要彻底了解这阵线的意义和它对于抗敌救亡的关系。所谓民族统一阵线是：全国人民，无论什么阶级，无论什么职业，无论什么党派，无论有什么信仰的人们，都须在抗敌救亡这个大目标下，团结起来，一致对付我们民族的最大敌人。在这个民族阵线之下，全国的一切人力财力物力，都须集中于抗敌救亡。为保障民族阵线的最后胜利，凡是可以增加全国力量的种种方面，都须千方百计地联合起来；凡是可以减少或分散全国力量的种种方面，都须千方百计地消灭或抑制下去。无论任何个人和个人，任何集体和集团，纵然在已往有过什么深仇宿怨，到了国家民族危亡之祸迫于眉睫的时候，都应该把这深仇宿怨抛弃不顾，联合彼此的力量来抢救这个垂危濒亡的国家民族。

这不是空论；这是中国在当前危迫时期内的大众在主观方面的急迫要求，也是侵略国的严重压迫和残酷进攻在客观方面所造成的需要。这是现阶段中国前途的大势所趋，我们只须本着这个认识，以国民的立场，各就各的力量，从种种方面促其实现，前途是有绝对胜利的把握的。如有逆着这个大势而自掘坟墓的，必然要自趋灭亡，绝对不能阻碍这个大势的推进。我们所要努力的是在积极方面促进这个伟大运动的实现。

再就具体一些说，民族统一阵线的第一个条件是必须停止一切内战，全国团结起来，枪口一致对外。武力虽非抗敌救亡的惟一工具，但无疑是最重要的一种工具。外患如此急迫，中国人如以仅有的武力消耗于内战，即是减少对外的力量，即是间接增强侵略国加速沦亡中国的力量。为增强整个中国抗敌救亡的实力计，停止一切内战是有绝对的必要。第二个条件是要解放民众救国运动。军力必须和民力配合起来，才有动员全国力量一致对外的可能。所以关于民众救国的组织和救国言论的自由，必须有切实的开放和保障。

关于民族统一阵线的研究，我在所著的《坦白集》里已有较详的讨论，在这里只提出尤其重要的话，来说一下。这是我就大众的立场，根据大众的利益，断然认为是当前抗敌救亡的最重要的主张。只须能尽我的微薄的力量，推进或促成这个主张的实现，任何个人的艰险，是在所不辞的。

当然，我们对于国事的主张是要根据当前的现实，我在这里所提出的，只是专就抗敌救亡的现阶段的中国说。

三三　深夜被捕

我对于国事的立场和主张，已很扼要地谈过了。这不仅是我一个人的主张，有许多热心救国的朋友们也都有这同样的主张；这不仅是我和我的许多朋友们的主张，我深信这主张也是中国大众的公意的反映。于是我们便以国民的地位，积极推动政府和全国各方面实行这个救亡的国策。我们自问很坦白，很恳挚，除了救国的赤诚外，毫无其他作用，但是出乎意外的是我和六位朋友——沈钧儒、章乃器、李公朴、王造时、史良和沙千里诸先生——竟于去年十一月廿二日的深夜在上海被捕！

在被捕的前两三天，就有朋友传来消息，说将有捕我的事实发生，叫我要特别戒备。我以胸怀坦白，不以为意，照常做我的工作。我这时的全部的注意力都集中在绥远的被侵略，每日所焦思苦虑的只是这个问题。去年十一月廿二日下午六点钟我赶到功德林参加援绥的会议，到会的很多：银行界、教育界、报界、律师界等等，都有人出席。我于十一点钟才离会，到家睡觉的时候已在当夜十二点钟了。我上床后还在想着下一期《生活星期刊》的社论应该做什么题目，所以到了一点钟模样才渐渐睡去。睡得很酣，不料睡到两点半的时候，忽被后门的凶猛的打门声和我妻的惊呼声所惊醒。我在床铺上从睡梦中惊得跳起来，急问什么事。她还来不及回答，后门打得更凶猛，嘈杂的声音大叫其赶快开门。我这时记起前两三天朋友的警告，已明白了他们的来意。我的妻还不知道，因为我向来不把无稽的谣言——我事前认为无稽的谣言——告诉她，免她心里不安。她还跑到后窗口问什么人。下面不肯说，只是大打其门，狂喊开门。她怕是强盗，主张不开。我说这是巡捕房来的，只得开。我一面说，一面赶紧加上一件外衣，从楼上奔下去开门。门开后有五个人一拥而入，其中有一个法国人，手上拿好手枪，作准备开放的姿势。他一进来就向随来的翻译问我是什么人，我告以姓名后，翻译就告诉他。他表示惊异的样子，再问一句："他是 ××× 吗？"翻译再问我一句，我说不错，翻译再告诉他。他听后才把手枪放下，语气和态度都较前和缓得多了。我想他想像中的我也许是个穷凶极恶的强盗相，所以那样紧张，后来觉得不像，便改变了他的态度。他叫翻译对我说，要我立刻随他们到巡捕房里去。当时天气很冷，我身上只穿着一套单薄的睡衣，外面罩上一件宽大的外衣，寒气袭人，已觉微颤，这样随着他们就走，有些忍受不住，因为翻译辗转麻烦，便问那位法国人懂不懂英语，他说懂。我就用英语对他说："我决不会逃，请你放心。我要穿好衣服才能走，请你上楼看我穿好一同去。"他答应了，几个人一同上了楼。他们里面有两个是法租界巡捕房政治部来的，就是上面所说的那位法国人和翻译；还有两个是市政府公安局的侦探。上楼后我问那个法国人有什么凭证没有，他拿出一张巡捕房的职员证给我看。我一面穿衣，一面同那法国人和翻译谈话。谈话之后，他们的态度更和善了，表示这只是照公安局的嘱咐办理，在他们却是觉得很抱歉的。那法国人再三叫我多穿上几件衣服。公安局来的那两位仁兄在我小书房里东翻西看，做他们的搜查工作。我那书房虽小，堆满了不少的书报，他们手忙脚乱地拿了一些信件、印刷品和我由美国带回的几十本小册子。这两位仁兄里面有一位面团团的大块头，样子倒很和善，对我表示歉意，说这是公事，没有办法，并笑嘻嘻地对我说："我在弄口亲眼看见你从外面回家，在弄口走下黄包车后，很快地走进来。我想你还不过睡了两小时吧！"原来那天夜里，他早就在我住宅弄口探察，看我回家之后，才通知巡捕房派人同来拘捕的。我问他是不是只拘捕我一个人，他说有好几个。我想一定有好几个参加救国运动的朋友们同时遭难了。我心里尤其悬念着沈钧儒先生，因为沈先生六十三岁了，我怕他经不住这种苦头。我除穿上平常的西装外，里面加穿了羊毛绒的里衣裤，外面罩上一件大衣，和四位不速之客走出后门。临走时我安慰了我的妻几句话，并轻声叫她于我走后赶紧用电话告知几位朋友。出了弄口之后，公安局的人另外去了，巡捕房的两个人用着备好的汽车，陪着我乘到卢家湾法巡捕房去。到时已在深夜的三点钟了。我刚下车，由他们押着走上巡捕房门口的石阶的时候，望见已有几个人押着史良女律师在前面走，离我有十几步路，我才知道史律师也被捕了。

三四　到捕房

我于十一月廿二日的深夜被押解到卢家湾法巡捕房。在捕房门口下了汽车以后，那个法国人和翻译在我左右拥着走上石阶。这时那翻译不但在旁拥着我，而且用一只手挟着我的手臂。我向来没有做过犯人，这是破题儿第一遭，心里想这明明是怕我逃走的样子，突然发生着奇异的感觉。刚走上石阶两三层，瞥见有两三个人也挟持着史良女律师在前面走。她身上穿着西式的妇女旅行装，上身穿的好像男子西装的上身外衣，下面穿的是好像水手穿的广大裤脚管的裤子，外面罩一件女大衣，全身衣服都是黑色的。我看她的态度很从容，偶然回过脸来，脸上还现着微笑。我们相距约有十步左右。我本想走快几步凑上去问她沈钧儒先生是不是也已被捕，因为我心里时刻担忧着他老先生的安全。可是在我左右挟着我的人看见前面有史女士在走，反而停住我不许走，等了一下，史女士已走远了，才许我再举步继续向前走去。我心里又想，这大概是因为犯人需要彼此隔离的。

我被拥至二层楼上政治部的一间办公室里。到后即由那个法国人问话，并由那个同来的翻译在旁担任译述。他先问我的姓名、年岁和职业，加入了什么政治团体。我承认我是全国各界救国联合会的执行委员之一，但是从来没有加入任何政党。他问救国会的宗旨，我说是主张抵抗日本对中国的侵略。我并问他："假使你们法国也被别国侵略，你立于国民的地位，要不要起来主张抵抗这侵略?"他点头微笑。谈到这里，他很客气地说，捕房捕我，不过是应中国公安局的要求。我说我要知道究竟犯了什么罪？他说中国公安局告我是共产党！我说我要他们拿出证据来。他一边问，一边就笔录下来。大概问了半点钟。他坐在办公桌的后面问，翻译坐在办公桌旁边译，我就坐在办公桌的前面，刚和他相对。问后那个法国人走了，那个翻译对我说："对不住，今天夜里要请你住住监狱，明天上午八点钟才送法院。"我默然。他接着说："不过你们是上等人，我们可以把你送到上等人的监狱里去，不致和那些龌龊的苦力混在一起。"我仍然没有什么话说，只有随他到楼下去。

他带我到楼下的另一间办公室，也许是巡长室吧，里面有个柜台，柜台里面坐着一个穿制服的法国人（也许是巡长），还有个穿便服的法国人跑出跑进。离柜台略远处有个栏杆，这栏杆里面大概是预备犯人立的地方。他们就叫我立在这栏杆里面。房门口有安南巡捕守着。我在那里大概立了一小时左右，有个穿西装的中国职员押着史律师进来。他们叫她站在柜台和栏杆之间，我们仍不许谈话，只能远远地点头微笑而已。再等一会儿，有一个安南巡捕和一个好像"茶房"模样的中国人进来。这中国人问我犯什么罪，我说犯"救国罪"，他也莫名其妙，土头土脑地走了。这个安南巡捕就开始向我身上搜查，用两只手在我衣上摸了一遍，又伸进各个衣袋里检查了一下，然后取出我的装钱的小皮夹子，取下我西装领上的扣子，取下我的领带，取去我的吊袜带，取下我的手表，取下我皮鞋上的带，取下我吊裤子用的吊带（吊西装裤子用的），取去我缚在里裤上的带，取去我不能一刻离的眼镜！他们对我说这是必须经过的手续，我当然没有话说，只得听任他大取而特取！不过最后取到我的近视眼上的眼镜，却使我感到太不方便了，我就提出抗议，要把眼镜留住，他们不肯。这时史律师远望着我那副样子，她竟临时做起我的“辩护律师”了，对监视她的那个穿西装的中国职员说，某先生（指我）是社会上有地位的人，不必这样搜查，眼镜也应该让他留用，并叫他把这个意思转达给柜台里的那个巡长听。结果没有达到目的，我的眼镜当然是照脱下来了，这时只有对着我的临时“辩护律师”苦笑。我的近视虽不算怎样厉害，但是没有了眼镜，看较远的东西便有些模糊，举起步来便有些飘飘欲仙的感觉！这又有什么办法呢？只有暂时做做“仙”罢了！其实我的这位临时“辩护律师”自己也吃了苦头，后来我们同到高三分院的待审室里，据她说，她那夜身上的裤带也被取去！她还说着笑话，说幸而她穿的是西装裤，否则不免有伤风化了！

这种手续大概是预防犯人要暗寻短见吧。但是我们都要留着这有用之身为救国努力，谁愿寻短见呢！

三五　铁格子后面

我的眼镜脱去了之后，史律师先被带出，我再等了好些时候，大概在当夜五点钟左右，我也被带了出来，往监狱方面走去。我举起脚来走的时候，皮鞋总在脚跟升降着，好像什么升降机似的，怪累赘，才又恍然觉到皮鞋上已没有了皮鞋带。这倒也是生平第一次的经验，因为自从知道穿皮鞋以来，从来没有不用皮鞋带的。这样一来，皮鞋倒像了拖鞋，所不同的是拖鞋轻便而皮鞋式的拖鞋却怪沉重。下面拖着一双皮鞋式的拖鞋，上面的两只眼睛又缺少了一副眼镜，拖步出了房门，好像走进了“迷园”，四周都成了朦胧糊涂的世界。往监狱去是要走下楼梯的，更是在糊涂中瞎摸着。幸而挟持我手臂而行的那位中国巡捕倒还殷勤，转弯或下梯的时候，总是小心打着招呼帮我的忙。将到监狱门口的时候，不但重遇着史律师，并且看见章乃器先生也来了，看看他的身上，西装领上的扣子也没有了，皮鞋上的带子也没有了，他身上也罩着一件呢大衣，脚上也拖着一双皮鞋式的拖鞋！我们遇见时都不许谈话，只能点头微笑打个静默的招呼而已。我们会齐了再向前走。走到监狱里的时候，押解我们的人正和守监的人接洽，我乘隙偷问章先生：“沈先生怎样?”他回答说：“大概也被捕了!”我听了默然微叹，那样冷的深夜，我实在替他老先生担心。我一面心里这样想着，一面囚室的门已开了，便被关了进去，铁格子门下了锁。

我们三个人分住在三个囚室。我进了囚室之后，虽然已觉得疲乏，却睁开我的好像半瞎了的眼睛，四面仔细瞭望一下，看见这个囚室倒不算小，约有十来尺阔，八九尺深，一大半的地位都被一个大床铺占去了，床是用木板搭成的，好像小戏台似的，显然是预备六七个人睡的，虽则这次只是我一个人在里面。囚室里有了这样大的一个床铺，余下来的只是一条狭长的走路的地位。在房的一角，地上有个圆钵头，那大概是预备小便用的。除有一个铁格子的门，墙的高处还有一个小小的铁格窗。天花板的中央有着一盏电灯，射出暗淡的光线。床上有一条蓝布的被窝。我就把这被窝铺在床沿，把被窝的一头卷着一部分当枕头用，便和衣躺在那被窝上面。那段床沿离铁格子门很近，躺在床上看得见门外的暗淡灯光中有安南巡捕来往梭巡着。在孤寂冷静中刚刚睡着，不一会见有人来开铁格子门，把我叫醒，我一跳而起，莫名其妙，巡捕叫我跟着他走，我只得搓搓睡眼跟着走。走出了囚室的铁门，看见章先生和史律师也一同出去，经过了一个天井，转了两个弯，到了另一个监狱，形式和前一个差不多，不过在两排囚室中间的那个甬道里装有火炉。那个便装的法国人说着简单的英语，说这里可以比较温暖些。我猜想这也许是出于他们的好意，叫我们迁住在一个比较温暖的地方。但是我经这样一迁移，躺在床上却一夜睡不着。自问心境坦白，并没有什么忧虑，但不知道为什么就睡不着。后来直到小窗上透进鱼肚白，才朦胧地睡了几分钟，忽然又醒了，醒后虽仍躺在床上，从此就睡不着。等一会儿，有个安南巡捕送进两片面包，一个铅碗盛着的热茶。我看那铅碗的里边似乎积满了茶垢，没有喝的勇气；那两片面包倒是新鲜的，我便咬了两口，但因为并不想吃，所以就放在床边。

身上没有了表，什么时候也不知道，不过觉得天亮了好久，八点钟何以还不肯来！（因为听说八点钟送法院。）后来他们又把我这个“半瞎子”送到政治部的办公室里，再经一次和前一夜大同小异的问话。等待问的时候，章先生也在那里，我们想说一两句话，立刻被翻译阻止，只得默然相对。问话的时候，各人是被隔离开的。后来我被带着转了不少上上下下的楼梯，天井和走廊，到一个地方去打手印。这是我生平第一次打手印，最初一念是不胜愤怒，但转念亡国奴的惨状更甚于现在的遭遇，为着参加救国而打手印，算什么！手印打后，又被带着转了不少上上下下的楼梯、天井和走廊，押回监狱里去。等一会儿又被带出来，又转了不少上上下下的楼梯、天井和走廊，到一个地方去拍照，正面拍了一张，侧面又拍一张。又重新转了不少上上下下的楼梯、天井和走廊，仍被押回监狱里去。等一会儿又被带出来，又转了不少上上下下的楼梯、天井和走廊，到一个地方去量身体、面部、手臂等等。又重新转了不少上上下下的楼梯、天井和走廊，再被押回监狱里去。等一会儿又被带出来，又转了不少上上下下的楼梯、天井和走廊，再干一番打手印的把戏，据说是再须打一套送到英租界去的。我们是在这一天（廿三日）的下午三点钟左右被解往法院的。在这时以前，我这个“半瞎子”就拖着没有带子的皮鞋，上上下下，左左右右，被押来押去。我觉得很有些像做猴戏，我自己被当作一只猴子玩！我继续不断地被押进押出的时候，章先生和史律师也在一起，我们的态度都很从容。

三六　高三分院

廿三日那天从黎明到下午三点钟（这时间是当时向旁人探问才知道的，我身上没有表），为时不能算久，但是在我却好像过了好久的时候，因为带着一对“半瞎”的眼睛，拖着一双没有带子的皮鞋，下身穿着一条没有裤带常常下落的里裤，踯躅兜转了无数次的楼梯、天井、走廊；走廊、天井、楼梯！到了下午三点钟左右，我又由囚室里被提了出来，和章先生史女士同被几个巡捕和法院的法警押到高三分院去。将押出门的时候，史女士先走，我和章先生随在后面，有个法国人用手铐把我的右手臂和章先生的左手臂套在一起，把锁锁上，所以我们两个人不得不并排走。套手铐也是我生平第一次的经验。我突然被套上手铐的刹那间，在脑际所闪过的奇特的感觉，和第一次打手印时一样，觉得这是使我不胜愤怒的侮辱，但想我所以受到这样的侮辱是因为我努力参加救国运动，我应该把这愤怒转变为继续奋斗的力量。我一面这样想着，一面昂首挺起胸膛大踏步走——虽则脚上拖着没有带子的皮鞋，大踏步是格外费力的。捕房离法院很近，不过离开几家的路。我们出了捕房的大门，走过一段马路就到了法院。在马路上走的时候，前后拥着巡捕和法警，还有外国侦探，路人都停住脚，用奇异的眼光看着我们。我们到法院后，和史女士同到待审室里面去。往待审室上楼梯的时候，已有亲友数十人在旁拥聚着等候我们。我们进了待审室后，我和章先生的手铐被开了锁，脱了下来。待审室外面还有一个房间连着，那里有几个法警是被派来监视我们的，但是他们都已知道我们是为着主张团结救国而犯罪的，对于我们表示着很恳切的同情，说“你们的意思，做中国人的谁不赞成!”法警室的外面便是走进法庭的走廊，门是常常关着，偶然开一下，便有亲友们在外面伸着头遥望着，可是我们还不能见面谈话。他们送进来一包水果和饼干，我们三个人这时都觉得饿了，便吃了一些。在这待审室里，我们三个人都可以随便谈话，各人彼此告诉了前一夜被捕的经过。他们两位都是在深夜三点钟左右被捕的。我们三个人都住在法租界，所以都被捕到法捕房来。等一会儿，由外面传进的消息，说前一夜在公共租界被捕的沈、章、王、沙四先生于当日上午十点钟经高二分院开审后，于当天十二点钟即由各人的律师保了出来。我们听了，都觉得快慰。正谈论间，法警室的门又偶然开了一下，章先生瞥见沈先生在门外笑着举手向我们招呼，章先生即对我们笑着欢呼：“沈先生来了！沈先生来了!”我赶紧转眼看时，门又关了，我虽看不见沈先生，但是想到沈先生自己午后才被保出，就不顾劳瘁地跑来看我们，是很可感的。

我们三个人等到四点多钟才开庭。张志让和唐豪两律师代表章先生、史女士辩护，孙祖基律师代表我辩护。先由待审室里提史女士去问，其次提章先生，最后提到我。出席的除一个审判长、两个推事、一个检察官和一个书记官外，还有一个代表法捕房的律师（中国人)。公安局方面也有一个律师代表出席。我在庭上坦白承认我是全国各界救国联合会的执行委员之一，因为我深信参加救国运动既是光明磊落的事情，用不着隐瞒。此外审判长对于我的问话，总结起来不外两点：一是我和共产党有无关系；二是我有没有参加煽动上海日本纱厂罢工。关于第一点，他们所根据的，是我和沈钧儒、章乃器、陶行知诸先生共同公开发表的小册子，名叫《团结御侮的最低条件和要求》，和毛泽东批评这个小册子的公开发布的印刷品。这小册子里所主张的是全国团结，一致对外，有原文可按，这里用不着多说；我们公开发表了主张，谁都可以看，谁都可以批评。检察官当庭就认为这不能作为犯罪的证据。关于第二点，我所做的只是捐了一天的薪水所得，救济在日本纱厂里过牛马生活、罢工后饥寒交迫的中国同胞！就是和我们毫无个人关系的法捕房律师，也当庭宣称，捕房政治部曾经把所搜去的印刷品研究一番，觉得只是爱国的文字，一点没有犯罪的证据，所以不允许公安局移提（即引渡）。结果我们三个人都“责付”律师保出，再交铺保；规定史女士一家铺保，我和章先生各人须有两家铺保。于是我们便于当夜八点钟左右由律师保了出来。

后来有一位青年好友在他给我的一封信里，有一段描写当时的情景：

> 自从先生的不幸案件发生后，我仅看过你一面。那就是在这事件发生后的当天晚上。当那特区法庭准予保释的消息传出时，鹄立门外静候审判消息的我们，原来每一个脸上呈现着忧虑与焦急的样子，顿时变成了欣慰的神情。你就在那数十亲友的庆幸欢笑的声中，走出法庭。我被兴奋的情绪激动着，几乎要流下热泪来。谁预料到第二天你又再度被押呢？

“再度被押”的情形，下面再谈，且说我出法庭后，就被一部分朋友拥进汽车，直驱觉林去吃晚饭。我这时还带着“半瞎”的眼睛，拖着没有带子的皮鞋，领和领带也没有，大家都说我的面孔瘦了好多，面色也憔悴得很，我想这时的形态也许很像上海人所谓“瘪三”了！沈钧儒先生也赶了来，跑进来一见着就两手紧握着我的两臂摇摆，几乎要把我揽抱起来，笑眯眯地好像惊呼似地叫着我的名字，并对我的面孔仔细打量着。他的那样热诚和挚爱的音容，是我永远不能忘却的。我看着他的那样满面焕发着的光彩，活泼泼的举动，自己竟不免觉得惭愧起来，因为我自己失眠了一夜，劳顿了一天，这时实在感到疲乏，虽则精神上是怪兴奋的。

这夜我回家好好地洗个澡，很舒适地睡了一夜。

三七　再被羁押

廿三日夜里在觉林的时候，在座中的朋友已经有人听到消息，说高二分院于当天下午五六点钟又已签出拘票拘传沈先生等四人。大家觉得他们既已“责付”律师保出，尽可随传随到，何必再出拘票呢？所以还在半信半疑中。廿四早七点钟，我起身后就先打一个电活到沈先生的家里，探问他的安全，得到的回答是沈先生昨夜刚安睡了一小时，在深夜一点钟的时候，又被捕房捕去了！随后又有朋友打电话来通知，说王、沙两先生也于同夜再被拘捕，李先生因睡在朋友家里，所以未即捕去。随后又有朋友打电话来，极力劝我避开家里。我就打电话征求我的律师的意见。我告诉他，我既由他保出，对他当然要负责，不能随便走开的，不过既由律师负责保出，尽可随传随到，现竟随意拘捕，很可诧异，我想暂行避到朋友家里去，但是地址要让他知道，以便他随时通知，我即随时可以出来。他赞成我的意思，于是我便匆匆洗脸、整衣、用早餐，叫了一辆汽车，到一个好友家里去暂避。我一到了那一个好友的家里，就接到我妻的电话，说前夜来过的那个大块头（公安局的侦探）又在我们的弄口东张西望了！午饭后我的二妹来看我，因为她听见我咳嗽，特送一小瓶药片给我。我们正在谈话的时候，我的律师有电话来通知，说法院已定下午四点钟开庭，叫我三点钟到他的事务所里一同去，我答应他照办。

我们按时到高三分院报到，但因章先生和史女士未到案，延展到当夜十二点钟才开庭。在开庭前，我被押在法院的法警室，律师和家属都不得进来谈话，我一直在那里等到当夜十二点钟。不过我在法警室里却也不算寂寞，我对几十个法警弟兄们大开其话匣，说明国难的严重和我们的全国团结御侮的主张，他们都听得津津有味，点头称是，待我格外好起来了，倒茶的倒茶，让座的让座！后来我发现其中有几位还是我的读者，我们更成了莫逆之交了。

当夜十二点钟开庭，章先生到了，史女士还是未到。问的答的还是那一套。律师再请求交保，不许。于是我和章先生被几个法警押送到特区第二监狱里去羁押。审判长在押单上批明“予以优待”。

这监狱离法院也很近，所以我们也是步行。走进了一个大铁门，便是监狱所在地了。被带进了一个办公室，向例要由职员问几句话，由他填写在簿子上。他问了姓名、年岁、籍贯后，就问犯的什么罪，我脱口而出地答道：“救国”，他听了这两个字，一点不迟疑地立刻在簿子上写下了这四个字：“危害民国”！使我于哭笑不得中感到幽默的是他那样熟练的神情。

这个手续完毕之后，经过搜查，再向里走，经过第二道门的时候，又经过一次问话。那里有个职员好像对我们演说似的“训”了一大套话，大意说在里面不可以吸香烟，不可以有聚会式的谈话，违犯了是要上镣铐的。他立在一个高高的柜台里说，我和章先生立在柜台外呆呆地听着。随后章先生的香烟盒和钱袋等零物交出代存，我没有什么东西要交出，我带着的那副眼镜也还得架在原处（这是回家时另换一副的）。我们还在那里再打一番手印。我们到了这个时候，手印也打得很熟练了，好像在银行支票上盖个图章一样，伸出手来就是！

这大概就是“予以优待”吧。他们没有把我们放进盗犯们的监狱，却关到幼年监狱里面去。这幼年监狱一进门便是一个小教室，教室的旁边有四个铁格子门关住的小囚室。我们两个人被带到第一个囚室的外面，望望里面约有六七尺宽，十几尺深。排着一个两层的小铁床，一张小木椅（骨牌凳）。近小铁床一头的角落里放着一个马桶。下层的铁床已有一个青年睡着。看守把他叫醒，请他搬到上层。我和章先生进了后，家里的被窝已交来，打算睡觉。余下的铁床只有一层，我们两人之间必须有一人要睡地板，彼此互让不能决，我从衣袋里挖出一个小银角掷在掌上，用另一掌掩着，说明角子的阳面朝上我睡床，阴面朝上他睡床，结果轮着我睡床，他睡地板。我们睡的问题解决了，随进来的几个看守瞥见我的那个银角子，认为也要交出代存的，我只得随手把这个硕果仅存的银角子交给他。

那一夜，我们两个人很安静地睡在那个小囚室里面。

三八　同情和厚意

我不是说过吗？我和章先生在那个深夜里被带到一个小囚室的前面，从铁格子门望进去，就看见里面的小铁床的下层已睡着一个囚犯。他姓周，是一个政治犯，是一个很可敬爱的青年！他当夜听见章先生无意中在谈话里叫了我的名字，引起他的注意，知道是我，表示十分的愉快；他原来也是我的一个读者，我们在精神上已是好友，所以一说穿了，便感到很深的友谊。当我铺床预备睡的时候，他看我们两人里面有一个要睡地板，再三要把他的那一层床让给我们，他自己情愿睡地板，经我们再三婉谢，他才勉强照旧睡下去。第二天清早，隔壁的囚室里就递过来一封长信，是一个二十岁左右的青年写给章先生的。他只听说章先生来了，不知道我也来了，所以信里只急急问起我被捕的情形。他当夜为着这件事，一夜没有睡着，局促着写了这封长信，充满着热烈和挚爱的情绪。他的纯洁、诚恳、坦白、激昂，深深地震动了我们的心弦。后来我们见面了，都感到非常的快慰。他当面谈了还觉不够，也许因为话语还未能尽量倾诉他的衷情吧，又局促地俯在床旁写了一封长信交给我，在信里很诚恳地安慰我，乃至听见我还有咳嗽的声音（这是那几天偶然有的），都使他感到不安，再三叮咛，叫我要为国珍重身体。我很惭愧，觉得实在够不上他的那样厚望。还有一位同监的十九岁青年，大家都叫他做“八十四号”，因为他的囚衣的前后写着“84”两个大字。他是由乡村里来的一个穷孩子，到上海一个烟纸店里做过打杂。因为这家店关闭了，他便失业，为着饥饿所迫，做了一次小偷，被捕进来。他的写的能力很差，但是也自动地在一张小纸片上写了几十个字交给我，虽然像通不通似的，但是对于抗日救国的热烈和对于我们被捕的义愤，也已跃然纸上。

后来听到这几位青年好友的报告，才知道监狱里许多囚犯都知道有我们这样两个人来了，都一致表示愤慨。尤其令人感动的，是一个被判了无期徒刑的盗犯，也在一封信里表示对于国难的关心和对于我们的深切的同情。他虽然用着很粗率的语句叙述他的意见，但是他那一颗火热般的心是谁看了都要感动的！听说全监九百余人为着援助绥远前线抗敌战士，决定全体绝食一天。

就在这监狱里的职员方面，也有许多表同情于救国运动，对于我们两人的被捕，表示深厚的同情。因为他们有职务上的关系，我在这里不能详述了，我只有在这里附笔表示对于他们厚意的深深的感谢。

同监的青年朋友们待我两人的殷勤是很可感的。我们的琐屑的事情，他们都争着代做。例如早晨倒洗脸水，扫地拖地板，饭后洗碗碟等等。监里犯人是各有一个号码的，铁格子门的外面便插有各人号码的硬纸片，职员招呼各犯时只叫各人的号码，不叫各人的名字。我的号码似乎是三百多号，章先生的号码二百多号，现在已记不清了，但是我们的号码虽记在铁门上的硬纸片上，都没有多大用处，因为同监的几位青年朋友不但自己一定要叫我们做先生，同时也一定要看守们叫我们做先生，不许叫号码。他们的那种天真的热诚，看着十分可感而又十分有趣！

我们的小小囚室，每日上午七点钟，由看守把铁格子门开锁，让我们到接连着的小教室里去坐坐走走。那小教室里排有学校里用的木椅桌七八排，我们白天就在那里谈话看书。午饭后，别的囚室的铁门还要关上一小时，各囚犯都要“归号”，我们两人因受优待，可以例外。不过到下午四点半，各囚室的铁门一律都要关上锁好，一律都要“归号”，我们也不能例外，因为白天有个看守监视着，下午四点半后锁上了铁门，一夜到天亮，只每隔几小时有个职员来巡视一次，并没有看守监视着。因此我们到了下午四点半，也只得同样地被关在那个小小的囚室里，局促在那个铁格子门的后面。那个小小的囚室，除放着一架两层的小铁床外，余下来的区域也只有比放一个小铁床的地位差不多，所以我们两人要在这里散散步，便要碰来碰去。碰了几碰，我只得采用折中的办法，章先生跑来跑去的时候，我就坐在那张骨牌凳上；他停走的时候，我就跑来跑去。晚上只在外面那个小教室里有电灯，小囚室里是没有灯的。我们跑得厌了，就拿些书挨在铁格子旁边去看看。

我们到的第二天，原在我们的囚室里的周君自动地搬到隔壁一间里去，所以原来的这一间囚室便只有我和章先生两个人同住了。在这个监狱里（指幼年犯监狱，非全部），除了几个幼年犯外，还有两个原来是监里的“主任”，犯了罪一同关在这里面。到了晚上倒也不寂寞。附近的两个囚室里的几个青年朋友睡在床上大开其“辩论会”，你一句，我一句，对于抗日救国问题也讨论得很激烈。在这些讨论里，你可以听到青年们的坦白的天真的意见。同时你可以听到住在稍远的那个囚室里的两个犯了罪的“主任”大念其佛经，发出喃喃不绝的“南无阿弥陀佛”的声浪来。

两层的小铁床上面铺的是木板。床架不是铁杆做的，只是较厚的铁片做的，在上层睡的人转个身的时候，全部的床架都有摇摆的姿态。章先生的身体比我高大，我怕他梦中转身，“牵动全局”，也许要把铁床翻倒，所以让他睡在下层，我睡在上层。我夜里在床上转身的时候，仍要很谨慎地慢慢地转，免得床身震得过响，以致惊动他的好梦。

我和章先生从来没有同住过，想不到一同住就住到这样一个小小的囚室里；但是我们想到全狱的朋友们对于我们的同情和厚意，却给予我们一种说不出的愉快和安慰的情绪。

三九　地方法院

我们在上海特区第二监狱里关了两天。到廿六日那一天下午，我们在四点半后照例“归号”，铁格子门锁上了，我们两人照常在那小囚室里拥挤着。七点钟左右，忽有一个看守进来说“接见”。所谓“接见”，是监狱里允许囚犯接见家属亲友。我们两人虽觉得那样晚的时候，怎样还有“接见”，但是既经说有，我们便匆匆随他出去。到了外面，才知道是要到法院去开庭的。离开监狱的时候，还照例在簿子上打个大拇指的手印。

到了高三分院的法庭以后，才知道是上海地方法院（在租界以外的法院）来“移提”。我在前面曾经说过，廿三日和廿四日两次在高三分院开庭时，公安局都是要把我们“移提”的，捕房律师因为没有犯罪的证据，两次拒绝“移提”。据说根据上海法租界和中国政府的协定，除中国的司法机关可以无需证据即可向捕房或特区法院“移提”犯人外，像公安局一类的机关要做这件事，必须拿得出证据才行。因为这个缘故，他们便设法转个弯儿，由上海地方法院出面来“移提”。结果当然是达到了他们的目的。其实我们所要求的是无罪当庭开释，至于“移提”不“移提”，并不在意；现在一定要“移提”，“移提”就是了。“移提”的理由据说是“妨碍秩序嫌疑”！

我们在高三分院法庭的时候，地方法院已派了好几个法警等着，一出法庭，便被他们拥上汽车，往城里驶去。我和章先生各乘一辆汽车，左右各有两个法警押着。我们这几天好像被猫衔着的老鼠东奔西窜似的，原已不足为奇，我们所觉得不无抱憾的，是没有机会和同狱的那几个青年好友握别罢了。

到了地方法院之后，我和章先生被几个法警押进待审室。待审室有三四个大房间，用木板隔开的。我和章先生是隔离着的，各人关在一个大房间里面。房里四周用木板搭成长凳，门上有个四方形的洞穴，外面的人可从这个方洞向内望。里面很陈旧龌龊，我一踏进门口，就觉得尿气熏鼻，臭不可当。我于诧异间仔细向四周望望，原来房里摆着一个大马桶，其大无比，好像寻常人家用的大米桶。等一会儿，有个青年法警跑到方洞口张张望望。我看他很和善的样子，便和他谈了几句话，知道他们弟兄们都是很窘苦的，每月九块钱，一切在内，个人还不够用，养家更不得了。又等一会儿，又有一个人在方洞口张望，轻声问我是不是某先生，我说是，略谈之下，才知道他也是我的读者，在法院里任职员，正在吃晚饭，听说我来了，连饭都不吃，特跑来安慰我。他的办公时间原已完了，因为我来，一定要等我审完，好好招呼我进了看守所才肯回去。我说他一天辛苦，要回家休息，不必等我。他不肯，直等到一切布置妥当后才肯离开。

约等了半小时模样，传审了，审得很简单，照例由检察官问姓名、籍贯、年龄、住址等等之后，问起参加救国会的事，问起救国会的宗旨，问起有没有参加煽动日本纱厂工潮。审后再押回待审室坐了一些时候，便押往看守所羁押。

总算优待，原来八个人住的一间囚室，经他们撤清打扫之后，由我和章先生两人同住。房里有一张大木桌可以放些零物。电灯一盏高高地装在两个房间的隔墙上面的方洞里，夜里在房里是看不出什么的，我们到九点钟就安排睡觉，怕有臭虫来光顾，特把木榻搬得离墙远远的。最使我注意的是在那样一个小房间里，也排有待审室里同样大的一个大马桶！第二早起身后，照例打手印，我们这时已打得更熟练了，打出的印子似乎已有了相当的进步！打完了手印，还要一同到天井里去照一张相片。这张相片照得怪有趣！我和章先生各人坐在一只骨牌凳上，列在一排照的；每人坐着，腹前还放着一块石板（好像小学生做算学用的，黑色，上面可用粉笔写字），我的那块石板上面写着雪白的几个大字是“第三千几十号某某（区区的名字）妨碍秩序嫌疑”，章先生的那块石板上面写的相同，不过号码和姓名改一改就是了。我们昂然同坐着照了一张这样的相片。事后我对章先生说，最好能讨得一张取来放大，将来可以高高地悬在客厅里面，让许多朋友“瞻仰瞻仰”，倒是一种很好的纪念。

四〇　押在公安局

在上海地方法院的看守所里只关了一天一夜，廿七日下午六点钟左右，又像老鼠被猫衔在嘴里奔窜着，由地方法院转解到公安局里去。我们先由看守所里被提出来，重新光顾待审室一次，不过这时我和章先生两个人同被押进一间待审室里去等候着。这时的法警对我们比初来的那天客气得多，大概他们都知道了我们是为着参加救国运动才到这里来的。等一会儿，我们先后被传审，检察官虽换了一个，但是问答内容还是上次那同样的一套。不过这次那位审问我们的检察官却充满着同情和歉意，拿出公安局的公文给我们看，里面说要移提我们去和沈先生等四位"对质"。检察官宣布之后，我们也没有什么话说，走出法庭后，就有公安局派来的人员迎上来押着出去。法院里有几个职员赶出来和我们握手送别，我们又觉到爱国的同胞们随处给予我们的同情和厚意的可感。我无意中和章先生说出了这一句话，在旁边同走的那位公安局的科员插着说："这是各位先生人格的感动。"我说："这倒不是我们几个个人的人格问题，却是有许多同胞不愿做亡国奴的心理的流露!"

我们随着一群公安局的侦探、警察和科员，拥出了法院的门口，分乘汽车直驶公安局而去。

这时沈先生等四位已押在公安局三四天了，我们一进公安局，就被引到他们的房间里去。我们在患难中相见畅谈，当然是格外快慰的，彼此诉说了一番经过的情形，又说了不少互相安慰的话语。我看看他们所住的房间还算清洁，是在二层楼上，前面有个露台，露台的前面是大天井，立在露台上可以看着公安局的大门；房的后面靠壁处并列排着四个小铁床，便是他们四位的床铺；这一列铁床的前面有个屏风遮着，屏风的外面放着一张圆桌、几张椅子，便是我们吃饭和相聚谈话的地方。我踏进房里一会儿之后，觉得奇特的是总有一个不相识的人立着或坐在一个角落里，我已直觉地知道这一定是用来监视我们的；后来知道他确是侦察队的侦探，奉命来监视的。房前的露台上还有四五个“武装同志”（警察）在那里监视着。房的右边有个客厅，来访问的人可以在那里坐坐，由客厅通到外面的那个门是常常锁好的。我们要大小便的时候，便有一个“武装同志”跟着我们经过这个门，在厕所门前守着，直等到陪着我们回到原处。

我和章先生两人的卧室是在这个大房间的左边一个小房间里。他们已在几天前就替我们备好了两架小铁床。自从我们两人来了之后，又加派了一个侦探来监视。纵然是做侦探，也还是中国人。我们所干的是救国运动，我们所谈的也只是关于抗日救国的事情；我们不但用不着避他们，而且当着他们大谈我们对于救国的主张，大讨论我们对于救国的意见；侦探们听了不但不觉得我们是什么大逆不道，而且深切地表着同情！他们和我们相聚了几天，竟变成我们的同情者，甚至觉得每日来监视我们是一种不得已的痛苦和职务。不但侦探们如此，就是那些“武装同志”也成了我们的朋友！

但是他们对于职务还是不得不奉行故事的。他们不但整日里要陪着我们，而且整夜都要陪着我们，虽然他们是三四小时轮班一次的。在白天，只有侦探在我们的房里，到了夜里，大概因为露台上寒冷，所以连“武装同志”都跑到房里来坐到天亮。这倒也是我生平第一次的经验：躺在床上睡的时候，也有一个“文装同志”（侦探）和几个“武装同志”整夜睁着眼睛，一直“侍卫”到天亮！

我们到了三四天之后，有一个夜里，局里的第三科科长请我们在客厅里个别谈了一次话，留下了笔录。他很客气地问了我们一番话。问和答的内容都和在法院里那一套差不多，不过特别问起我们和“火花读书会”有没有关系。这个名称我事前根本就没有听见过，关系更说不上了。公安局局长几于每天都来很客气地招呼一下。头几天准许接见，访问者非常的多，那个客厅常告客满，天天好像举行什么盛会似的。后来当局有些怕了，除家属外，禁止接见其他的亲友。看报也不自由，每天由他们送来一种他们认为无关重要的报，有的时候一种也没有。我们每天的时间却过得很快。上午七点半起身后，同在客厅里早操。有的打太极拳，有的柔软体操，各干各的。早餐后最重要的事是催报看，有时看得到，有时看不到。可以接见的时候，差不多一天到晚忙着见客。后来只许接见家属，除开六人“讨论会”或“谈话会”外，有的下围棋，有的下象棋，有的看书，便很快地过了一天。我们每天所最关心的消息是绥远抗战的情形怎么样了，其次便是关于我们自己何时释放出来的消息；有时听说他们要把我们送往莫干山去，有时听说他们要把我们送往杭州去，最后几天听到的消息是要把我们送往苏州高等法院去。

四一　高等法院

十二月四日的下午一点半的时候，我们刚才吃完午饭，公安局第三科科长跑进来，说立刻要送我们到苏州高等法院去。我们突然得到这个“立刻”动身的消息，想打个电话给家属通知一下，免得家人挂念，而且我们里面还有人要叫家属送铺盖来，但是这位科长说不可以，“立刻”就要动身，不能等候了。我们对于这种迅雷不及掩耳的手段都有些气愤，虽则我们都很镇定。沈先生说：“好！走就走！”先去动手整理零物，包卷他的铺盖。这样匆促的把戏，我从来也没有过经验，不免又引起我的奇特的感触，但看见年高德劭的沈先生已在着手卷铺盖，我也就抑制着我的愤懑的情绪，动手归拢零用的东西，包卷我自己的铺盖。在匆匆几分钟的时间里，大家都把行李包卷好了，便打算滚我们的蛋。临行时公安局局长自己也跑到房里来打招呼，说他也是临时才奉到命令，对不起得很，并说他心里也觉得不好过。我们没有什么话说，只谢谢他对于我们的优待。

我们从上海被押解到苏州，不是由火车，用一辆大汽车（好像公共汽车），有十几个“武装同志”和几个侦探一同坐在里面，所以把全车坐得满满的。公安局第三科科长和其他两个职员另坐一辆寻常的汽车在后面跟着。

我们的“专车”沿着从上海往苏州的公路走。上车的时候，公安局局长亲自送上车，叫“武装同志”坐到后面去，留出前面的位置让给我们坐。最后他又向我们一一握手，连说“对不起得很”。

我们和上海暂时告别了！车子向前急驶着，由玻璃窗向四野张望，感到如此大好河山，竟一天天受着侵略国的积极掠夺，而受着惨酷压迫的国家还未能一致对外，这是多么可以痛心的事情！车子行到半路，李公朴先生立起来对同车的“武装同志”演讲国难的严重和我们的全国团结御侮的主张。他讲到激昂时，声泪俱下，“武装同志”们听了都很感动，有些眼眶里还涌上了热泪。随后他们还跟着我们唱《义勇军进行曲》。

下午四点钟到苏州了。汽车不能进城，我们各乘着黄包车，两旁由那些“武装同志”随伴着走。街上和店铺的人们望着莫名其妙，都现着诧异的神情；大概他们看到形势的严重，车子上坐的又不像强盗，所以使他们摸不着头脑。有几个“武装同志”在车旁对我们说：“先生！我不是来押你的，是来保护你的。”走到半路，因为时间不早了，“武装同志”也纷纷乘黄包车成了一条很长的蛇阵，蜿蜒着向前进。到高等法院的时候，已上了灯火。由上海伴送我们来苏的一群人都纷纷来和我们握手告别，尤其是那些“武装同志”们对于我们表示着非常恳挚的同情。

我们六个人同坐在待审室里面等开审。在这里所见的法警的装束，和在上海的有些不同。上海法院的法警装束，和我们寻常所见的警察装束差不多；苏州法警穿的是宽袍大袖的黑外套，头上戴的是一顶黑漆的高顶帽子。沈先生是一位老资格的大律师，法警都认识他，很客气地和他打招呼，泡了茶送进来喝。

一会儿开审了，我们各人先后分别地被审问。所问的内容和在上海所问的大同小异，不过增加了一些。简单说起来，不过包括下面的这几点：（一）停止一切内战；（二）释放一切政治犯；（三）联俄；（四）曾否主张人民阵线？（五）曾否煽动上海日本纱厂罢工风潮？我们的答辩：对于第一点，我们的目的是要全国一致抗日，而且承认中央的领导权，没有推翻政府的意思。关于第二点，也是要集中人材来抗日救国。关于第三点，也是以有利于中国抗日救国为目的，而且同时主张联英、美、法。关于第四点，我们所主张的是民族阵线，未曾主张人民阵线；前者是以拯救民族危亡为要旨，是要一致来对外的，后者是以阶级为中心的，是含有对内的意味。关于第五点，我们因为日本纱厂里面的中国同胞在罢工后饥寒交迫，捐了一些钱救济救济，并未煽动工潮。

审问之后，由几名法警押着我们乘黄包车到吴县横街高等法院的看守分所。那时已在夜里几点后，街道上的人已很少了，但是有些人看见一群法警在几辆黄包车的左右随着走，仍对着我们发怔。

四二　看守所

苏州高等法院是在道前街，我们所被羁押的看守分所却在吴县横街，如乘黄包车，约需二十分钟可达。凑巧得很，在我们未到的三个月前，这分所刚落成一座新造的病室。这个病室虽在分所的大门内，但是和其余的囚室却是隔离的，有一道墙隔开。这病室有一排病房，共六间；这排病房的门前有个水门汀的走廊，再出去便是一个颇大的泥地的天井；后面靠窗处有个狭长的天井，在这里有一道高墙和隔壁的一个女学校隔开。各病房是个长方形的格式，沿天井的一边有一门一窗，近高墙的一边也有一个窗。看守所的病室当然也免不了监狱式的设备，所以前后的窗上都装有铁格子，房门是厚厚的板门，门的上部有一个五寸直径的小圆洞，门的外面有很粗的铁闩，铁闩上有个大锁。夜里在我们睡觉以后，有看守把我们的房间锁起来；早晨七点钟左右，他再把这个锁开起来。此外附在这座病室旁边的，右边有一个浴池式的浴室（即浴室里面是用水门汀造成的一个小浴池），左边有两个房间是看守主任住的。天井和外面相通的地方有两道门：靠在里面的一个是木栅门；出了这木栅门，经过一个很小的天井，还有一个门，那门的格式和我们的房门差不多，上面也有个小圆洞。在这两道门的中间，白天有一个穿制服的看守监视着，夜里我们睡了以后，一排房门的前面也有一个看守梭巡着，一直巡到天亮。他们当然要轮班的，大概每四小时一班。另外有一个工役穿着灰布的丘八的服装，替我们做零碎的事务，如扫地、洗碗、开饭和预备热水、开水等等。他姓王，我们就叫他做“王同志”。这位“王同志”是当兵出身，据说前在北伐军里面曾经上战场血战过十几次，不过他说“打来的成绩归长官，小兵是没有分的”。他知道了我们被捕的原因之后，也很表示同情。

我们所住的病房是一排六间，上面已经说过。各房的门楣上有珐琅牌子记着号数。第一号和第六号的房间是看守和工役住的；第二号用为我们的餐室和看书写字的地方；第三号是沈、王两先生的卧室；第四号是李、沙两先生的卧室；第五号是章先生和我的卧室。餐室里有两张方桌，我们买了两块白台布把两个桌面罩起来，此外有几张有靠背的中国式的红漆椅子，几张骨牌凳。天气渐渐地寒冷起来，经检察官的准许后，我们自己出费装了一个火炉。我们几个人每日的时间多半都消磨在这个餐室里面。每个病房本来预备八个人住的，原有八个小木榻，现在为着我们，改用了两个小铁床，上面铺着木板，把原来的八个小木榻堆叠在一角。这样的小铁床，我们几个人睡在上面都还没有什么问题，不过不免苦了大块头的王造时先生！王先生的高度并不比我们其他的几个人高，但是他却是从横的方面发展，睡在这样的小铁床上面，转身是一件很费考虑的工作，一不留神，恐怕就要向地上滚！沈先生用的本来也是小铁床，后来他的学生来探望他，看见他们所敬爱的这位高年老师睡的是木板，很觉不安，买了一架有棕垫的木床来送给他。沈先生最初不肯用，说我们六人既共患难，应有难同当，他个人不愿单独舒适一些；后来经过我们几个人再三地劝说，他才勉强收下来用。沈先生的学生满天下，对于他总是非常敬爱，情意殷勤，看了很令人感动。我一方面钦佩这些青年朋友的多情，一方面也钦佩沈先生的品德感动他的学生的那样深刻。

我们虽有一个浴池式的浴室，但是不知道什么地方出了毛病，屡次修不好，所以一次都未曾用过。我们大家每逢星期日的夜里，便在餐室里洗澡。用的是一个长圆式的红漆木盆。因为天气冷，夜里大家仍须聚在餐室里面，所以一个人在火炉旁大洗其澡的时候，其余几个人仍照常在桌旁坐着；看书的看书，写信的写信，写文的写文，有的时候下棋的下棋，说笑话的说笑话。先后次序用拈阄的办法。第一次这样“公开”洗澡的时候，王造时先生轮着第一，水很热，他又看到自己那个一丝不挂的胖胖的身体，大叫其“杀猪”！以他的那样肥胖的体格，自己喊出这样的“口号”，不禁引起了大家的狂笑！以后我们每逢星期日的夜里洗澡，便大呼其“杀猪”，虽则这个“口号”并不适用于每一个人。

四三　临时的组织

我们所住的高等法院看守分所里的这个病室，因为是新造的，所以比较地清洁。墙上的白粉和墙上下半截的黑漆，都是簇簇新的；尤其侥幸的是没有向来和监狱结着不解缘的臭虫。房前有个较大的天井，可以让我们在这里走动走动，也是一件幸事。我们早晨七八点钟起身以后，洗完了脸，就都到这个天井里去运动。我们沿着天井的四周跑步。跑得最多的是公朴，可跑五十圈；其次是乃器，可跑廿五圈；其次是造时和我，可跑二十圈，虽然他后来减到十五圈，大概是因为他的肥胖的缘故；其次是千里，可跑十七圈，他很有进步，最初跑九圈就觉得过于疲乏，后来渐渐进步到十七圈。就是六十三岁的沈先生，也有勇气来参加；他最初可跑五圈，后来也进步到七八圈了。跑步以后，大家分道扬镳再去实行自己所喜欢的运动。沈先生打他的太极拳，乃器打他的形意拳，千里也从乃器学到了形意拳，其余的都做柔软体操。早餐后大家开始各人的工作。有的译书（造时），有的写文（乃器和我），有的写字（沈先生和公朴），有的温习日文（千里）。午饭后略为休息，再继续工作。晚饭后有的看书，有的写信，有的下棋。有的时候因为有问题要讨论，大家便谈做一团，把经常的工作暂搁起来；有的时候偶然有人讲着什么笑话，引得大家集中注意到那方面去，工作也有暂搁的可能。在准许接见的时期内，几于每天有许多朋友来慰问我们。本来只认识我们里面任何一个人的，进来之后也要见见其余的五个人；这样一来，经常的工作也要暂时变动一下，虽则我们都很希望常有朋友来谈谈，换换我们的单调的生活。但是自从西安事变发生以后，竟因时局的紧张，自十二月十四日以后，完全禁止接见，连家属都不准接见，于是我们几个人竟好像与世隔绝了！直至我拿着笔写这篇文字的时候（廿六年的一月十三日），还是处在这样与世隔绝的境域中，我们的苦闷是不消说的。

不幸中的幸事是我们共患难的有六个朋友，否则我们恐怕要孤寂得更难受。我们虽然是在羁押的时候，却也有我们的临时的组织。我们“万众一心”地公推沈先生做“家长”。我们都完全是纯洁爱国，偏有人要误会我们为“反动”，所以不用“领袖”，或其他含有政治意味的什么“长”来称我们所共同爱戴的沈先生，却用“家长”这个名称来推崇他；我们想无论如何，总没有人再能不许我们有我们的“家长”吧！此外也许还有两个理由：一个理由是我们这几个“难兄难弟”在患难中的确亲爱得像兄弟一般；还有一个理由便是沈先生对于我们这班“难兄难弟”的爱护备至，仁慈亲切，比之慈父有过之无不及，虽则以他那样的年龄，而天真、活泼、勇敢、前进，却和青年们没有两样。除了“家长”之外，大家还公推其他几种职务如下：乃器做会计部主任。他原是一位银行家，而且还著过一本很有精彩的《中国金融问题》。叫他来管会计，显然是可以胜任的。关于伙食、茶叶、草纸等等开支的财政大权，都握在他的掌中。造时做文书部主任。这个职务虽用不着他著《荒谬集》的那种“荒谬”大才，但别的不说，好几次写给检察官请求接见家属的几封有声有色的信，便是出于他的大手笔；至于要托所官代为添买几张草纸、几两茶叶，更要靠他开几张条子。公朴做事务部主任。稍为知道李先生的想都要佩服他的干事的干才，他所管的是好好贮藏亲友们送来的“慰劳品”，有的是水果，有的是菜肴，有的是罐头食物，有的是糖饼。他尤其要注意的是今天吃午饭以前有没有什么红烧肉要热一下，明天吃晚饭以前有什么狮子头要热一下！（虽则不是天天有肉吃。）大家看见草纸用完了，也要大声狂呼“事务部主任”！所以他是够忙的。千里是卫生部主任。他的职务是比较的清闲，谁敢偶然把香蕉皮或橘子皮随意抛弃在桌上的时候，他便要低声细语道：“卫生部主任要提出抗议了！”我被推为监察，这个名称怪大模大样的！我记得监察院院长似乎曾经说过，打不倒老虎，打死几只苍蝇也好；在我们这里既没有“老虎”可打，也没有“苍蝇”可欺，所以简直有“尸位素餐”之嫌，心里很觉得不安，便自告奋勇，兼任文书部和事务部的助理，打打杂。会计部主任和事务部主任常常彼此“捣乱”，他们每天要彼此大叫“弹劾”好几次！

四四　我们的“家长”

我现在要谈谈我们的“家长”。

稍稍留心中国救国运动的人，没有不知道有沈钧儒先生其人。我认识沈先生还在前年（一九三五）十二月底组织上海文化界救国会的时候。我记得那时是文化界救国会开着成立大会，沈先生做主席。我那时还不知道他的年龄，也不详细知道他的生平，只看见他虽有着长须，但是健康的体格、洪亮的声音、热烈的情绪、前进的意识，都和青年没有两样。后来我因为参加救国会，和沈先生来往比较多一些，我更深深地敬爱沈先生的为人。最近因共患难，更有机会和他接近，更加深了我对于他的敬爱。他不但是我所信任的好友，我简直爱他如慈父，敬他如严师。我生平的贤师良友不少，但是能这样感动我的却不多见。我现在要很简要地介绍这位赤诚爱国的“老将”的历史。

沈先生号衡山，浙江嘉兴人，生长在苏州。七八岁时入家塾，十六岁进秀才，三十岁中举人，三十一岁中进士。但是沈先生却忽然脱离了科举的束缚，就在这一年到日本去进法政大学求学。他三十四岁时回国，在北京办过短时期的日报，几个月后回到浙江。当时立宪运动正在发展，他便在浙江筹备地方自治，筹备咨议局，当选为副议长。同时兼任浙江的两级师范监督（即校长），鲁迅先生就在这个时候在该校教授理科。后来他加入孙中山先生所领导的同盟会，辛亥革命成功后，他担任浙江教育司司长，后来辞职应选国会议员（因官吏不得应选）。袁世凯称帝，沈先生奋起反对洪宪，几为所害，回到南方。广州的护法政府成立的时候，他到广州，任参议院议员，兼总检察厅检察长。后来护法政府取消，北京政府改组，他北上重任参议院议员，兼该院秘书厅的秘书长（时在民国十一年）。后来曹锟贿选，沈先生也是激烈反对的一人。十五年回到南方，参加国民革命，组织苏、浙、皖三省联合会，反对孙传芳。同年冬季受蒋介石氏（这时做总司令）委任组织浙江临时省政府，中经反动的军队反攻，处境非常危险。民国十六年浙江全在国民政府统辖之下，分政务和财务委员会，分科无厅，除主席一人和秘书长一人外，其余四科的科长也由省府委员分任。沈先生当时任政务委员兼秘书长。“清党”后因误会被拘七天，到南京后因谅解恢复自由。回到上海以后，法学院因副校长潘大道被刺，聘沈先生担任该校教务长，直到现在。民国十七年起并执行律师职务，被选任上海律师公会常务委员，已有五年多了。

我们看了这样的经过事实，虽尽管说得简单，但已可看出沈先生二三十年来总是立于国家和民众的立场，作继续不断的奋斗，一直到现在还是丝毫不懈的向前迈进。他参加过辛亥革命，参加过护法之役，又参加过国民革命。他曾有过三反：反对袁世凯称帝，反对曹锟贿选，反对孙传芳阻碍国民革命。他在行动上实行这“三反”的过程中，冒着出生入死的危险，都在所不顾。我们一方面感到沈先生的政治经验——革命经验——的丰富，一方面感到沈先生百折不回的毅力。现在这位赤诚爱国的“老将”，又用着同样的精神，参加当前的最艰危阶段的救国运动了！我们为着民族解放的前途，要竭诚爱护我们的这位“老将”！

我觉得陶行知先生的《留别沈钧儒先生》一首诗，很能说出这个意思，我现在就把它写在这里：

（一）

老头，老头！
他是中国的大老；
他是同胞的领头。
他忘记了自己的头，
要爱护别人的头。
惟一念头，
大家出头。

（二）

老头，老头！
他是中国的大老；
他是战士的领头。
冒着敌人的炮火，
冲洗四十年的冤仇。
拼命争取，
民族自由。

（三）

老头，老头！
他是中国的大老；
他是大众的领头。
他为老百姓努力，
劳苦功高像老牛。
谁害老头？
大众报仇。

（四）

老头，老头！
他是少年的领头。
老年常与少年游，
老头没有少年愁。
虽是老头，
不像老头。

在这首诗的后面，陶先生还加有一段附注，也很值得介绍：

沈钧儒先生，六十三岁的老翁，在上海领导救国运动，亲自参加游行示威，走四五十里路，不觉疲倦。今年一二八到庙行公祭沪战无名英雄，我曾追随先生参加游行。现读《永生》，见一照片，知为公祭五卅烈士之影，前排有个老少年，仔细看来，知道是先生，回寓即想写一首诗表示敬意。但行色匆匆，诗思不定，到新加坡前一日才写成。现飞寄先生清览，并致联合战线敬礼。

这段附注里的“老少年”三字，我觉得是形容沈先生的最好的名词。沈先生这次在上海被捕之后，曾在捕房的看守所里冰冷的水门汀上静坐了一夜——在那样令人抖颤的一个寒夜里！但是这种苦楚在他是丝毫不在乎的。自从我和沈先生同被拘捕以来，每看到他那样的从容、那样的镇静、那样的只知有国不知有自己的精神，我不由得受到了很深的感动，反顾我自己这样年轻人，为着爱国受些小苦痛，真算得什么！这样一来，我的心也就安定了许多。

沈先生有四个儿子和一个女儿，都是很贤孝的，他们父子间的亲爱，也是令人歆羡不置的；沈先生伉俪情爱极笃，他的夫人去世以后，他于慈父之外，还要兼着慈母的职务。他的大儿子是留学德国的医生，二儿子是留学德国的土木工程师，他们两位都在国内为社会服务了；三儿子在日本学习商业管理，四儿子在德国学习电机，女儿在金陵女大学理科。以沈先生的地位，尽可以做“老太爷”享福了，但是这位“老少年”为着救国运动，宁愿含辛茹苦，抛弃他个人的一切幸福。

我们不但要学沈先生的为国牺牲的精神，还要学他的至诚的爱；他以至诚的爱爱他的子女，以至诚的爱爱他的祖国，以至诚的爱爱他的朋友，以至诚的爱爱他的同志！我深深地感觉到沈先生的全部生命都是至诚的爱造成的！

我为着中华民族解放的前途，虔诚地为我们的“家长”祝福！

四五　“难兄难弟”的一个

除“家长”外，我们还有几个“难兄难弟”，倘若这里所用的“难”字可作“共患难”的“难”字解。他们的尊姓大名，我想读者诸友也许都已经知道了，那就是和我同时被捕的几个朋友。让我先谈谈章乃器先生。

我记得第一次看见乃器的时候还在十年前。当时他已在浙江实业银行做营业部主任，因为想办《新评论》半月刊，由一位朋友介绍他到时事新报馆来看我。我们所谈的全是关于出版刊物的情形，我一点不知道乃器是怎样的一个人。不久他在华安保险公司楼上结婚，特约我去观礼，并临时“拉夫”，要我起来说几句话，这是我第二次和他见面。此后我们很少遇着，直到上海文化界救国会成立以后，我们晤谈的机会才渐渐地多起来。我们的友谊的加深，惟一的媒介可以说是救国运动。尤其使我肃然起敬的，是他为着参加救国运动，虽牺牲二十年辛苦所获得的行长位置而毫不顾惜。自从他和我一同被捕以后，从捕房的监狱起，中间经过上海特区第二监狱、上海地方法院看守所、上海公安局以及苏州高等法院看守分所，我们总是羁押在一起。他所念念不忘的只是民族解放的前途，救国运动的开展；至于对他自身的遭遇，我从未听见过他有一言一语的自怨自怼。我对于他的纯洁爱国的精神，得到了更深刻的认识。

乃器的性格是偏于刚强的方面，但却不是无理的执拗；他和朋友讨论问题，每喜作激烈的争辩，只要你辩得过他，他也肯容纳你的意见，否则他便始终不肯让步。有些朋友觉得他在争辩的时候有时未免过于严厉些，但是知道他的性格的人，便知道他心里是很纯洁的，是很热烈的，一点没有什么恶意。

在上海特区高三分院法庭审问的时候，审判长问到他曾否煽动上海的日本纱厂罢工，引起了他的抑制不住的愤怒，他昂首睁圆着眼睛大声疾呼地答道："我觉得很惭愧！因为我的力量还不够！倘若我有力量煽动日本纱厂罢工，我要很骄傲地回答审判长：我曾经煽动日本纱厂罢工！"审判长停了好一会儿，才又问道："你如果有力量，是要煽动的，那你至少是同情的。"乃器又不假思索地高声答道："是！"他接着又发出他的狮吼："中国工人在日本纱厂所受的虐待，和猪猡一样，请审判长问一问全法庭的每一个有良心的中国人，对于本国同胞遭受到侵略者这样惨酷的待遇，谁不表同情！"站在左右的法警弟兄们，听到他这几句激昂慷慨的话语，也不自觉地大点其头！

我和乃器同做了囚犯之后，对于他由穷苦奋斗出来的经历，也比较地更清楚些。他生于浙江青田的乡间，求学的机会很少，二十岁在杭州的浙江省立甲种商业学校毕业后，就进浙江实业银行做练习生，每月只得津贴两块钱。一年后他辞职往北方入通县农工银行做营业主任。这是一个附属于财政部的小银行，号称营业主任，月薪只有十六元。一年后升任襄理兼营业主任，月薪加了十块钱，但是和当时政府有关系的银行，政局有些变动，办事人的饭碗也随着变动，因此即此月薪廿六元的襄理，他只做了不到一年，便滚蛋了。刚巧在北京有美国人和中国人合设中美实业公司，经营贸易和投资，美国人做经理，会计主任请他做，月薪有八十元，而且供膳宿，但是只做了三个月，因为代表美国人利益的洋经理擅用威权，他又愤然辞职。这样一来，二十四岁的章乃器又陷入了失业的恐慌境域，过着半年的很穷苦的流浪生活。随后回到上海，浙江实业银行的当局请他回到银行里去做营业部科员，月薪二十二元。十几年来因劳绩逐渐升任副经理兼检查部主任，后来又兼任中国征信所董事长，现在为着参加救国运动，都一笔钩消了！

从乃器的经历里，很显然地可以看到他办事的勇于负责，更可以看到他的正直的性格是在随处流露着。我尤其感触的是常人在职业上的位置愈高，往往愈颓唐，暮气愈深，学识也愈退步；乃器便完全两样。我们每读他的文章——尤其是两三年来有关救国问题的文章——没有不感觉到他从实践中得来的学识是时刻在那里前进的。

四六　“难兄难弟”的又一个

其次要谈到“难兄难弟”的又一个——李公朴先生。

上节谈过的章先生是银行练习生出身；倘若练习生可算是摩登学徒的另一名称，那么李先生却也有着相类的发源，他原来做过镇江一家京广洋货店的学徒！他原籍常州，生长在镇江，十三岁的时候就被送到京广洋货店里去“学生意”。一学就学了三年半，除最后一年每月有一块钱的收入外。其余的时候，每月只得到所谓“月规钱”两角！他十六岁“满师”，但是他刚刚“满师”就开始“不安分”了！这个时候他就在“五四”运动的怒潮中发起爱国团，参加抵制日货，攻击店主卖日货，结果被开除！我觉得公朴的最大特点是有勇气，不怕难。就在这个时候已可见端倪了。

幸亏有他的阿兄公愚先生的帮助，勉强入校求学。在武昌文华大学附中只读了一年半，因校医虐待学生，酿成学潮，开除百余人，他是附中学生代表之一，也被开除，于是被开除的学徒又做了被开除的学生！他只得转学，最后转到沪江大学的附中，总算毕了业；但是在沪大一年级的时候，他又“不安分”了！他加入国民党，参加革命，从广东随北伐军出发，经福建浙江而到达上海，做政治工作。到民国十八年，美国某大学有给予中国学生奖学金的机会，他便毅然赴美留学。在他动身的前几天，他的盘川还未筹足；

可是他并不灰心，还是极力设法，终于得到朋友们的协助，达到他的目的。他到美国以后，很热心地替《生活》周刊写通讯，我和他做朋友，就在这个时候开始。我替所主持的刊物选稿向来是很严格的，那时的公朴，思想还不及现在的成熟，写作的能力也还不及现在的好，他的来稿并不是篇篇都登得出的，但是他却不管这些。你登，他很兴奋地再写来；你不登，他还是很兴奋地再写来！在这件事里也可以看出他的有勇气，不怕难。

他在美国虽有奖学金，仍不够用，所以同时还过着工读的生活。以这样一个穷学生，毕业后居然还心花怒放，要从他的学校所在地的仆特冷（Portland）到纽约去看看！可是没有盘川。他得到一个朋友的介绍，去见一个轮船公司的经理，想在他们开往纽约的货船上做工，免费乘到纽约去。那里的工头们看他是中国人，不肯传达，叫他出去！他过一两天又去问，又被叫着出去。他不怕麻烦，继续着去问了十几次，才碰到那经理，结果许他在船上做些工作，途中弯了许多码头，整整一个月才到纽约。他在船上和水手们同干着笨重的苦工，还偷闲看他的书！这是他的有勇气不怕难的另一表现！

他回国以来，对于民众教育特别努力。除他所创办的《读书生活》外，尤其有成绩的是他四年来在上海所办的补习学校和流通图书馆。补习学校的数量由一个增加到八个，学生的人数由两三百人增加到四千五六百人。图书馆里的书籍由两千册增加到三万册，登记的读者由两三百人增加到两万人。补习学校的最近的全部经费，每年不及五万元；图书馆的经费最初每年不过五千元，最近每年也不及一万五千元。这些在中国都打破了纪录！在这图书馆里还附设有读书指导部，在中国也可算是创举。这些还是在表面上，在数字上，可以看得见的方面。至于经费支绌时的奔走经营，黑暗势力压迫时的艰苦支撑，那却不是局外人在表面上所看得到的。倘若不是有勇气不怕难，这个责任是很不容易担负起来的。

现在公朴已把他的这种勇气和不怕难的精神用到救国运动的阵线里来，这是我们要为救国运动前途庆幸的。

四七 “难兄难弟”的又一个

我们这几个“难兄难弟”里面，居然有着三个学徒，这也可算是这几个人的奋斗史的特色。已谈过的两个是乃器和公朴，第三个要轮到沙千里先生。

据千里说，他在民国十八年（距今八年前）就曾经来看过我；那时我在辣斐德路一个小小的过街楼上办《生活》周刊，他已在一家趸批疋头的字号里做账房先生了。这一段故事，以及当时的情景，我已完全不记得。就寻常说，账房先生所注意的只是算盘，他竟注意到《生活》周刊，他平日对于新运动的注意和同情，从这种小事里已可想见了。后来我们就一直没有见过面，直到我由香港回到上海，才在救国会的会议席上遇着。我想千里在八年前来看我的时候，哪里梦想得到我们会住在一个牢狱里？

但是因此我对于我们的这个“小弟弟”的生平懂得更清楚一些，却是一件很愉快的事情。他是苏州人，生长在上海，十五岁的时候小学还未读完，就被送到一家趸批疋头的字号里做学徒，每月仅得“月规钱”二百文。因为他学习敏捷，办事负责，过了两年多就升任职员，每月月薪四块钱。不久账房缺人，他被请代理账房，后就担任清账房，月薪有了二十元，年龄约在二十岁左右。好些职员在闲暇的时候，喜欢酒食征逐，狂嫖滥赌，他却能利用闲暇的时间来增加自己的知识。他先在补习学校补习英文，喜欢阅看前进的刊物。后来他过着工读的生活；一面做账房先生，一面却在上海法科大学（即现在的法学院）做学生。那时只须考的成绩够得上就行，并不像现在对于升学文凭有着那样呆板的规定，所以千里虽然连小学毕业的文凭都还没有到手，但是因为他平日补习的勤奋，应试的成绩够得上，居然也有入大学的机会，替社会增加了一位能够主持正义的律师。看了这样的事实，为着一般穷苦出身力求上进的青年，我向来积极主张升学应该重视实际的考试成绩而不应死守文凭的主张，更得到有力的证明。（为着这件事，在《生活》周刊上曾和朱经农先生有过很激烈的辩论。）

千里不但有强烈的求知欲，坚强而有恒的研究精神，对于社会的新运动也有着深刻的注意和浓厚的同情。在民国十五年的时候，北伐军正在出发，还未到上海，一个账房先生的他，就奋起参加国民党的秘密工作。那时的上海，正是疯狂似的李宝章以杀头残害革命青年的时候。民国十七年，他曾经同几位朋友创办《青年之友》，一年半后被禁；前年十二月起主编《生活知识》，一年后也被禁。

今日的千里，我看他的求知欲的强烈，研究精神的坚强而有恒，和他在做学徒的时候没有两样；这只要看他这次在牢狱里还是那样孜孜不倦地研究英文，研究法律，便可以知道的。他在这里还学会了《苏武牧羊》的悲壮歌曲，这是没有听过的朋友们不可错过的！至于他参加救国运动的热烈，更不必我来多说了。

四八 “难兄难弟”的又一个

我们的“难兄难弟”里面有一个胖弟弟——王博士。这个胖弟弟的样子生得那样胖胖白白，和蔼可亲！他的性情又是那样天真烂漫，笃实敦厚！凡是和我们这个胖弟弟做过朋友的，想都能得到这样的印象吧。

我第一次和造时见面，比认识乃器的时候迟了一半，是在五年前；但是他来看我的情形，却有些和乃器的相类。那时他正在光华大学做文学院院长，为着要替他所办的《自由言论》半月刊登记的问题，特到生活周刊社来和我商量。后来在蔡孑民先生等所领导的民权保障同盟开大会的时候，才第二次和他见面。此后没有机会碰着，一直到前年年底（一九三五）上海文化界救国会开成立大会的时候，他扶病到会，刚巧坐在我的旁边，我们才第三次见面。他对我说，国难严重到这样地步，他虽有病，也不得不勉强来参加。他在会场上还起来说了几句激昂慷慨的话；他说要起来组织救国会，先要有准备进监牢的决心，现在他自己果然进监牢了。

造时是江西安福县人。在我们这几个“难兄难弟”里面，他得到比较顺利的求学机会，因为他在十五岁的时候，就考进了北平的清华。那时这个学校是官费留美的预备学校，他进了这个学校，由中学而大学，由大学而出洋；出洋后由学士而硕士，由硕士而博士，都是一帆风顺的。但是在另一方面，他却不是没有逆境，却不是没有需要艰苦奋斗的逆境！那是他参加救国运动的方面。他十六岁在清华求学的时候，因为参加反对巴黎和约，要求罢免卖国贼曹、陆、章，就两次被捕过。第一次因领队到东安市场演讲被捕，第二次参加代表团向徐世昌请愿被捕。所以最近一次的被捕，在他算是第三次了。他回国后担任上海光华大学和中国公学等校的政治学教授，并加入《新月》杂志担任撰述。一年后“九一八”国难发生，他又被卷入了救国运动的漩涡！当时他发表了不少关于对日抗战的主张。后来被政府聘为国难会议会员，因反对限制讨论范围，代表平津沪国难会议会员和行政当局交涉无效，拒不出席。同时他发起上海大学教授抗日救国会和各团体救国联合会，以号召民主，主张抗日，援助上海抗战军队为主要任务。不久他又加入蔡先生等所发起的民权保障同盟，被选为上海分部执行委员。结果被禁止教书，不能再做教授了。于是他开始执行律师职务，并从事译著的工作。但是一年后他又加入上海文化界救国会和全国各界救国会，重振旗鼓，努力于救国运动。最近又第三次被捕了。

王博士具有演说的天才，尤其是在广大群众的大会场上，他能抓住群众的心理，用明晰有力的话语，有条理的说法，打动他们的心坎。

王博士屡有做官的机会，但是因为忠实于他自己的主张，不肯随便迁就，宁愿过清苦的生活，行其心之所安，这是很值得敬佩的。

四九　一个“难妹”

和我同时被捕的几个“难兄难弟”，关于他们的生平，我已和诸君谈过了。最后要谈到我们的一个“难妹”。这个名词似乎很生，但是既有“难兄难弟”，为什么不可有“难姊难妹”呢？男女是应该平等的，救国运动也应该是男女都来参加的。现在有了“难妹”，正是中国妇女界进步的象征，所以我用这个名词，很觉得愉快。说“难妹”而不说“难姊”，这是因为和我们同时被捕的那位史良女律师，在我们里面是年龄最小的一个。

在这次同患难的几个朋友里面，我和史律师见面得最迟，虽则她在律师界的声誉，以及她参加救国运动的英勇热烈，都是很早就知道的。她思想敏锐，擅长口才，有胆量，这是略有机会和她接近的人就可以看得出的。我觉得她尤其有一种坚强的特性，那便是反抗的精神——反抗黑暗的势力和压迫。这种精神，在她很小的时候就流露了出来。例如她在十三岁的时候（民国六年），在本县的武进女子师范附属小学求学，做高三的正级长，就领导同学驱逐一个才不胜任的算术教员，掀起学潮，罢课三天，结果终于达到掉换教员的目的，虽则因为她是这次学潮的首领，被记了一次大过，作为这个教员下场的条件。又例如她在十七岁的时候（民国十年），在女师本科三年级，因为同学们不满意颟顸的校长，她又领导同学驱逐校长，罢课示威，向南京教育厅请愿，大闹县公署，包围县长三小时，围困教育局长十三小时，结果胜利，达到掉换校长的目的。当时她担任女师学生会会长，同时担任武进学联会评议部主任。

她廿三岁（民国十六年）毕业于上海法科大学。在随后五年里面，她担任过的职务有：南京总政治部政治工作人员养成所少校指导员，江苏省特种刑事法庭临时地方法院书记官，江苏省区长训练所训育员，江苏省妇女协会常务委员兼总务主任，青岛特别市党部训政科主任。自从民国二十年以来，她开始执行律师职务，在律师界已有五年了，有着很好的声誉，同时对于救国运动，非常努力。

史律师最近的被捕，已是第四次了。她在“五四”和“五卅”的怒潮中，曾经热烈参加妇女运动和学生运动，因为演讲和领导的工作，被上海捕房拘捕过两次。她在政治工作人员养成所任职的时候，有某主任追求她，被她拒绝，竟被诬为“共党”，被拘入南京模范监狱十四天，幸由吴稚晖、蔡孑民两先生查明保释。后来她在特种刑事法庭临时地方法院任职的时候，又有某君追求她，五六年未达到目的，又诬陷她和“反动”有关，经该院停职侦查，结果认为毫无反动嫌疑，宣告无罪，仍得恢复原职。

去年十一月廿二日深夜，她和我们这几个“难兄难弟”同时被捕。第二天由高三分院审问，认为证据不足，准许“责付”律师保出，公安局仍坚向法院请发拘票，她拒绝到案，后以同案六人解送苏州高等法院依法审理，她便于十二月三十日到苏州自行投案。

我曾经征求史律师对于妇女运动的意见，她认为：还在双重压迫下的中国妇女，一方面自应加倍努力，求自身能力的充实，在职业上、经济上，力争男女平等的兑现；另一方面，也只有参加整个的反帝反侵略的民族解放运动，才有前途。她又说，她最反对一种以出风头为目的的妇女，自己跳上了政治舞台，只求自己的虚荣禄位，朝夕和所谓“大人物”也者瞎混着，却把大众妇女的痛苦置诸脑后；这种妇女虽有一千人上了政治舞台，也只有一千人享乐，和大众妇女的福利是不相干的。

史律师还未曾结婚，有些朋友问她对于女子独身的意见，她说："我始终没有提倡过独身主义。我觉得独身并不是一件高尚的事情；结婚，也不是一件低微的事情。高兴结婚就结，不愿意就不结。不过为着要免除工作事业的阻碍起见（如生育与家事麻烦等），结婚，就算是私人的幸福，也只有牺牲一点，多做些工作与事业。"

有人问她"嫁不嫁"，她反对这个"嫁"字。她说这个"嫁"字明明是重男轻女，把女子嫁给男子；换句话说，还是把女子当作男子的财产；她认为这种因袭陈腐的思想是人们所应当注意纠正的。

史律师的反抗和奋斗的精神是值得我们敬重的。我们要提倡妇女解放，"免除工作事业的阻碍"，的确是一件很重要的先决条件。我在苏联视察的时候，就看到他们对于这一点非常努力进行。可是生育这件事，他们也看作妇女对于社会的贡献，不过要极力造成良好的环境，使结婚不致成为"工作事业的阻碍"。

五〇　“六个人是一个人”

因为监狱里男女是要绝对分开的，所以入狱后，我们的“难妹”是不能和我们在一起的，常在一起的只是我们的“家长”和几个“难兄难弟”。

我们六个人都到了上海公安局之后，“家长”就郑重宣言：“六个人是一个人!”我们大家一致拥护这句话。

我们要有一致的主张和行动，我们参加救国运动，固然有着一致的主张和行动，那是不消说的。在这里所特别提出的，是在被捕的这个时期里面，我们也应该有着一致的主张和行动。关于这一点，我们一致议决了三个基本原则：(一) 关于团体（指救国会）的事情，应由团体去解决；(二) 关于六个人的共同事情，应由六个人的共同决议去解决；(三) 关于各个人的事情，应由各个人自己负责。关于第一个原则，例如倘若有人提出解散救国会或其他有关整个团体的要求，我们六个人便不应该接受。关于第二个原则，例如倘有需要我们表示什么态度，或公布什么文件，便须经过六个人的公议决定。关于第三个原则，例如审问的时候，各人只对自己的部分负责，关于别人的部分便不应代为擅答，或有所牵涉。

“六个人是一个人!”我们六个人既已被捕进来，有罪大家有罪，无罪大家无罪；羁押大家羁押，释放大家释放。我们下了患难相共的决心。我们很坚决地要同关在一处。我们预先约定：倘若当局要把我们六个人分开羁押，我们必然地要一致以绝食来抵抗。这件事我们所以要“预先约定”，因为我们恐怕当局用迅雷不及掩耳的手段把我们分开，匆促间也许来不及知照；既已预先约定，倘若有这样的事实发生，不必有所知照，各人便应该依照共同的预约实行。

在这个预约还未议决以前，大家还先有一些讨论。讲到绝食，我们的胖弟弟似乎最没有什么顾虑，因为他常常要减少他的胖，绝食也许是减少肥胖的一种办法，虽则一直绝下去，在大块头也不免有绝命的一天！我们所最顾虑的是以“家长”的那样高年，绝食未免太苦了他，所以大家都主张“家长”可以除外。但是“家长”无论怎样不肯，他说“六个人是一个人”，果有实行绝食抵抗必要的时候，他必须一同加入。于是这个预约便没有例外地一致通过了。很侥幸地，这个“议决案”到现在还没有实行的必要。

我们被押解到苏州，关在看守所以后，最初还可以接见亲友，自从十二月十四日以后（西安事件发生以后），看守所的形势突然紧张起来！不但朋友不准接见，连家属都不准接见了。门口不但忽然加了好几个武装的保安队，并加了好几个宪兵来监视我们。既不准接见，又不准看报，我们对于时局的真相是无法可以明了的。但是看守所的职员不免流露着恐慌的神情，我们也猜想到形势的紧张。我们对于时局和自己的遭遇都有着种种的估计——虽则估计所根据的材料当然是很不够的。我们都是纯洁爱国，胸怀坦白，原用不着有所忧虑，但是在混乱的形势下，意外的牺牲却也不是绝对不可能的。我们在无所不谈的当中，无意中也谈到枪毙的问题。我们提出的问题是假使来了不测之祸，把我们这几个人绑出去枪毙，我们应该怎样？我们的一致的回答是应该一致的从容就义。我们一致主张出去的时候应该高唱《义勇军进行曲》——“起来，不愿做奴隶的人们！……”临刑时应该一致大呼：打倒日本帝国主义！民族解放万岁！这个“议决案”当然到现在也没有实行的必要，否则我便没有机会写这些文字给读者诸友看了！我们并且希望永远没有实行这个“议决案”的必要！

救国是一件极艰苦而需要长期奋斗的事情。参加救国运动的人当然要下最大牺牲的决心，但同时却须在不失却立场的范围内，极力避免不必要的牺牲，因为我们要为救国运动作长期的奋斗。我们这次的不幸被捕，有些人说这是“求仁得仁”，这句话很有语病，因为如果说我们的目的是要进牢狱，现在我们进了牢狱便是“得仁”，那是大错而特错！我们的目的是要救国，并不是要进牢狱！进牢狱绝对不是我们所“求”的，只是一种不幸的遭遇。我们为着要替救国运动做更多的工作，是要在不失却立场的范围内极力避免的。我在上面所以说希望永远没有实行那个“议决案”的必要，理由也在这里。

五一　前途

我们这次不幸被捕的几个朋友，承蒙许多亲友和同志们的热诚慰问，奔走援救，实在觉得非常的感愧。我每看到许多好友们，无论曾经见过面没有，有的冒着大雨大雪，有的不顾长途跋涉，充满着满腔的热烈情绪来探望我们；每读到许多读者好友们的函电纷驰，横溢着满纸的义愤和系念来安慰我们：未尝不深深地感到深情厚意，永不能忘。我们报答之道，只有更努力于救国运动，更努力于为大众谋福利的工作。

当然，救国运动决不是少数人所干得好的，必须大家都来干；为大众谋福利的工作千头万绪，也不是少数人所能干得完的。我们一方面固然要各就自己的能力，对于救国的整个动向，对于国家建设工作的整个的计划，尽其相当的贡献；一方面还要各就自己的能力，在这整个的救国动向和整个的国家建设计划之下，努力于自己所能干的局部的工作。

根据这个观点，我一方面愿竭尽我的绵薄，追随许多救国的同志们，共同努力于整个动向和整个计划的商讨和遵守；一方面愿在这整个动向和计划之下，努力于我十几年来所辛勤从事的文化事业。我深信一个人的工作的效率，同他的特长和经验有着密切的关系：如能善用他的特长和经验，比较地容易获得事半功倍的效果；如抛弃了他自己的特长和经验而另外去干别的事情——与原有的特长和经验不相干的事情——那在个人是自暴自弃，在国家和社会也是一种损失。这当然不是无条件地反对改业。有些人觉察到自己的能力更适宜于某种新的事业或职务，于是抛弃原有的事业或职务，这是对的。我们各人都该求得最大的贡献。所谓“最大的贡献”，我的意思并不是指什么夸大狂的心理，不是说要和什么别人比大小，却是说自己对自己比。你自己能善用自己的能力和适于发展自己能力的环境，这样的贡献，比不能善用自己的能力和适于发展自己能力的环境，当然是要大些；你如能尽量善用自己的能力和适于发展自己能力的环境，那在你便是最大的贡献了。各人的能力虽有大小，但是依这样的意义说起来，无论何人，除了有害人群的事业外（倘若这可称为事业），各人都可有各人的最大的贡献。竭智尽力求得这种“最大的贡献”：这是人人对于自己对于社会应负的责任。

我常常督促自己担负起这个责任，常常提醒自己不要忘却这个责任。我曾经告诉过诸君，我在小学里就想要做个新闻记者，二十年来虽因处境的困苦艰难，在求学和就业方面往往不得不“走曲线”，但是平日的修养训练以及十几年来所聚精会神的工作，都和新闻事业脱离不了关系——虽则其间办周刊的时间较长，办日报的时间较短。我在二十年前想要做个新闻记者，在今日要做的还是个新闻记者——不过意识要比二十年前明确些，要在“新闻记者”这个名词上面，加上“永远立于大众立场的”一个形容词。我所仅有的一点微薄的能力，只是提着这枝秃笔和黑暗势力作坚苦的抗斗，为民族和大众的光明前途尽一部分的推动工作。我要肩着这枝秃笔，挥洒我的热血，倾献我的精诚，追随为民族解放和大众自由而冲锋陷阵的战士们，“冒着敌人的炮火前进”！

我写到这里，要写几句结束这《二十年的经历》的话了。这篇文共有五十一节，第六节以前是曾在《生活星期刊》上发表过的，第七节以后是在苏州高等法院看守分所里写的。自廿五年十二月十四日起动笔，至廿六年一月廿二日写完。写这一节的时候，正是在一月廿二日这天的下午，很静寂地坐在看守所的餐室里一个方桌的一旁，在这方桌的右边坐着章先生，对面坐着沙先生，都在和我一样地拿着笔很快地写着，右边坐着王先生，很静默地看着他的书。

在我写着这节文字的时候，我们在苏州过着监狱生活已经四十九天了（被捕到现在整整两个月了），检察官来侦查过了四次，每次问的话都差不多。我们几时能离开这个监狱生活，或竟要再关下去，在我写的时候都还不得而知。但是这本书，我这时却想先把它结束一下付排，关于我们的消息，让我在最后付排的《弁言》里报告吧。

民国廿六年一月廿二日下午五点，

脱稿于江苏高等法院看守分所。

在香港的经历

五二　波动*

七八年来，我的脑际总萦回着一个愿望，要创办一种合于大众需要的日报。在距今四年前，由于多数读者的鼓励和若干热心新闻事业的朋友的赞助，已公开招股筹办，于几个月的短时期内招到了十五万元的股本，正在准备出版，不幸以迫于环境，中途作罢，股款连同利息，完全归还。这事的经过，是读者诸友所知道的。但是要创办一种合于大众需要的日报，这个愿望仍继续不断地占据了我的心坎，一遇着似乎有实现这件事的可能性的机会，即又引起我的这个潜伏着的愿望的波动。

有一位老友在香港住过几个月，去年年底到上海，顺便来访问我，无意中谈起香港报界的情形，据说在那个地方办报，只须不直接触犯英国人的利益，讲抗敌救国是很有自由的，而且因为该地是个自由港，纸张免税，在那里办报可从纸张上赚些余利来帮助维持费，比别处日报全靠广告费的收入，有着它的特别的优点。这位老友不过因谈到香港的状况而顺便提及香港报界的一些情形，他虽言之无意，我却听之有心，潜伏在我心坎里多时的那个愿

---

* 原载1936年8月23日上海《生活星期刊》第一卷第12号，署名韬奋。

望又起了一次波动。

今年的三月间，我便带着这样暗示的憧憬到香港去看看。我先找些当地新闻界的朋友谈谈。我们虽然是初次见面，但是因为在文字上已久成了神交，所以很承蒙他们热诚指教，认为可以办。

于是我便想到经费。我坚决地认为大众的日报不应该是一两个大老板出钱办的，所以我无意恳求一两个大老板的援助；又坚决地认为大众的日报应该要完完全全立于大众的立场，也不该由任何一党一派出钱办的，所以我也无意容纳任何党派的援助。结果当然想到公开招股的办法。但是公开招股无论怎样迅速，不是在很短的时期内所能完成的，尤其是因为要顾到入股大众的利益和创办者的信用起见，我们决定在公司创立还未开幕以前，对已收到的股款不应先有丝毫的动用。这个难题，使我踌躇了好些时候。同时又因为香港印刷业的落后，实出人意料之外，要印日报，非自备印刷机不可，因为找不到相当的印刷所来承印。办报自备印刷机，是一项很大的开支，这是又一个难题！

但是事有凑巧，不久有一个印刷公司因为要承印一家日报，从德国买到了一个一九三五年式的最新印刷机，每小时能印日报一万九千份。那家报的每日印数只有一万份，所以这部印刷机很有充分的时间余下来再承印另一家报。这个意外的机会使我兴奋起来，因为印刷机无须自备，这至少在短时期内使我们在经济上轻松了许多，至于此外的开办费和暂时的维持费，那是有设法的可能的。

这样，我才开始筹备。我在上面已经说过，已收到的股款，在公司创立还未开幕以前，不应先有丝毫的动用，我当然要严守这个原则。但是要先把《生活日报》试办起来，是不能不用钱的。我便和在上海的几位热心文化事业的好友商量，由我们几个人辗转凑借了一笔款子，经过一个多月的特别快的筹备苦干，到六月七日那一天，七八年来梦寐萦怀的《生活日报》居然呱呱堕地了！其实在香港的读者和它第一次见面虽在六月七日的早晨，而这个孩子的产生却在六日的深夜。那天夜里我一夜没有睡，自己跑到印刷所里的工场上去。我亲眼看着铸版完毕，看着铸版装上卷筒机，看着发动机拨动，听着机声隆隆——怎样震动我的心弦的机声啊！第一份的《生活日报》刚在印机房的接报机上溜下来的时候，我赶紧跑过去接受下来，独自拿着微笑。那时的心境，说不出的快慰的心境，不是这枝秃笔所能追述的！这意思并不是说我对于这个“处女报”的格式和内容已觉得满意——不，其实还有着许多的不满意——但是我和我的苦干着的朋友们的心血竟得到具体化，竟在艰苦困难中成为事实，这在当时的我实不禁暗中喜出了眼泪的！我知道这未免有些孩子气，有些“生惕门陀”(Sentimental)，但是人究竟是感情的动物，我也就毫不隐饰地很老实地报告出来。

我们因为试办的经费是由几个书呆子勉强凑借而成的，为数当然很有限，所以报馆是设在贫民窟里，经过了不少的困难和苦斗。如今追想前尘影事，虽觉不免辛酸，但事后说来，也颇有趣，下次再谈吧。

五三 贫民窟里的报馆*

我在上次和诸君谈过，我们在香港的报馆因为试办的经费是由几个书呆子勉强凑借而成的，为数很有限，所以是设在贫民窟里。但是说来好笑，我正在香港贫民窟里筹办报馆的时候，香港有一家报纸登出一段很肯定的新闻，说我被广西的当局请到南宁去，担任广西省政府的高等顾问，同时兼任南宁《民国日报》总主笔和广西大学教授，每月收入在六百元以上云云。你看这多么阔！不但“顾问”，而且是“高等”；不但兼了“总主笔”，而且还兼着“大学教授”！一身兼这样的要职三个，依我们所知道的一般情形看来，每月收入仅仅在六百元以上，似乎还未免过于菲薄吧。但是在我这样的一个穷小子看来，确觉得这是一个不小的数目，而且老实说，确也有些垂涎欲滴！因为我自从结束苦学生的生活，在社会里混了十多年以来，从来没有赚过这样大的薪水。自从在十年前因《生活》周刊业务发达，我不得不摆脱其他一切兼职——要附带声明的是这里没有什么“高”，没有什么“总”，也没有什么“大”，只是有着夜校教员之类的苦工——用全副精神来办这个刊

---

* 原载1936年8月30日上海《生活星期刊》第一卷第13号，署名韬奋。

物，计算起来，每月收入总数还少去十块大洋，十年来一直是这样。我有大家族的重累，有小家庭的负担，人口日增，死病无常，只靠着一些版税的收入贴补贴补；因为出国视察借了一笔款子，有好几本著作的版税已不是我自己的，除把版税抵消一部分，还欠着朋友们几千块钱，一时无法偿还；不久以前一个弟弟死了，办丧事要举债；最近有一个庶母死了，办丧事又要举债——好了，不噜苏了，在这样严重的国难里面几乎人人都有“家难”的时代，我知道诸君里面有着同样痛苦或更厉害的痛苦的一定不少，我不该多说关于个人的诉苦的话，我只是说像我们这样的穷小子，“每月收入在六百元以上”并不是用不着，但是我们为保全在社会上的事业的信用，我们绝不能无条件地拿钱，而且我们知道仅仅孜孜于各在个人的圈子里谋解决，也得不到根本的解决。

话越说越远，我不得不请诸君原谅，现在再回转头来谈谈在香港贫民窟里办报的事情吧。我在香港只是在贫民窟里办报，从未到过广西，所以谁做了广西政府的“高等顾问”等等，我不得而知，所知道的只是在香港的贫民窟里所办的那个报馆。

香港的市面和大多数的居民是在山麓，这是诸君所知道的。在这里你要看看豪华区域和贫苦区域的对比，比在任何处来得便当，因为你只要跑到山上的高处俯瞰一下，便看得见好像汪洋一大片的所谓西营盘和它的附近地方，都是些狭隘龌龊的街巷和破烂不堪的房屋，像蚁窟似地呈现在你的眼前。但是除了这样整批的贫民窟之外，在热闹的市面，于广阔的热闹街道的中间，也夹有贫民窟，这可说是零星的贫民窟。我们的报馆一面要迁就热闹市面的附近，一面又出不起那昂贵的屋租，所以便选定了一个零星贫民窟里的一条小街上的一所小屋——就是也许已为诸君所耳熟的利源东街二十号。

这一条短短的小街虽在贫民窟里，虽然汽车货车不许进去，地势却很好，夹在最热闹的德辅道和皇后大道的中间，和印刷所也很近。这屋子号称三层楼，似乎和“高等顾问”有同样阔绰的姿态，但是每层只有一个长方形的小房间，房间的后面有一个很小的厨房，前面临街有一个窄得只够立一个人的露台。至于屋子材料的窳陋，那是贫民窟房屋的本色，不足为怪。天花板当然是没有的，你仰头一望，便看得见屋顶的瓦片。上楼是由最下层的铺面旁边一个窄小的楼梯走上去的。你上去的时候，如不凑巧有一个人刚从上面下来，你只得紧紧地把身体贴在墙上，让他惟我独尊地先下来；这好像在苏州狭隘的街上两辆黄包车相碰着，有着那样拥挤不堪的滑稽相。屋子当然是脏得不堪，但是因为包括铺面的关系，每月却要租一百块钱。我承蒙一位能说广东话的热心朋友陪着到经租账房那里去，往返商量了好几趟，在大热天的炎日下出了好几次大汗，总算很幸运地把每月屋租减到九十块钱。

这样脏得不堪的屋子，当然需要一番彻底的粉刷，否则我实在不好意思请同事们踏进去；并不是嫌不好看，要努力办事不得不顾到相当的健康环境。可是那里的粉墙经过粉刷了五次，才有白的颜色显露出来。漆匠大叫倒霉，因为他接受这桩生意的时候，并未曾想到要粉刷到五次才看得见白色。我不好意思难为他，答应他等到完全弄好之后，加他一些小费。那个窄小的楼梯，是跑二楼和三楼必经之路，楼梯上的木板因年久失修，原来平面的竟变成了凹面的了，有的还向下斜，好像山坡似的，于是不得不修的修，换的换，这也是和房东办了许多交涉而勉强得到的。

谈起来似乎琐屑，在当时却也很费经营，那是小便的地方。在那贫民窟的屋子里，一般人的习惯，厨房里倒水的小沟（楼上也有，由水管通到下面去），同时就是小便的所在，所以厨房和楼下的屋后小弄，便是臭气熏蒸的区域。报馆里办事的人比较的多，需要小便的人无法使它减少，如沿用一般人的办法，大家恐怕要熏得头痛，无法办公了。说的话已多，这事怎样解决，只得且听下回分解。

五四　惨淡经营之后*

在贫民窟里办报馆，布置起来确是一件怪麻烦的事情！我曾经说过，我们的报馆所在地的利源东街，是夹在两条最热闹的街道的中间。在那两条最热闹的街道上，各店铺里的卫生设备是不成问题的，因为在地下都装有现成的沟筒，他们都可以装设抽水马桶和有自来水冲的白瓷小便斗。但是利源东街离这两条大街虽不过几步远，情形便大不同了。因为那条街上的住户根本没有力量享受卫生的设备，所以地下根本就没有什么卫生设备适用的沟筒。你独家要装设也可以，不过先要就马路的下面装设沟筒，从大街的地下沟筒接到屋里的地下来才行。这项工程至少要花掉一千多块港币，合华币要近两千块大洋，这当然不是我们这样的穷报馆所出得起的，只得想都不去想它。那几天我常常到报馆里去视察修理工程的进行，屡次有“苦力”模样的不速之客跑来盘问，他讲的是广东活，我一窍不通，但是他却锲而不舍，找个懂广东话的朋友来翻译一番，才知道他为的是马桶问题。原来在这个贫民窟里倒马桶的生意，也有好几个人要像竞争国选那样地热烈，争取着“倒权”！

---

* 原载 1936 年 9 月 6 日上海《生活星期刊》第 1 卷第 14 号，署名韬奋。

他们的这种重要的任务，却也很辛苦，每夜一两点钟的时候，就要出来到各户去执行“倒权”的；在取得“倒权”以前，还要经过一番激烈的竞争。在我们呢？马桶问题倒不及他们那样着急，因为我们把第二层的后间那个小厨房粉刷一番，叫木匠师傅用木板来隔成两个小间，买两个白瓷马桶，加些臭药水，还勉强过得去。所要设法解决的是小便所问题。我原想买个白瓷小便斗，装在自来水龙头下面，斗底下装一个管子，通到下层地下深处的泥里去；这样可以不必以后弄为尾闾，稍稍顾到公众的卫生。主意打定之后，便和一位能讲广东话的朋友同跑到一家专卖白瓷抽水马桶和白瓷小便斗的公司里去接洽。那公司里的执事先生们听说是个报馆里要装白瓷小便斗，以为是一件很阔的生意经，很殷勤地特派一位“装设工程师”到我们的报馆里来设计，我们觉得却之不恭，只好让他劳驾。那位“装设工程师”一踏进我们的小厨房便摇头，他说在这里要装设白瓷小便斗，先要打样绘图呈请香港政府核准，领取执照，否则便是违法的行为，干不得！我问他在那条街上一般住户都是在厨房的水沟里随意小便，使厨房和后弄都臭气熏蒸，是否也要呈请香港政府核准呢？他知道这是开玩笑的话，彼此付之一笑。但是小便所问题还是未得解决。最后只得雇泥水匠，用白瓷砖就水沟的洞口砌成一个方形的大斗，下面挖个洞，每日由茶房负责倒水冲几次，由那里还是要流到后弄去，那也就无可如何的了。这在该处的泥水匠是一个新式的“工程”，做得不对，以致做了又拆，拆了又做，经过几次的麻烦，才算勉强完事。

屋子的后部分的问题算解决了，但是屋子的前面是朝西，阳光逼着要使你中暑，于是决定装设一个布篷，装设两个风扇，并在那狭隘的露台的铁栏杆上排几盆花草。门面和内部都油漆一新。这样惨淡经营之后，这一所房屋，在那条贫民窟的街道上简直是一所很整洁的屋子了。我把它比作一个十足的乡下土老儿硬穿上一套时装。

有许多同事是陆续由上海来的，我每次很高兴地到码头去接他们，他们到了第一件事是要先到报馆去看看。我虽知道这时我已费了一个多月的工夫，把这个贫民窟的屋子刷新了一下，但是心里头还是忐忐忑忑，不知道同事们看了觉得怎样，虽则我引导他们进报馆的时候，总是一团高兴，因为这是经过一番苦功夫所得的结果。后来他们里面有的承认初看的时候觉得很不惯，后来也就渐渐地看惯，觉得很自然了。

我的办公室是在二层楼的前一部分，隔成一个小小的房间，排着三张的办公桌，已是挤得难于回旋。窗关着很闷；窗开着吧，斜对面的那家小铁店的煤烟常常溜进来，替你的桌上和面孔上加些材料。那里的房屋都是两层楼的楼房，中间隔开的街道既然很窄，所以两边楼房相望是很近的。有一夜斜对面的楼上死了一个人，全家十几口，男男女女，大大小小，都挤在那个小房间里围着躺在床上的死尸哭着，哭得很悲哀，听了令人为之惨然。我正坐在自己的小房间里写社论，因为距离很近的缘故，那个硬挺挺僵卧着的死尸，恍惚就睡在我的身旁似的，尤其是那样悲哀的泣声，使我虽拿着笔在构思，心目中所涌现的总是一个死尸，一群穷苦的妇人孩子围哭的惨况。心里想也许那一群可怜的妇人孩子们全靠那个死人活命，现在是陷入了非常凄惨的境域了！心思这样地被扰乱着，好久好久写不出一个字来！

被我由法国电请回来帮忙的胡愈之先生，他的办公桌就在我的对面，有一夜他发现一个大蜈蚣！如在不知不觉中，乘他在写作无暇他顾的时候，取道他的裤脚管向上前进，那还得了！他生怕再有蜈蚣出来，他摇头慨叹这种地方真有些危险！我想他当时的两个裤脚管里大概是常在宣布戒严的状态中！

五五　一个难关[*]

在香港办报，登记也是一个难关——这登记当然是向香港政府要求的。我在事前就听见说，“外江老”——不是广东人——尤其是名字被多数人知道的文人，要出面登记，是很不容易通过的，因为他们怕有什么政治作用。这在逻辑上似乎讲不通，因为有政治作用的，广东老也尽有可能，并不限于什么“外江老”；名字不见经传的文人也不见得都是驯伏的羔羊。但是他们不讲这些，他们只怕由外面来的人有着捣乱的阴谋，使他们的统治发生危险。这种心理犹之乎我由欧洲到美国上岸的时候，美国的移民局人员“像煞有介事”地问我有没有意思要推翻美国政府！香港政府最放心的是本地的商人出来办报，理由是他的惟一宗旨是在赚钱。我既不是广东老，又不是商人，尤不幸的是名字又不能避免被人知道，所以出面登记是十之八九难于通过的。但不幸中的幸事是有一位足够资格的朋友热心赞助，由他出面去登记。登记的手续照例是要亲到香港政府里什么“华民政务司”洋大人那里给他问话。最要紧的话是问你为什么要办报？这位“识相”的朋友要咬定宗旨

---

* 原载1936年9月13日上海《生活星期刊》第1卷第15号，署名韬奋。

说是要赚钱。要赚钱是他们认为最可钦佩的大志，至高无上的美德，这个难关便这样地被通过了。

当然，若要人不知，除非己莫为，天下事是终要水落石出的。在登记完毕以后，是谁在那里主办，终要被香港政府知道的。不过英国人素以“法治”自许，在法定的手续完毕之后，除非你在法律上犯了什么罪名，他们是不好意思随随便便取消你的登记的。最糟的是在登记的时候，他们如果已在疑心生暗鬼，便要干脆地不准许；在已经准许之后，却不致随随便便取消你的登记。这种“法治”的实质究有几何，姑且不论，但说来好笑，据说住在香港的一般广东老，遇着与人吵嘴的时候，他常要这样地警告对手的人：“你不要这样乱来，这是个法治的地方啊！”无论如何，后来香港政府的警务处终于知道那个报是我在那里主办的；这不足怪，因为他们有侦探，这种情报当然是可以得到的。

这虽不致就取消我们的登记，但是既受他们的严重的注意，就不免要增加许多麻烦。他们要进一步抓到我们的把柄。有一次香港某银行的经理，因为香港政府禁止青年会民众歌咏会的事情，去见警务司，刚巧我们的报上发表一篇鼓励这歌咏会的社论，那位警务司便再三向他诘问我为什么要在香港办报，并老实说他们无时不在严重地注意我。同时有朋友来告诉我，说警务处曾有公文到新闻检查处（香港政府设的），叫检查处每天要把检查《生活日报》时所抽去的言论和新闻汇送到警务处察阅。他们的意思以为已经检查过的东西不会有什么毛病，被检查抽去的东西便一定要露出马脚来，一旦被他们捉着可以借口的证据，那就可以开刀了！这可见我们当时所处的环境的紧张。但是事实究竟胜雄辩，他们的侦探，他们的检查员，费了许多功夫之后，所得到的最后结论却很妙，他们说：“这只是几个读书人办的报，没有什么政治的背景！”倘若他们所谓“政治的背景”是指有什么党派的关系，那我们当然是丝毫没有，他们的话是完全对的；但是我们却未尝没有我们的背景！我们的背景是什么？是促进民族解放，推广大众文化！我们是完全立在民众的立场办报，绝对和任何党派没有关系，但是我们办报却也有我们的宗旨。我们的宗旨是要唤起民众，共同奋斗来抗敌救国。

但是我们总算侥幸得很，在他们的那个“最后结论”之下，我们少了许多不必要的麻烦。我们不但得到警务处的谅解，而且也得到新闻检查处的谅解。

但是这个意思却也不是说新闻检查处就一定没有麻烦。关于香港的新闻检查处，有它的很有趣的特别的情形，留待下次再谈。

五六　新闻检查*

谈起香港的新闻检查，却有它的饶有趣味的别致的情形，虽则在我们主张言论自由的人们，对于新闻检查总觉得是一件无法欢迎的东西。

香港原来没有什么新闻检查处，自从受过海员大罢工的重大打击之后，惊于舆论作用的伟大，害怕得很，才实行新闻检查，虽明知和英国人所自诩的“法治”精神不合，也顾不得许多了。据我们的经验，香港新闻检查处有几种最通不过的文字，其一便是关于劳工问题，尤其是关于提倡劳工运动的文字。香港的新闻检查原在吃了工潮苦头之后才有的，他们最怕的当然是直接或间接和劳工有关系的文字。例如陶行知先生的《一个地方的印刷工人生活》那首诗，说什么“一家肚子饿；没有棉衣过冬；破屋呼呼西北风，妈妈病得要死，不能送终!”这些话是他们所最怕听的！至于那首诗的末段：“骂他他不痛，怨天也无用，也不可做梦。拳头联起来，碰！碰！碰!”那更是他们听了要掩耳逃避的话语！所以这首诗在香港完全被新闻检查处抽去，后来我把它带到上海来，才得和诸君见面（见《生活星期刊》第十二号）。

---

* 原载1936年9月20日上海《生活星期刊》第1卷第16号，署名韬奋。

他们不许用“帝国主义”，所以各报遇着这个名词，总写作“××主义”，读者看得惯了，也就心领意会，知道这“××”是什么。我们知道在上海各种日报上还可以把这四个字连在一起用，这样看来，香港新闻检查似乎更严厉些；其实也不尽然，例如在上海有许多地方为着“敦睦邦交”，只写“抗×救国”，在那里，这“抗”字下的那个字是可以随处明目张胆写出来的。中国人在那里发表抗敌救国的言论倒比上海自由得多。这在我们做中国人的说来虽觉汗颜无地，但却是事实。《生活日报》开张的第一天，香港的日本领事馆就派人到我们的报馆里定报一份，好像公然来放个炸弹！但是我们后来对于抗敌救国的主张还是很大胆地发表出来。

他们不但检查新闻，言论同样地要受检查。有些报纸上的社论被他们完全抽去，因为夜里迟了，主笔先生走了，没有第二篇赶去检查，第二天社论的地位便是一大片雪白，完全开着天窗，这是在别处所未见的。有一天看见某报社论的内容根据四个原则，里面列举这四原则，但是在(一)下面全是接连着的几行××，在(二)、(三)、(四)各项下面也都同样地全是接连着的几行××！这篇东西虽然登了出来，任何人看了都是莫名其妙的。《生活日报》的社论还算未有过这样的奇观。我每晚写好社论之后，总是要等到检查稿送回之后才离开报馆。有一夜因检查搁置太迟，我想内容没有什么“毛病”，先行回家，不料一到家踏进门口，就得到报馆电话说社论被删去了一半！我赶紧猛转身奔出门，叫部汽车赶回报馆，飞快地写过半篇送去再试一下，幸得通过，第二天才得免开一大块天窗。其实我所要说的意思还是被我说了出来，不过写的技术更巧妙些罢了。无论他们删除得怎样没有道理，你都无法和他们争辩，都无法挽回。有一次我做了一篇《民众歌咏会前途无量》，结语是“我们希望民众歌咏会普遍到全中国，我们愿听到十万百万的同胞集体的‘反抗的呼声’”！这末了五个字是我引着香港青年会发起这歌咏会的小册子中语，但是他们硬把“反抗的呼声”这几个字删去，成为“×××××”，我看了非常的气，尤其是因为检查处的人也都是中国人，但气有什么用?

有时因为检查员没有看懂，有的话语也可以溜过去。据说某报有一次用了“布尔乔亚”这个名词，检查员看不懂，立刻打电话给那个报馆的主笔，查问这究竟是个什么家伙，答语说是“有钱的人”！有钱的人应该是大家敬重的，于是便被通过了！

广告虽不必受检查，但报馆要依检查处的禁例，自己注意。例如登载白浊广告，“浊”字要用□的符号来代替，和生殖器或性交等等有关系的字样都要用□的符号来代替。据说他们的理由是：凡是你不可以和自己的姊妹说的，就不可以登出来。这理由可说是很别致的！说来失敬，帝国主义和白浊竟被等量齐观，因为在各报的广告上（大都是属于书籍的广告），也只可以用□□来代替“帝国”两个字。

五七　一个有利的特点*

我在上次和诸位谈过香港新闻检查的情形。我们主张言论自由的人们根本反对新闻检查的制度，所以对于香港的新闻检查当然也说不上有什么好感。但是平心而论，中国人在香港办报，尤其是在当前的阶段，所受到的检查制度的桎梏，比在中国各处却是比较地好些。这并不是说香港的检查比别处宽大些，却是因为他们所忌的特点不同，而这些特点在我们却没有很大的妨碍。例如他们对于攻击英国的言论是最忌的，有妨碍英帝国尊严的新闻是最忌的；这在我们正要全国集中力量对付我们民族最大敌人的阶段，我们对于其他各国原不愿多所树敌，不但不愿多所树敌，而且要尽量增加他们对中国的好感；在这种情况下，我们对于英国，只须他们没有帮助我们民族最大敌人的行为，原来就无意和他们为难的。又例如他们最怕煽动阶级斗争，所以凡是关于这类的文字和消息，也是他们所最忌的；这在我们正在极力提倡全国不分阶层团结御侮的时候，我们的救国主张是从整个民族的解放做出发点，并非从什么阶级做出发点，他们的那种顾忌也并不致妨碍我们的任务。

---

* 原载1936年9月27日上海《生活星期刊》第1卷第17号，署名韬奋。

又例如他们最怕有人扰乱香港的治安，以致动摇他们在香港的统治；这在我们集中力量对付我们民族最大敌人的时候，也用不着就和香港的统治者为难，所以也不致妨碍我们。

此外，在那个地方，我们却得到一个有利的特点，那就是他们对于日本的畏惧心理，并不像其他地方的诚惶诚恐，摇尾乞怜得不像人样！我们对于抗敌救国的主张和敌人侵略我们的消息，都还可以登得出来。这个特点实给予不愿做奴隶的中国人办报的一种很大的便利。香港是英国的殖民地，做中国人的人要在这个地方才有这样的权利，说来当然是可为痛哭流涕的。有人说香港是殖民地，中国是半殖民地，谁料得到在这一点上，半殖民地还比不上殖民地！

最后还有一个特点，有些人也视为莫大的便利，在《生活日报》却无意利用它，因为在事实上没有利用它的必要。这个特点是这样：假使中国有甲派和乙派做对头，甲派要打倒乙派（或乙派要打倒甲派），那甲派在香港办的报可尽量丑诋乙派，攻击乙派，打倒乙派。可是《生活日报》是无党无派的报纸，它无意拥护哪一派，打倒哪一派，它只主张全国各党各派在国难这样严重的时候，应该大家抛开旧仇宿怨，一致团结起来救国；它所要赤诚拥护的是中华民族，它所要打倒的是做着全国公敌的汉奸。

还有一句公道话我应该说的，香港检查处的职员都是中国人，他们多少还有些民族意识，凡是关于抗敌救国的言论和消息，他们都还肯尽可能地通过。关于民族敌人侵略我们国家和蹂躏我们同胞的事实，他们也都还肯尽可能地放松。

广东在陈济棠氏当权的时代，对于新闻检查也是很苛的，广东的报纸对于广东的政闻是不敢依事实报道的，结果是在广东的人民不信任本地报纸的报道；要知道广东的真实消息，要在香港的报纸上去看。这当然是很不幸的现象，但是在压迫言论界的当局并不肯想到这一点；在压迫下的言论界失却一般人民的信任心，反而增加民众对于当局的怀疑。那时广东人要知道真确的“粤闻”，不信广东报而信香港报，便表示当时广东当局的信用破产！不能在内政和外交的事实上取得人民的信任，却想用压迫言论界的手段来获得人民的信任，这是合于一句老话，叫做“南辕而北辙”，埋头苦干着天地间至愚极蠢的事情！

香港这个地点实在不宜于以全中国为对象的报纸。这方面的理由，我在后面要谈到；不过讲到该处的检查束缚——当然仍是不合理的束缚——确比中国各处好些，这只要看了上面的解释，便明白了。有些朋友不明白这里面的情形，以为离开半殖民地，跑到殖民地去办报，是很可怪的，因为他们觉得殖民地的言论不自由当然要比半殖民还要厉害。其实也不尽然。

五八　种种尴尬*

我们在香港办报，因为当地的新闻检查有他们的特点，我们还不感觉得怎样大的妨碍，至少和“半殖民地”的情形比较起来，我们还可以多说几句话，多得到一点言论自由，多登出一点真确的消息。我们毫无意思要歌颂殖民地的新闻检查制度，尤其看到他们对于西文的报纸不检查，专对中文的报纸为难，更显出不公平；至于我们立于报人的立场，根本反对新闻检查制度，那是不消说的。不过我们看到“半殖民地”比殖民地更不如，却不胜其慨叹！

我们在香港尤其感到困难的却是印刷业的落后。我们虽未曾普遍调查，但是想到承印我们日报的那家印刷所的工作情形，至今还忘记不了那种麻烦！那里是用包工制的，我们很郑重地和工头约法三章，什么时候交稿，什么时候看校，什么时候拼版……他都一一答应；但是每次都不按照所规定的时间；报纸应该可以在早晨六点钟出版的，他们往往替你延展到八点钟，九点钟！屡次交涉，屡次无效。编辑先生惨淡经营地把新闻这样排，那样排，

* 原载1936年10月4日上海《生活星期刊》第1卷第18号，署名韬奋。

排得自己认为可以了，第二天早晨翻开报来一看，他排在那里的，现在却发现在这里，大搬其场！有的时候在当夜就被编辑先生发觉，叫他们照规定的样子排过，他们愤然很不客气地说："你就拿出一万块钱来，我们还是不改！"我们和他们讲理，他们说："我们香港的工人就是这样的，上海的工人顶括括，我们是比不上他们的。"

校样上的错字，校对先生改正之后拿去，他们随意替你改排几处，随意替你留下几处不改，马马虎虎打一张清样交还你。校对先生在二校上又一一改正，他们又这样"随意"之后，再马马虎虎打一张清样交还你。所以校对先生"埋头苦干"了三校四校，还是东一个错，西一个错。真是所谓焦头烂额！有一天《前进》一栏里有一篇文章，校样上缺了许多字，在空字地位填着许多黑而且粗的双杠，第二天早晨原样印出，使人硬着头皮读下去还不懂。该栏编者柳湜先生在《留别南中国朋友》那篇短文里，所谓"错字，缺字，更弄得编者掉泪，作家痛心！"并不是无病呻吟，确能反映我们当时的愤慨心理。《生活日报星期增刊》有一期上登一个启事，劈头是"《生活日报》自二十五年八月一日起，迁移下海"，我们要搬回上海，他们却一定要请你"下海"！

你在香港出版的各日报上，往往可在大标题里面忽然看到镶着一个小小的字体！尤其可笑的是缺少"懂"字，就印上"董"字，下面也加个括弧注道："加心旁"；或一时找不着"铲"字，就随便印上"产"字，下面也加个括弧注道："加金旁"，好像什么十三经注疏似的！这种独出心裁的新奇花样，确是我们在上海的时候所梦想不到的。你要方头字的地方，他们替你夹入一个两个普通铅字；你要用普通铅字的地方，他们却替你夹着一两个方头字进去！

种种尴尬，我们和工头交涉，他总是很慷慨地给我们以空头支票，于是我们不得不和那个公司的经理先生麻烦。我往往在半夜三更，或天刚刚亮的时候，打电话去和他噜嗉。虽承他很客气地样样答应，但是结果还是一样糟！

我们真弄得没有办法！自己没有印机，要掉换一家印，根本没有！我们起初也不知道印刷工友们为什么那样不讲理，后来仔细打听，才知道工友们在那样严酷榨取之下，失却他们的理性，却也是可以原谅的。他们每天要做十六七小时的工！每夜要干到深夜四五点钟，第二天早晨十点钟起来，十一点即开工，一两小时后吃午饭，饭后继续干着，下午五点钟晚饭，晚饭后就一直又要干到四点钟。睡的时候就随便七横八竖地躺在铅字架子下面睡，吃的时候也在那里。(每月工资最多的是二十四元。)这样一天到晚，昏天黑地做着苦工，怎怪他们一看见稿件来就要开口骂你几句？你还要讲究这样，改良那样，当然要被他们痛骂一顿。听说那个工头不但擅长于榨取，而且惯于克扣工资，有好几个姘头，还吸上鸦片烟瘾。我们屡次要求工头改善那些工人的生活，他的坚决的回答是："香港的工人都是这样的！"陶行知先生的《一个地方的印刷工人生活》那首诗，就是听我们谈起这些工人的情形才写的，什么"做了八点钟，再做八点钟。还有八点钟，吃饭，睡觉，撒尿，出恭。"他在这首诗里又说："机器冬冬冬。耳朵嗡嗡嗡。脑壳轰轰轰。'再拿稿子来，操他的祖宗！'"确是纪实之作。

五九　一只大笨牛*

我们几于每天要和印刷所争吵，这是在印刷方面出乎我们意料之外的麻烦，大概的情形，我在上次已和诸君谈过了。印刷这件事虽是麻烦，但是经我们继续不断的交涉，不但和工头锲而不舍地争吵着，不但时常于半夜三更打电话给印刷所经理先生，闹得他不得好睡，并且由我问清工头，开好排字房的工作时间表，里面载明几点几分钟交什么版的新闻，几点几分钟要排好什么版的新闻，几点几分钟要拼什么版……先给工头亲眼看过，他没有异议后，我便在晚饭后亲自捧着这个时间表到印刷工场里去“坐镇”，彻宵不睡地看着他们做。本来他们是很拆烂污，编辑室的稿子尽管送来，他们慢吞吞地像和兔子竞走的龟，随意把多下来的稿子搁在一旁，置之不闻不问之列。我用着蛮干的办法，一看见有一张稿子送来，立刻就查看有没有人排；如果没有人立刻接排，就对工头提出质问，要他重新支配工作，如果人手不够，便立刻和他吵，逼他立刻加人。每次时间表上的时候到了，我便要他交出那个时候应该拼好的那一版；他交不出来，我就跳起脚来和他吵。时间表上所

---

* 原载1936年10月11日上海《生活星期刊》第1卷第19号，署名韬奋。

列的时候是根据他嘴里说出来的，他无法抵赖，虽不愿意“仰头乐干”，也不得不稍稍“埋头苦干”一下。工友们看着我那样一点不放松地用足劲儿，居然引起他们的笑容和兴趣，增加些他们的效率。“坐镇”到版子铸好上机，然后放心走出印刷所的门口，东方已放射出鱼肚白了。我在筋疲力尽中好像和什么人吵了一夜的架！

这样的印刷所，我想一定打破了世界的纪录！我暗中把它比做一只大笨牛，我们在后边用手推着这只大笨牛走，出了全身的大汗，用尽了全身的力气，用大声呼喊着，力竭声嘶，才把它稍稍推动了一些。也许有人要怪我们自己未免太笨了，既觉得这样一个打破世界纪录的印刷所不行，为什么不掉换一个印刷所试试看呢？这话实际等于饥荒劝人吃肉糜！在香港你根本找不到另一家可以替你承印日报的印刷所。香港印刷业的落后，我到香港就调查过，原来知道的，所以我最初并无意在最近期内就开办日报，但是后来听到有个印刷所，从德国买来一架簇簇新的顶括括的一九三五年式的卷筒印刷机，答应承印我们的报，谁也料不到竟至摇身一变而成了一只大笨牛！其实印刷机的确不坏，毛病全在排字房。这事要根本解决，当然非自办排字房，铲除包工制不可，但是这又是钱的问题。要有个设备比较完善的排字房，非有万金左右的开办费不可，这在我们这穷小子是无法应付的，所以要么立刻关门，要么只得毅然决然硬着头皮负起推牛的任务。

推牛和吹牛不同，吹牛怪容易，推牛却够麻烦。但是麻烦尽管麻烦，总还可以用你的自由意志去推。还有一件困难的事情是我们更无法自主的，那便是在以全国为对象的日报看来，香港的交通实在可说是又一只大笨牛。我们通常知道由香港开上海的邮船，最快的两天可以到；至于航空，那应该更快，由上海飞到广州，由广州经火车到香港，隔天就可以到：这似乎不能不算是相当的快。但是实际情形却没有这样顺利，因为最快的邮船每月只有一两次，其余的船要四五天，五六天，甚至六七天才到。航空的信件吗？屡次在你所收到的信件上印一个蔚蓝色的戳子，上面是“Flight Delayed”（“飞行延搁”)，给你一个九天才到！

这种情形，在以西南为对象的港报，还不感到十分困难，横竖它们的销路偏重在西南，它们的新闻也偏重在“粤闻”、“港闻”；但是《生活日报》是以全国为对象，它的销路是普遍于全国，它的新闻是以整个的中国做出发点，遇着这样的另一只大笨牛，便成了一个大问题。结果，每天在我的办公桌上高高地堆着一大堆由全国各地读者的来信，都说他们很要看我们的报，但是到得太慢了，要我们赶紧想法子。我们能怎样想法子呢？最爽快的法子当然是自买一架飞机，或是自己定造两只邮船！但是这样爽快的法子，在五年十年后的《生活日报》也许可以说出就干，可是在香港贫民窟里办的《生活日报》，这句话仅在嘴上提一提，读者诸位好友们听了，就已经要感觉到我是在发疯！

六〇　一封诚恳慰问的信*

平心而论，如只想在香港办一个地方的报纸，只想以西南为范围，《生活日报》实在还可以在香港继续办下去；但是我们办《生活日报》是要以全国为对象，而且看到每天堆满桌上的全国各处读者的来信都要求“迁地为良”，歉疚的情绪时刻在我们的脑子里回旋着，同时我们还有扩充股本，增广规模的大计划，于是便毅然决然迁移上海来筹备出版。

我一方面在香港完全以自己筹备的一笔款子试办日报，完全以毫无党派的民众的立场办报，正在排除万难，埋头苦干的时候，一方面却时常听到不可思议的意图中伤的谣言。有的朋友告诉我，有人在造谣，说我得到南京某巨公十万元，以离开上海为条件，于是就把这笔不清白的款子在香港办起报来。又有朋友告诉我，有人在造谣，说我得到西南的钱，替他们办机关报。这绝对冲突的谣言竟同时传到我的耳朵里，真使我觉得好气又好笑。正在这样遭受着莫名其妙的冤屈的当儿，忽然得到老友曾虚白先生由上海寄来的一封诚恳慰问的信：

---

* 原载1936年10月18日上海《生活星期刊》第1卷第20号，署名韬奋。

韬奋学兄：

连续赐寄《生活日报》两期，异常高兴。不客气的说，从报人技术的眼光来批评，这两期我实在不敢恭维，并且要说一句太简单了；可是从朋友的立场说，惟其简单，可以证明你这份报经济的并不充裕，间接证明了我在此间听到许多不利于你的谣言的毫无根据。你还是纯洁的，还是在种种不利的环境中挣扎苦斗着。就凭着这一点信念，我感到非写几句去安慰我海南奋斗的同志不可了。

从你报上接二连三的 ××× 记号上看来，我知道港方检查压迫的利害或者更甚于上海；从你们引《时事新报》“阿国惨败的教训”句中，也发现了大批 ××× 记号一点上看来，知道你直接受到的帝国主义的压迫，比较我们更要利害。咳！在这时代何处真是言论自由的乐土！我同情你的苦痛，可是我不赞成你在港出版的计划。

关于你编辑技术上，我有几点供献：

（一）改换字体：你的报是中型报，要在小范围内容纳大量的新闻，所以必用小体字，老五号是不行的，必改用新五号或六号字。

（二）新闻紧缩：路透电等，应重写，摘其精华，要言不烦。

（三）初办时切勿广拉广告，徒陷于一般报纸低折扣登大幅广告同样之困境，应集全力注意推广销路；待销路有把握，然后创小幅广告而高价之例，应登者亦可踊跃。

（四）本报专电似太少。报纸人才应向外发展，编辑部有三四人主持足矣，其他重要人员应分驻各处。

这是我想着的几点，顺笔书此，毫无系统，望恕潦草，并颂

笔健。

弟曾虚白手启。六月十七日。

这一封充满着诚挚友谊和主持正义的信，好像在我患难中从天上降下

来，使我发生很深刻的感动，这也是我生平最不能忘却的一件事。

我在香港常自恨力量微薄，当时《生活日报》的规模太简陋，但是不料正惟其简陋，使造谣中伤者不能尽售其技！

关于香港新闻检查的情形，我以前曾经谈过，凡是有关英国的新闻或言论，检查得特别严厉，因为那里是完完全全的英国的殖民地；可是关于抗日救国的新闻或言论，却比较地可有相当的自由。

曾先生是新闻界的一位经验学识俱富的健将，他的指教是很可宝贵的。不过在印刷业那样落后的香港，六号字根本没有，新五号字极少，所以只有死笨的老五号。我为着这件事，老早就和工头开了好几次的会议，结果是不可能。新闻重写，我们的计划中原也有，后来已渐渐地实行了。在香港的《生活日报》的广告却一开始就很神气，据熟悉香港广告界的朋友说，我们的广告价格已和该地原有的销路最大的日报分庭抗礼了。关于全国的重要通信网，后来也渐渐地精密起来。

此外我在香港所感到的精神上最大的欣慰，是共同努力于报务的几位共患难的朋友始终不灰心，无论环境怎样困难，他们总是鼓着勇气干着。他们的坚毅的精神，赤诚的义气和真挚的友谊，是我所永远不能忘的。我深信我们在这样挣扎苦斗中所获得的极可宝贵的经验，对于将来重振旗鼓的《生活日报》是有很大的裨益的。

附录

六一　我的母亲*

说起我的母亲，我只知道她是“浙江海宁查氏”，至今不知道她有什么名字！这件小事也可表示今昔时代的不同。现在的女子未出嫁的固然很“勇敢”地公开着她的名字，就是出嫁了的，也一样地公开着她的名字。不久以前，出嫁后的女子还大多数要在自己的姓上面加上丈夫的姓；通常人们的姓名只有三个字，嫁后女子的姓名往往有四个字。在我年幼的时候，知道担任商务印书馆出版的《妇女杂志》笔政的朱胡彬夏，在当时算是有革命性的“前进的”女子了，她反抗了家里替她订的旧式婚姻，以致她的顽固的叔父宣言要用手枪打死她，但是她却仍在“胡”字上面加着一个“朱”字！近来的女子就有很多在嫁后仍只用自己的姓名，不加不减。这意义表示女子渐渐地有着她们自己的独立的地位，不是属于任何人所有的了。但是在我的母亲的时代，不但不能学“朱胡彬夏”的用法，简直根本就好像没有名字！我说“好像”，因为那时的女子也未尝没有名字，但在实际上似乎就用不着。像我的母亲，我听见她的娘家的人们叫她做“十六小姐”，男家大家族里的人

---

* 原载 1936 年 1 月 16 日《妇女生活》第 2 卷第 1 期，署名韬奋。

们叫她做“十四少奶”，后来我的父亲做了官，人们便叫她做“太太”，她始终没有用她自己名字的机会！我觉得这种情形也可以暗示妇女在封建社会里所处的地位。

我的母亲在我十三岁的时候就去世了。我生的那一年是在九月里生的，她死的那一年是在五月里死的，所以我们母子两人在实际上相聚的时候只有十一年零九个月。我在这篇文里对于母亲的零星追忆，只是这十一年里的前尘影事。

我现在所能记得的最初对于母亲的印象，大约在两三岁的时候。我记得有一天夜里，我独自一人睡在床上，由梦里醒来，朦胧中睁开眼睛，模糊中看见由垂着的帐门射进来的微微的灯光。在这微微的灯光里瞥见一个青年妇人拉开帐门，微笑着把我抱起来。她嘴里叫我什么，并对我说了什么，现在都记不清了，只记得她把我负在她的背上，跑到一个灯光灿烂人影幢幢往来的大客厅里，走来走去“巡阅”着。大概是元宵吧，这大客厅里除有不少成人谈笑着外，有二三十个孩童提着各色各样的纸灯，里面燃着蜡烛，三五成群地跑着玩。我此时伏在母亲的背上，半醒半睡似的微张着眼看这个，望那个。那时我的父亲还在和祖父同住，过着“少爷”的生活；父亲有十来个弟兄，有好几个都结了婚，所以这大家族里有着这么多的孩子。母亲也做了这大家族里的一分子。她十五岁就出嫁，十六岁那年养我，这个时候才十七八岁。我由现在追想当时伏在她的背上睡眼惺忪所见着的她的容态，还感觉到她的活泼的欢悦的柔和的青春的美。我生平所见过的女子，我的母亲是最美的一个，就是当时伏在母亲背上的我，也能觉到在那个大客厅里许多妇女里面，没有一个及得到母亲的可爱。我现在想来，大概在我睡在房里的时候，母亲看见许多孩子玩灯热闹，便想起了我，也许蹑手蹑脚到我床前看了好几次，见我醒了，便负我出去一饱眼福。这是我对母爱最初的感觉，虽则在当时的幼稚脑袋里当然不知道什么叫做母爱。

后来祖父年老告退，父亲自己带着家眷在福州做候补官。我当时大概有了五六岁，比我小两岁的二弟已生了。家里除父亲母亲和这个小弟弟外，只有母亲由娘家带来的一个青年女仆，名叫妹仔。“做官”似乎怪好听，但是当时父亲赤手空拳出来做官，家里一贫如洗。我还记得，父亲一天到晚不在家里，大概是到“官场”里“应酬”去了，家里没有米下锅；妹仔替我们到附近施米给穷人的一个大庙里去领“仓米”，要先在庙前人山人海里面拥挤着领到竹签，然后拿着竹签再从挤得水泄不通的人群中，带着粗布袋挤到里面去领米；母亲在家里横抱着哭涕着的二弟踱来踱去，我在旁坐在一只小椅上呆呆地望着母亲，当时不知道这就是穷的景象，只诧异着母亲的脸何以那样苍白，她那样静寂无语的好像有着满腔无处诉的心事。妹仔和母亲非常亲热，她们竟好像母女，共患难，直到母亲病得将死的时候，她还是不肯离开她，以孝女自居，寝食俱废地照顾着母亲。

母亲喜欢看小说，那些旧小说，她常常把所看的内容讲给妹仔听。她讲得娓娓动听，妹仔听着忽而笑容满面，忽而愁眉双锁。章回的长篇小说一下讲不完，妹仔就很不耐地等着母亲再看下去，看后再讲给她听。往往讲到孤女患难或义妇含冤的凄惨的情形，她两人便都热泪盈眶，泪珠尽往颊上涌流着。那时的我立在旁边瞧着，莫名其妙，心里不明白她们为什么那样无缘无故地挥泪痛哭一顿，和在上面看到穷的景象一样地不明白其所以然。现在想来，才感觉到母亲的情感的丰富，并觉得她的讲故事能那样地感动着妹仔，如果母亲生在现在，有机会把自己造成一个教员，必可成为一个循循善诱的良师。

我六岁的时候，由父亲自己为我“发蒙”，读的是《三字经》，第一天上的课是“人之初，性本善；性相近，习相远”。一点儿莫名其妙！一个人坐在一个小客厅的坑床上“朗诵”了半天，苦不堪言！母亲觉得非请一位“西席”老夫子，总教不好，所以家里虽一贫如洗，情愿节衣缩食，把省下的钱请一位老夫子。说来可笑，第一个请来的这位老夫子，每月束修只需四块大洋（当然供膳宿），虽则这四块大洋，在母亲已是一件很费筹措的事情。我到十岁的时候，读的是“孟子见梁惠王”，教师的每月束修已加到十二元，算增加了三倍。到年底的时候，父亲要“清算”我平日的功课，在夜里亲自听我背书，很严厉，桌上放着一根两指阔的竹板。我的背向着他立着背书，背不出的时候，他提一个字，就叫我回转身来把手掌展放在桌上，他拿起这根竹板很重地打下来。我吃了这一下苦头，痛是血肉的身体所无法避免的感觉，当然失声地哭了，但是还要忍住哭，回过身去再背。不幸又有一处中断，背不下去，经他再提一字，再打一下。呜呜咽咽地背着那位前世冤家的“见梁惠王”的“孟子”！我自己呜咽着背，同时听得见坐在旁边缝纫着的母亲也唏唏嘘嘘地泪如泉涌地哭着。我心里知道她见我被打，她也觉得好像刺心的痛苦，和我表着十二分的同情，但她却时时从呜咽着的断断续续的声音里勉强说着“打得好”！她的饮泣吞声，为的是爱她的儿子；勉强硬着头皮说声“打得好”，为的是希望她的儿子上进。由现在看来，这样的教育方法真是野蛮之至！但是我不敢怪我的母亲，因为那个时候就只有这样野蛮的教育法；如今想起母亲见我被打，陪着我一同哭，那样的母爱，仍然使我感念着我的慈爱的母亲。背完了半本“梁惠王”，右手掌打得发肿有半寸高，偷向灯光中一照，通亮，好像满肚子装着已成熟的丝的蚕身一样。母亲含着泪抱我上床，轻轻把被窝盖上，向我额上吻了几吻。

当我八岁的时候，二弟六岁，还有一个妹妹三岁。三个人的衣服鞋袜，没有一件不是母亲自已做的。她还时常收到一些外面的女红来做，所以很忙。我在七八岁时，看见母亲那样辛苦，心里已知道感觉不安。记得有一个夏天的深夜，我忽然从睡梦中醒了起来，因为我的床背就紧接着母亲的床背，所以从帐里望得见母亲独自一人在灯下做鞋底，我心里又想起母亲的劳苦，辗转反侧睡不着，很想起来陪陪母亲。但是小孩子深夜不好好地睡，是要受到大人的责备的，就说是要起来陪陪母亲，一定也要被申斥几句，万不会被准许的（这至少是当时我的心理），于是想出一个借口来试试看，便叫声母亲，说太热睡不着，要起来坐一会儿。出乎我意料之外的，母亲居然许我起来坐在她的身边。我眼巴巴地望着她额上的汗珠往下流，手下一针不停地做着布鞋——做给我穿的。这时万籁俱寂，只听到滴答的钟声和可以微闻得到的母亲的呼吸。我心里暗自想念着，为着我要穿鞋，累母亲深夜工作不休，心上感到说不出的歉疚，又感到坐着陪陪母亲，似乎可以减轻些心里的不安成分。当时一肚子里充满着这些心事，却不敢对母亲说出一句。才坐了一会儿，又被母亲赶上床去睡觉，她说小孩子不好好地睡，起来干什么！现在我的母亲不在了，她始终不知道她这个小儿子心里有过这样的一段不敢说出的心理状态。

母亲死的时候才廿九岁，留下了三男三女。在临终的那一夜，她神志非常清楚，忍泪叫着一个一个子女嘱咐一番。她临去最舍不得的就是她这一群的子女。

我的母亲只是一个平凡的母亲，但是我觉得她的可爱的性格，她的努力的精神，她的能干的才具，都埋没在封建社会的一个家族里，都葬送在没有什么意义的事务上，否则她一定可以成为社会上一个更有贡献的分子。我也觉得，像我的母亲这样被埋没葬送掉的女子不知有多少！

一九三六，一，十日深夜。

患難餘生記

韜奮

第一章　流亡

这本书是在流亡的病苦中写的，所以我首先想略谈流亡。

我这个人就表面上看来，好像是很富于流动性似的，好像是很好动似的。第一次流亡在一九三三年（民国二十二年），从上海做出发点，由大西洋流动出去，于一九三五年由太平洋流动回来，在地球上刚刚环绕一周，流动了这么大的一个大圈子！随后十年来，除和几位救国会的同志在苏州略尝铁窗风味不能算流亡外，有第二次流亡，第三次流亡，第四次流亡，第五次流亡，第六次流亡！好像我乐此不疲似的！流亡包含流动，在实际上我很怕流动。

我怕流动，倒不是因为我懒惰。

第一因为我的职务关系。我差不多出了学校就踏上编辑之路，编辑刊物的出版是有定期的，而在中国这样的艰苦环境里，真正认真办事的机关往往事多人少，不易离开职守。我虽怕流动，在职务上需要流动的时候，也只得流动流动。例如初期在中华职业教育社担任职业指导股主任的时候（当时该社主任黄任之先生，主任之下分股办事，我不久即改任编辑股主任，主持《教育与职业》月刊，职业教育丛书，后来专办《生活》周刊），就为着职业指导运动，偕同杨卫玉先生（当时任该社副主任）跑了十来省的路，不过比较都是短程，而且是交通便利的区域。

第二因为我有晕船晕车的毛病。这种毛病虽不算很厉害，但有时却也够麻烦。在中华职业教育社任事时，有时因该社在南京开年会，有时因演讲（当时东南大学的暑期学校每设有职业教育组，请职教社同人任讲师），我临时由火车偕任之先生于晚间赶往南京。当时由上海往南京，乘夜车是最经济的办法，夜里十一点钟开车，第二日晨六七点钟便到。但是因为我们乘的是二等车，四人对坐，中间一小几，不得躺下去睡觉，有时同座虽偶然空个位置，弯曲而卧，也勉强得很。以有晕车习惯而又不惯熬夜的我，每经这样一夜，便不免头昏脑涨，筋疲力尽。我当时实在敬羡老前辈任之先生那样的精力。我在车里夜眼蒙眬中总看见他常常从衣袋里挖出厚厚一本的活页日记簿子，用自来水笔在那上面写这样写那样，打瞌睡的时候很少。黄先生那个时候是社会上的忙人。他的什么计划，什么演词要旨，大概就在这种时候写下的。黎明车子到了南京，我拖着疲乏不堪的身体随他下车，好像生病初愈似的，但是他老先生却精神抖擞，步履如飞，总走在我的前面。依理我这后辈在旅途中应该照顾他老，但是在实际上却反过来，叫黄包车，讲车钱，都是由他老一手包办，布置妥帖之后，我安然坐上车子随他进城。

其实就中国一般情形说来，交通不便，设备欠周，也是使人怕动的一个重要原因。所以中国有句老话，说是“在家千日好，出外一朝难”。有些洋气十足的朋友，每易破口就骂中国人不知道旅行的益处，不能像外国人那样喜欢旅行，增广见闻，增加知识，甚至认为这也是中国人的一种劣根性，与什么“民族性”有关，他们根本就没有顾到中国人所处的是什么环境。我在国外走了一遭之后，更觉得这种责备是含有莫白之冤。以我这样怕动的人，在国外的时候却也喜动，就是环境给予他以动的种种便利。

我在国内虽怕流动，但是为职务上所需要时却也不辞跋涉，至于万不得已而不得不流亡，那更含有比较重要的意义，和寻常职务上所需要的流动不能相提并论的了。请谈我的第一次流亡。

第一次流亡，一方面是由于《生活》周刊的力量突飞猛进；一方面是由于参加蔡孑民先生和孙夫人所倡导的民权保障同盟。

关于《生活》周刊的始末详情，我在《经历》及《事业管理与职业修养》两书中都曾述及，在这里不想多说。简单说起来，该刊最初是由中华职业教育社所创办，旨在宣扬职业指导和职业修养。后来由于时代的需要和内容的进步，渐渐推广到实际的社会问题和政治问题，在九一八事变以后，对于民族解放的倡导及不抵抗主义的严厉攻击尤不遗余力，超出最初创办者所规定的宗旨，有独立经营的必要。可感谢的是中华职业教育社诸先生慨然允许其独立，由生活周刊社全体同人组织合作社，独立续办，后来成为进步文化一支强有力的生力军的生活书店，即滥觞于此。

当时《生活》周刊风行海内外，声势日大，不仅在交通比较便利的城市可以随处见到，即在内地乡村僻壤及远在异域的华侨所在地，也随处可以见到。最有趣的是不但承蒙许多热心读者自动介绍订户，而且订户还有传代的，父亲归天，儿子还要接下去！

当时的《生活》虽在这样蓬勃汹涌形势之下，在实际上每期销数也不过十五万份。这个数量在外国出版事业发达的地方，可谓渺乎其小，但在中国却好像已属惊人。当时有女作家苏雪林女士把这个事实向胡适之先生提及，胡先生不信，说据出版界邵某说，《生活》每期不过二万份而已，认为无足重视。其实事实胜雄辩，不值得争辩，事实上当时因纸张贴本太重，一部分要靠广告收入贴补，为增强广告户的信任起见，我们曾将邮局立券寄递的证件及报贩收据制版印出证明。《生活》周刊共办了八年，当时的政府如与胡适之先生有着同样的意见，它的生命也许还可以长些，不幸《生活》却被他们重视起来，《生活》出到第六年的时候，就被下令禁止邮递。

本埠——上海——销售只是占全部一小部分，最大部分是要由邮局寄往外埠的，所以禁止邮递当然是刊物销路上一种严重的打击。怎么办呢？当时

《生活》自问对于政府只有在政策上批评的态度，并没有反政府的态度，所以首先从解释误会下手，由国民党的党国元老，向来关心文化事业的蔡孑民先生两次致电当局解释，当局两次回电拒绝，咬定要禁止邮递，蔡先生虽非常和我们表同情，也无可如何。我们还在无办法之中想办法。任之先生认识黄膺白先生（郛），乘他往见某先生之便，托他代为疏通，某先生拿出一厚本合订起来的《生活》周刊，那上面把批评政府的地方都用红笔划了出来，他认为批评政府就是反对政府，所以绝对没有商量之余地。这样看来，邮递这条路是要断绝了，刊物也就不免寿终正寝了！

但是一方面由于读者群众同情心和协助力量的伟大，一方面由于当时所谓特务工作还不及现今的猖獗——尤其是对于文化事业，邮局寄递虽受了无理的禁止，但是交通机关，如铁路、轮船、民航等等地方，随处都有同情热心协助的读者帮忙，一大捆一大包地运输出去，销路不但不因此减低，反而经常增加起来，并且延展了两年的生命，直至我出国之后若干时后才被封闭。（封闭之后，挚友杜重远先生接着办《新生》周刊。）

且说《生活》周刊虽在禁邮的情况下保持着它的英勇公正迈进的态度，但是在当时即站在团结抗战民主运动的最前线，愈益受到当道的嫉视，毋宁说是意中事。

真有生命力的刊物，和当前时代的进步运动是不能脱节的。但是由于环境的压迫，它的艰危的程度也往往随着增加。

火上添油，如上所说，我一面又参加了蔡孑民先生和孙夫人所倡导的民权保障同盟。

提起那时的民权保障同盟，也可以说是民主政治的一种支流初步运动。民主政治不能离开民权，说到民权，除了选举权罢免权等等如中山先生所谓四权之外，最主要的大家都知道而且常常听到的是人民的言论出版集会结社的自由权和生命的自由权，而人民生命的自由权，尤为基本的基本，因为生命的自由权如果得不到合法的保障，什么都无从说起。因此，各国宪法对此都有明确的规定。即就中国说，仅有的基本法如《临时约法》，以及《刑法》，都规定捕人罚人必须经过法律的手续，即由公安或警察机关拘捕，也必须于二十四小时以内送交法院依法处理。此外如公开审判，律师依法辩护等等，都是防备违法残害人民生命的必要手续，在法律上也都有明文规定的。

但是在蔡孑民先生和孙夫人等发起民权保障同盟的时候，所谓特务已经横行，他们避开法院和法律，用绑票方法秘密捕人，酷刑逼供，惨无人道，随意处死，有冤莫伸。在这种无法无天的黑暗情况之下，有用的人材和无辜的青年被牺牲的不知多少！我还记得当时有一位很友好的南洋大学同学，他有一个亲戚是一个年才十八岁的优秀青年，而且是个独子，他的寡母就只有这一个独一无二的爱子，不幸被特务绑去，硬说他是共产党，但毫无证据。他的母亲哭得满地打滚，求援于我的这位同学。当时特务大权握在CC派手里。我的同学和该特务工作主持人亦有同学之谊，便挺身而去，力为担保。答复说可以释放，不过必须写一张悔过书。那个孩子却是一个有骨气的硬汉，他说无过可悔，不肯写什么劳什子的悔过书。结果他终于不明不白地被无辜枪决了，他的母亲虽呼天抢地，哭得死去活来，何济于事！我的这位同学原是一位和平中正的好好先生，也气得切齿痛恨，怒发冲冠，但亦何济于事！这只是我所亲自看到听到的一个小小例子。类此例子，比这例子更惨酷万倍的，更不知有整千整万，不可胜数！

民权保障同盟便在这种惨况之下产生。特务的违法横行，草菅人命，用绑票的方法，用秘刑的拷打，都是在偷偷摸摸、鬼鬼祟祟中进行的，（后来在内地发生“失踪”的新鲜名词，当时这种名词还未曾发明!）民权保障同盟就是要揭发这类黑暗的违法行为，依法加以援救。

蔡孑民先生负党国重望，对于构成国家民族奠基石的优秀青年及人材尤爱护不遗余力。孙夫人向来主持正义，国际闻名。由他们两位出任正副会长，该同盟的力量更为增加，在国际宣传上也更为有力。当时中国特务要在上海租界捕人，不得不勾结租界当局，英美的政治虽也不见得怎样高明，但对于法治二字，总比 CC 派的特务重视一些，所以他们的黑暗伎俩或事实经民权保障同盟揭露之后，对于他们多少也要增加些麻烦。此外该同盟也时常根据事实，直接向有关当局交涉。寻常老百姓如向他们哀求探问，他们可以厚着脸皮回答根本不知道有这回事，根本不知道有这样的人，你又将他们奈何！只是由党国元老主持的该同盟，根据事实提出交涉，却不能像对寻常老百姓那样易于对付了。

这种情形在当时南京当局方面，有一部分人当然满不高兴。他们虽然胆大妄为，但对于党国元老如蔡、孙，究竟不敢遽下毒手，于是决定先从该同盟总干事杨杏佛先生下手。

当时民权保障同盟总会在上海，开会时总是和上海分会开联席会议。每次参加者有蔡先生、孙夫人、她的英文秘书史默得莱女士、鲁迅、林语堂、杨杏佛、胡愈之诸先生，我也忝陪末座。每次开会总是由蔡先生主席。因为有西人参加（还有一位是西报记者，忘其名），中文文件每由林先生当场译成英文，译得很恰当。开会时最有趣的是鲁迅先生和胡愈之先生的吸纸烟。他们两位吸纸烟都用不着火柴，一根刚完，即有一根接上，继续不断地接下去。

杨杏佛先生是总干事，决议案的执行当然偏重在他，他又很热心干事，所以会务的进行很积极。杨先生平日的私人行为，也许不尽满人意，但是他为保障民权努力，为保障民权运动而牺牲了他自己的生命，就这一点说，他的死是值得永远纪念的。

他在事前得到警告，随着事变发生。他有一天刚和他的十一岁的儿子小佛上汽车，暗杀他的枪弹四面飞来，他用全身包围着他的儿子以卫护他，结果他的儿子幸得保全生命，而他自己却被乱弹所牺牲了。

随着谣言四起，有几种“黑单”的传说，鄙人也蒙他们青睐，列名其中。

杨先生死后，送往万国殡仪馆大殓，当时人心浮动，吊者寥寥，不过数十人而已。我和胡愈之先生以杨先生为公而死，殊可钦敬，相约同时偕往灵前致敬，表示哀诚。到时他正在入棺，当时他已和他的夫人分居（似已离婚），只听见他有个胞妹在惨呼大哥，悲泣甚哀，令人凄然。

经过这场风波之后，文化界有几位特别爱护我的好友劝我出国暂避，于是开始我的第一次流亡。

出国不是一句空话所办得到的，必须有相当的经费。幸而有几位好友在国内拍胸膛，先筹集三千元，叫我带着先走，随后他们再设法借款接济。我在国外便就视察所及，努力写书，以作报偿。

第一次流亡算是我几次流亡中最安适的一次，因为中国人往欧美旅行或视察，不管你有钱没有钱，都必须勉强撑着相当的场面，例如乘轮船至少必须乘二等舱，否则上岸时便要发生许多麻烦，往美国甚至要被关在什么岛上的拘留所里，好像锒铛入狱一样！在各国视察研究，各处奔走，虽然也是很辛苦的事情，但是由于环境的相当舒适，交通比较便利，求知的机会尤其易得，这都是令人追想而不胜其依恋的。但是我在当时非被逼迫至万不得已，也不会有出国之行。

附带有一件小事使我感到奇趣。我于一九三三年出国，一九三五年五六月间旅行到美国西北部达科他州（Dakota），在那里经过一个小城市，看到本地当天一份日报上的社论题目，赫然为中国民权保障的良好模范！开首除说明民权在一个共和国里的重要性外，即十分赞扬中国有个民权保障同盟，说中国允许有这样的一个机构存在并允许其活动，真不愧称为中华民国！接着便替在时间上为共和先进国的美利坚合众国大感其惭愧，极力建议应该以中华民国的民权保障同盟为良好模范，也来组织一个民权保障同盟。我看完了这篇社论，一面为中国荣幸，因为得到那样的赞扬，同时却又笑不可抑，深深觉得惭愧，因为我知道在中国的民权是在遭受着怎样的摧残！该报的主笔先生大概只听到中国民权保障同盟历史的前半段，倘若他知道了后半段的历史，也许要感慨系之，不再那样捧场了。

关于第一次流亡中视察及研究所得，我曾经著有《萍踪寄语》第一集（偏重在写英国）、第二集（偏重写德国）及第三集（全部写苏联）。此外还有《萍踪忆语》（全部写美国），是回国后在苏州看守所中完成的。全部写苏联的《萍踪寄语》第三集和全部写美国的《萍踪忆语》，都近二十万言，所搜集的材料较为丰富，而且都是亲自视察到的。周恩来先生有一次偶然和我提及《萍踪忆语》，他说关于美国的全貌，从来不曾看过有比这本书所搜集材料之亲切有味和内容丰富的。这虽承他过奖，但在当时为着搜集著述材料，不以视察美国东部为满足，特冒着相当的险往美国南部一行。（寻常的旅行原没有什么危险，但美国南部反动势力相当大，要去实际探访，搜集真实材料，却有相当的危险。）除东部南部外，还往北部西部视察，不但视察城市，而且深入乡村，所以自问是很费了一番苦功的。

上面说过的四本书，算是我第一次流亡对于读者诸友略尽报告的职责，在这里不想有所赘述了。

现请略述第二次流亡的前因后果。

我在上面提及过，我出国后《生活》周刊即被封闭，挚友杜重远先生即接着创办《新生》周刊，在精神上是和《生活》一致的。这好像我手上撑着的火炬被迫放下，同时即有一位好友不畏环境的艰苦而抢前一步，重新把这火炬撑着，继续在黑暗中燃着向前迈进。我在海外听到这个消息，真是喜而不寐，我从心坎里深深感谢杜先生。但是我于一九三五年五六月间在美国旅行到芝加哥时，突然在芝加哥最著名的《论坛报》上看到长电，详载"《新生》事件"的发生及杜先生含冤入狱的情形，初则为之惊愕，继则为之神伤，珠泪夺眶而出，恨不能立生双翼飞至狱中抱着杜先生向他极力安慰一番。

杜先生的爱国文字狱加速了我的归程。我于当年八月间回到上海，一到码头，别的事都来不及闻问，第一件事即将行李交与家人之外，火速乘一辆汽车奔往杜先生狱中去见他。刚踏进他的门槛，已不胜其悲感，两行热泪往下直滚，话在喉里都不大说得出来！我受他这样感动，倒不是仅由于我们友谊的笃厚，却是由于他的为公众牺牲的精神。

杜先生身在狱里，他所创办的《新生》也夭折了，我于是筹划创办《大众生活》周刊。当时是九一八事变后的第五周年，华北五省等于继着东四省而送却，而来日大难，方兴未已，救国运动和妥协阴谋两方面的斗争日趋尖锐；另一说法，也就是停止内战以团结抗战的主张和宁愿妥协不愿停止内战的成见，这两方面的斗争也日趋尖锐。爱国的热火在每一角落里每一个爱国同胞的心坎里燃烧着，当局虽尽力压抑，亦有难于禁止之势。《大众生活》便在这样形势之下，接着《新生》而撑起光芒万丈的火炬，作为爱国者的代言人和计划者。它的产生正在震动寰宇的一二九学生救国运动和全国澎湃，沛然莫之能御的如火如荼的救亡运动的前夕。

《大众生活》每期销数达二十万份，打破中国杂志界的纪录，风行全国，为每一个爱国青年所爱护，为每一个妥协阴谋者所震慑不是偶然的，因为它是与当前时代最进步的运动——救亡运动——联结在一起的。参加救亡运动的重要作家和热心青年，他们的重要著作都在这个刊物上发表；这个代表时代性的刊物，它的内容是和当前时代的进步主调息息相关，有着非常密切的关系。

但是当时上海许多朋友及各界爱国人士接着一二九学生救国运动所迅速形成的风靡全国的救亡运动的核心，是和当时政府的所谓“睦邻政策”处于矛盾的地位。在政治比较上轨道的国家，民间的爱国运动，原可作为政府外交的后盾。但在中国则情形往往相反。他们不把民间的爱国运动视为是对外来侵略者的敌忾同仇，却视为是反对政府！当时政府中有些人老实主张妥协投降，有些人则表面上虽不敢直接主张妥协投降，但却借口“准备”，高嚷“先安内后攘外”！救亡运动者对于直接主张妥协投降者固然给以迎头痛击，对于“准备”论者，认为要真正迅速准备保卫国土，必须立即停止内战，全国团结，一致对外，这样才是真正安内。倘若继续内战以“安内”，那结果还是要走上妥协投降同一道路。这种说法，在今天看来，更是显明得很，七八年来的团结抗战给与了这种理论以铁的证明，虽则还有一些民族败类仍在时时发生破坏团结的阴谋，但在当时这种主张却被当道视为大逆不道！

当时上海成为在实际上领导全国救亡运动的中心，而在南京的当局，据说对于这个“中心”地点，最注意两个东西：一个是李公朴先生所办的拥有五千爱国青年学生的一个补习学校；还有一个便是被证实了每期有着二十万份销路的《大众生活》周刊。那个补习学校的爱国青年是当时上海民众运动一支强有力的生力军，使该校成为民众运动的一个大本营，所处地点虽属上海一隅，而上海的民众运动所发生的影响是要遍及全国的。至于大众生活，那更不限于上海一隅，是在海内外不胫而走的。

于是当局注意到李公朴先生和我。说来此中还有着一段有趣的经过。南京方面派了两个人来和我谈话：一个是据说现在因私人粉红色事件灰心去做和尚的L先生；还有一个是最近新任国民党中央宣传部长的C先生。他们两位我原来都不认识，由上海出版界一位朋友邵洵美先生作介绍人，即约在一个晚间在邵先生的家里谈话。

我本来胸怀坦白，主张光明，无事不可与人公开谈谈。邵先生作调人的好意，盛意尤不便辜负。我在一个晚间晚饭后应约到邵家，邵先生和L、C二氏都已先在，我们在客客气气的气氛中开始谈话。听说C先生以前是在法国学艺术（油画）的，他很会说话，而且说得很多，他一个人就说了三小时之久，我静心倾听，始终不得要领，倒是L先生说话容易懂而饶有奇趣。他当时是××社的总书记，据说中国法西斯的组织章程，就是他根据意大利蓝衣党的模型而起草的。他那时剃着光头，两个眼睛圆圆大大的，说话的声音很洪亮。他说的话也不少，关于抗战问题，他发挥了一大篇“领袖脑壳论”。中国的国土在继续内战和不抵抗主义的情形下一天天缩小，是否应该立即停止内战，团结全国一致御侮呢？简单问一句，中国应否抗战？如那时还不应抗战，到了什么时代才应抗战？这些问题，在L和尚看来很简单，全凭领袖的脑壳去决定，他说一切都在领袖脑壳之中，领袖的脑壳要怎样就应该怎样！我们（指全国人，L和尚当然也包括在内）一切不必问，也不该问，只要随着领袖的脑壳走，你可以万无一失！

他声如洪钟似地侃侃而谈，发挥这种妙论，津津有味，我当时微笑倾听，觉得真是闻所未闻，听到了千古奇谈！看到他那样天真，感到一种奇趣。不，他还有奇谈汩汩而出。他说领袖的脑壳，自有妙算！你们言论界如果不绝对服从，还要呶呶不休的话，那好像领袖要静静地睡觉，你们这些像蚊子嗡嗡在周围烦扰不休，使他是忍无可忍，只有一挥手把这些蚊子完全扑灭。你看他多么天真有趣，把全国的救亡运动和救国舆论，轻轻加上“蚊子嗡嗡”，只要“一挥手”就可以“完全扑灭”，我听到这种有趣的奇谈，除由微笑失声狂笑之外，寻不出其他的落场。他见我只是笑，也许以为我已心悦诚服了，更肃然逼紧一步对我宣称：“老实说，今日杀一个 ×××，绝对不会发生什么问题，将来等到领袖的脑壳妙用一发生效果，什么国家大事都一概解决，那时看来，今日被杀的 ××× 不过白死而已！”

他把死来恫吓我，但却说得那样有趣！这不能不使我继续地笑。我说救亡运动是全国爱国民众的共同要求，绝对不是一二人或少数人的“脑壳”所能创造或捏造出来的，所以即令消灭一二“脑壳”——这里指的当然是无辜民众的“脑壳”，不是L和尚所说的神圣不可侵犯的领袖的“脑壳”，大有合并声明之必要——整个救亡运动还是要继续下去，非至完全胜利不会停止，这希望他们了解者一。同时附带对他声明，不参加救亡运动则已，既参加救亡运动，必尽力站在最前线，个人生死早置度外：这是对于他的以死恫吓作简单干脆的答复。民间的爱国运动，尽可被作为政府的外交后盾，不必即视为反政府的行为，这是希望他们了解者二。政府既有决心保卫国土，即须停止内战，团结全国一致御侮，否则高嚷准备，实属南辕而北辙，这是希望他们了解者三。我们希望蒋先生领导全国抗战，成为民族领袖，对领袖当然尊重，但对于L先生所主张的“领袖脑壳论”却不敢苟同，因为领袖的伟大处正在能集众“脑壳”的大成，而不在消灭众“脑壳”或无视众“脑壳”而成为“孤家寡人”，这希望他们了解者四。

于是谈了许久，差不多到了晚间一二点钟，邵先生虽也在座，他是处于调人和招待客人的地位，只是时时微笑地静默着抽他的香烟，说话最多的当然是L、C两位，我也是只是扼要地贡献一些上述的意见。我们都始终客客气气，没有面红耳赤过，虽则L先生一说起“领袖脑壳”，就两个眼睛圆睁得特别大，声音特别洪亮，好像特别兴奋似的。时间谈得太晚了，我起立告辞，叫了一辆野鸡汽车，奔驰回寓。上车之后，我独自一人在车里失声而笑，因为好像在做梦，又好像看了一出什么喜剧！南京既叫他们两位跑到上海来和我谈话或谈判，何以既没有什么重要的有关题目的话提出来谈，一则语无伦次，一则妙论横生，最后即一哄而散，毫无结果可言，真是令人摸不着头脑。(虽则大家都有一个“脑壳”！)

但是读者诸友不要以为我在说笑话，因为仔细想想，L先生的“领袖脑壳论”虽然说得奇突，直至现在，国民党中有一部分人还是把这样的态度来“尊重”他们的领袖。他们提倡对于领袖的绝对服从。有人说在蒋先生左右很不易找出卓越的英才，这话对不对是另一问题，倘若有几分意义的话，毛病就在上述的“领袖脑壳论”，虽则国民党中其他人物也许不会像L先生说得那样天真直率。

这种领袖观便是独裁的领袖观和民主的领袖观的根本差异。民主的领袖观是要领袖采取众长，重视民众“脑壳”，即重视民众的要求和舆论的表现；独裁的领袖观便恰恰相反，只有领袖算有“脑壳”，其余千亿万的民众算是等于没有“脑壳”！前者需要真正的民意机关，民意机关便是最优秀的民众“脑壳”的聚集所；后者便厌恶民意机关，因为聚集他们所怨视的民众“脑壳”于一堂，不但没有什么意思，而且他认为还要妨碍他的独裁。

这也许就是法西斯主义的领袖观。不久以前在报上看到德国宣传部长戈贝尔对德国人民演讲，有几句妙语，他说："我们只要看看领袖（指希特勒）的面孔，便知道他是悲天悯人，志在拯救世界。"(原文不在手边，大意如此）我看到这几句话，也不免失声而笑。怎样的面孔才是"悲天悯人"，又能"志在拯救世界"？是不是哭丧着脸的面孔？讲到老希的面孔，有人说他具有一副流氓面孔！流氓和"悲天悯人"云云，相去更远了。美国的电影明星卓别麟恶作剧，在他杰作的《独裁者》一片里，把老希的面孔造成一个小丑的面孔，小丑的"悲天悯人"至多是假的吧！但是无论如何，在法西斯主义者看来，他们领袖的面孔总是与众不同，在面孔上就含有"悲天悯人"而又"志在拯救世界"！这可称为"领袖面孔论"。不过戈贝尔博士还未曾进一步指出只许领袖有面孔，其他的人就应该一概不要脸罢了！

其实盲从领袖的面孔也罢，盲从领袖的脑壳也罢，盲目的服从究竟不及理智的服从。即就L先生而论，听说他因为私人粉红色事件，被他的太太在蒋先生面前哭诉一番，蒋先生听了之后，把L先生叫到面前大骂一顿，L先生大为心灰意冷，法西斯的气概顿然消失，披发入山去做和尚去了。这段故事如果确实，可见L先生对于领袖"脑壳"的信仰还不能够坚决，亦可见盲目的信仰究竟比不上理智的信仰。

话说得远了，闲话少说，言归正传。且说L、C二位回到南京之后，对于我的报告也许还不算很坏，因为接着得到消息，知道蒋先生有意约我往南京和他当面一谈。由杜月笙先生出面表示，他愿意亲自陪送我往南京见蒋先生，并于晤谈后亲自陪送我回上海。这是出于杜先生的一番好意。当时上海有个地方协会，是由上海工商界巨子所组织的，杜先生是该会的重要分子（好像就是该会会长已记不清)，秘书长是任之先生。我由任之先生的介绍而认识杜先生。当时杜先生在上海社会上的势力是众所周知的，同时又是蒋先生最亲信的一人，有许多职业界的朋友觉得由他出来保证安全是再靠得住没有，都赞成我往南京一行。杜先生很豪爽地拍胸脯说道："有我杜某陪你同往，又陪你回来，安全绝对没有问题。”他一面这样说，一面即电南京接洽好日期，南京方面戴笠奉命于某日亲到火车站来接我们。

我当时是全国各界救国联合会执行委员之一，所以除我自己考虑之外，还要征求救国会的几位同志的意见，因此在未决定以前，对于杜先生之约一时未置可否。在讨论期间，当然有不同的意见，有些同志估计不致有何意外（指扣留之类），尽可赴宁一谈。有些同志却认为不妥，关于救亡运动的态度既不能随便迁就，即有意外的可能。经过大家两次会议讨论之后，决定不去。

我把不去的决议告诉杜先生的时候，知道他所约的日期即在翌日清晨，当晚即须乘火车赴宁，对于我的不去，很不痛快，认为是失约。当天下午在中汇大楼（杜先生的办公处）和杜先生谈话的时候，在座的还有一位老资格的银行家，他和蒋先生很接近，平日对我也很有好感，听到我的决议，很诚恳地不慌不忙地对我说道：“你这次要不往南京一行，就只有再流亡海外，国内是休想驻足的!”但是我的意思已决，“三军可夺帅，匹夫不可夺志”，我只有谢谢这位银行家的好意，并再三对杜先生道歉而已!

后来据杜先生说，翌晨戴笠在南京果乘车往车站来接我们。接不到人，只得丧气乘原车而回，那天早晨适有倾盆大雨，泥泞溜滑，半途车子翻覆，弄得全身污泥！实在对不住他。在他们看来，我大概是一个最不识抬举的人!

别的不成问题，尚成问题的却是上述某银行家所说的话。我已拒约，有些熟悉实际情形的朋友便认为我不宜再住在家里，于是我只得隐藏。讲到再流亡海外的计划，我刚由海外回来不到四五个月，负债未清，在经济力上也无法再作海外之行。但是爱护我的朋友都认为我非速走不可。不得已而思其次，想到较近的香港，这样促成了我的第二次流亡。

当时西南也在要求中央领导抗战，也是救亡运动蓬蓬勃勃的一个区域，香港虽是英国的殖民地，但在地理上和西南很接近。我到香港之后，便创办

《生活日报》，同时编行《生活星期刊》。（星期刊就是周刊，所以采用这样累赘的名称，因为《生活》周刊已被封禁，改用另一名词，在内地发行才不受阻碍。）当时的香港，文化园地非常荒凉，和在抗战以后的情形相差很远，当地日报每日销数最多的不过五六千份，《生活日报》一出版即每日销到二万份，已震惊了香港的出版界，但是当时的香港究竟不宜于全国性的报纸，日报寄到内地，在时间性上已不免落后，而邮费又奇昂，因此《生活日报》每月亏本，亏到四五个月，无法再亏下去，只得自动停刊。同时也因为救亡运动需要我再到上海，在事实上也无法兼顾。

当时编辑部人马却相当充实，有金仲华、恽逸群、王纪元及柳湜诸位先生参加。后来胡愈之先生由法国回来，也加入了我们的阵营。人力相当充实，而财力却不够雄厚。《生活日报》原在上海发起，原定资本三十万，系两合股份公司性质，承各处读者踊跃投资，不到一个月已凑集资本十五万元以上。那时国民党中央党部闻而震惊，听说曾经开会讨论，想单独投资十万元，后来因知道是两合公司，虽多投资而亦无法操纵，只得作罢。《生活日报》原可顺利产生，后因我受到政治的压迫，实际上办不起来，为顾全投资读者的利益即本报的信用起见，将存在银行的股款本利全部归还。到了我第二次流亡到香港时，因系试办性质，系由生活书店理事会决定资助，结果在经济上是遭到相当的损失。

但是由于本报同人的努力，在推进救亡运动的效用却有着相当的影响。当时民族统一战线已在积极酝酿中，而要迅速形成民族统一战线，最主要迅速停止内战，团结全国，一致御侮。换句话说，国内必须和平统一，作为团结抗战的基础，原有的内战固然不应继续，更不许有其他内战的发生。当时中央与西南处于很尖锐的敌对地位，而我们坚持民族统一战线的立场，持论和当时香港以及西南某些时论不同。他们有的站在袒护中央的立场，便主张中央用武力讨伐西南；有的站在袒护西南的立场，便主张西南用武力反抗中央；总之一不幸而开火，无论谁打谁，新的内战又起，这对于全国团结抗战都是不利的。我们站在全国团结抗战的立场，反对原有的内战继续下去，也反对有任何新的内战又发生出来；不管它是国共战争也好，中央与地方战争也好，都是有利于我们民族的侵略者，都是全国团结抗战的莫大的障碍，都是我们所反对的。我们主张中央应采纳西南抗战的请求，同时西南应力避与中央武力的冲突。我们的这种主张，曾在当时言论上作有力的表现，坚持到底，毫不动摇。

我们当时不但对于西南问题有这样的态度，并推广这个原则应用到整个的救亡运动，就是在团结御侮的大原则下各方面都应该消释前嫌，为国家民族的生死存亡大问题共同奋斗——也就是民族统一战线的形成。我们几位在港的朋友曾为着这个问题，讨论了几天几夜，结果草成了一本小册子，名为《团结御侮的几个基本条件与最低要求》，由我亲自带到上海，再和沈钧儒、章乃器诸先生及其他救国会诸同志作详尽的检讨，经过港沪几位朋友多次的商讨和修正之后（当时陶行知先生适因赴美经港，对小册子内容亦曾参与商讨），最后由沈钧儒、章乃器、陶行知诸先生和我四个人共同负责署名发表。这本小册子最初产生于香港的生活日报馆，最后由上海印行普及全国，引起了全国各方面的重大的反应。这是在一九三六年六七月的时候。

除上述的那个小册子外，关于办理《生活日报》的详细情形，我曾有《在香港创办生活日报的经过》一文载在拙著《经历》一书中。在港发表的比较重要的文字，后来印成一本《坦白集》，把《团结御侮的几个基本条件与最低要求》收在该书附录里，以便浏览。

这些都算是我第二次流亡对于读者诸友的报告。

在港办报的时候，正是陈济棠氏在广东做“广东王”的时候。我和他原无一面之雅，他听见我到香港办报，特派曾任经济部次长的P先生由广州到香港来约我去谈谈。P先生，我在英国时曾见过几面，那时他在牛津读书，我在伦敦及旅行到牛津时，都在友人处遇着过他。我当时知道他是广西派人物。大概政界人物在海外的时候，头脑都比较地清楚，所以我们还谈得来，虽并没有过什么深谈。陈氏派他来约我，也许因为知道他在英国的时候认识我。我站在新闻记者的立场，距离香港近在咫尺的广州当局约去谈话，当然是愿意一行的，所以便偕同P先生赴广州。我因职务很忙，所以言明当天到广州，当夜谈话，第二天即须回港。

到广州后，承陈氏派副官招待，先在一个很讲究的旅舍休息一会，当晚即往陈氏所自建的花园别墅。（似是这样名称，或是小花园，已记不清，总之是在广州一个很有名的很讲究的建筑。）他有好几辆很宽大讲究的汽车，特派副官乘一辆来接我去。近别墅及别墅内武装保卫森严，持枪鹄立，见有陈氏副官陪着一人乘着陈氏自己的汽车疾驶而来，也许以为是什么大官儿，都大行其敬礼，不知道只是一个新闻记者。陈氏闻报，亲至车旁迎接，身穿灰蓝色绸衫，彬彬有礼，看上去却好像乡间来的一位财主士绅。我们大概单独两人对谈了二小时，谈的是抗战问题。当时西南有不少人认为非倒蒋不能抗战，陈在当时也有这类意见，这和我上述的团结御侮的意见不无出入，我便尽其所知，详为说明。临行时，仍由他的副官乘汽车护送，他亲自送至车旁，亲自代开车门，行一深鞠躬礼而别，颇能谦恭下士。

第二日仍由P先生陪送我乘火车回香港，临行时他说："陈老总觉得文人生活艰苦，如你同意的话，他想送你三千元，聊表微意。"我谢谢他的体恤文人的好意，但表示我办报办刊物，向来以不接受任何方面一文钱为铁则，所以请他代为婉谢。

后来李宗仁氏到广州，也约去谈了一整天；白崇禧氏到广州也约去谈了大半天。他们的抗战情绪都非常高，但因为西南和中央仍处于敌对的地位，大有箭在弦上不得不发之势。我对于国内外形势及全国必须团结始能御侮的意见，也知无不言，言无不尽。李、白二氏，我以前也未见过，但是他们直截爽快，我们一见如故，尤其因为他们主张抗战，谈话易于接近，虽则李更直率，白较深沉。

后来幸而由于全国民众的实际要求，全国舆论的呼吁督促，不但西南问题终于和平解决，即国共战争也得到和平解决，于是内战终于避免，民族统一战线终于形成，抗战才得实现，这虽是某些妥协阴谋派所疾首痛心，却是全国爱国同胞所额手庆幸的。

这决不是一二“脑壳”或少数人的“脑壳”起了什么神秘的作用，而是全国民众的实际要求所反映。能符合这种反映的主张或言论才有力量，否则无论你如何自信神通广大，无论你怎样卖力开倒车，都是徒然的。

想起在第二次流亡中在香港办报办刊物的经过，我不由自禁要很沉痛地纪念不幸早死的工作同志王永德先生。他在世时我就称呼他“永德”，因为他真是我们里面一位小弟弟，死时年龄才二十岁左右，如果他亲耳听我称他做“先生”，也许要叫我收回的。

永德常熟人，是生活周刊社公开考取的第二个练习生（后来生活书店规模渐大，一考取练习生，一次就是一二十个，最初规模小时，每次考取一个两个而已），来时年才十四岁，沉默寡言，勤于学习，业余自修非常勤奋，所以进步非常快。对职务忠诚切实，富责任心。我办《大众生活》的时候，他就担任助理编辑，同时相助办理文牍。你看他那样年才十几岁的小小个子，他的学识由于数年间的自修，已超过一般大学毕业生的文化水准，他的办事经验由于数年间的训练，也已丰富纯熟。每日各处读者来信很多，有几位同事帮我料理，他也是一个，每日各信由我亲自阅看以后，口授答复要旨，他写作已很纯熟，常识尤为丰富，每日持笔作复数十信，在不声不响中办得妥妥帖帖，视为常事。有种青年容易犯一种毛病，即知识稍有进步，即虚骄之气逼人，实际上由此阻碍了自己的再进一步。永德刚刚相反，他愈求进步，愈不自足，愈虚心。他对事能从各方面看，能有充分的谅解精神，因此他的待人接物都有很合理的态度。因此许多同事对他都很敬爱。

这样进步可爱的一位青年，不知怎样竟被特务所注意，特务魔手的暗影已渐渐向他笼罩过来。我知道他在上海有这样的困难，所以赴香港办报的时候，就叫他随后也来香港。《生活日报》开办之后，他就担任《生活星期刊》的助理编辑（该刊由我主编）。他的知识和办事能力比前更进步，而尤其使人感动的是他忠诚于职务，不怕麻烦，不怕劳苦的精神。我们在港办报时，因资本有限，自己还买不起卷筒机，是租用《大众日报》的机器，排字房也是租用他们的，当时香港排字工人的技能不及上海，而印刷机又须和别人分用，所以相当吃力。为着《生活星期刊》的编排印刷，我们两人常须共同工作到深夜，还要到印刷所中亲自照料一切，几次的校样也要深夜在印刷所中临时阅看。他自己只知工作，不怕劳苦，却常常顾念到我的辛苦。他看到我日夜忙碌，过于疲乏了，便在深夜催我先回，说他可以久留一些时候，不至偾事。我虽疲乏，对于工作的兴趣却很浓厚，往往他催了几次，我还不走，但是他总是时时关心，屡催不已。他那样忘己地工作，那样诚挚地爱护同事的精神，使我得到非常深刻的印象，使我永远不能忘却。

一九三六年六七月间我由港回到上海，《生活日报》只得暂时停办，但《生活星期刊》却仍移沪续办。永德不久也随着到上海，特务的魔手暗影对他愈逼愈紧，屡次到办公处来要寻觅“王永德出来谈话”！我们以为他应该暂避，刚巧杜重远先生要找一位朋友替他整理编辑狱中笔记，我们就请永德暂时在家里做这件事，不必再出外，免得麻烦。这件事在他是可以胜任愉快的，我一建议，杜先生就赞成，他也同意。

永德把这本书很周到地编辑完成，正待付排由他校阅，不料不到几天，我忽听说永德患伤寒症躺在医院里。我赶紧跑到医院里去看他的时候，他人已糊涂，耳朵几乎失聪，眼睛几乎失明，瞪着眼望着我一声不响。我想不到一个活泼泼的青年几天不见就成了这个样子，同时想到他近来的凄凉身世，不禁悲从中来，含泪附近他的耳朵问他道：“你身体觉得怎样？我是 ×× ，你认识我吗？”我这样问了好几遍，他才转着模糊的眼珠，含糊呼“ × 先生”，接着就问：“杜先生的书印出了没有？”永德的富责任心，于此可见；虽在这病苦的状态中，他对于未完全完成的任务，还是念念不忘的。

这个有着光明前途的青年的可宝贵的生命终于无法抢救回来，殡殓的那一天，我和许多同事都亲自送他入棺，失声痛哭，步行随着他的灵柩到苏州河旁，看他的灵柩抬上一只船，准备载回常熟故乡安葬，我们排列着对他鞠躬致敬，惨然而别，从此便和永德的躯壳永离了。

永德的躯壳虽不幸早死，他的精神是不死的。他所努力的是进步文化事业。进步文化事业是集合许多人的心血劳力而一点一滴地造成起来的，凡是在这里面参加过或用过力量的人，对于进步文化的总成果便是尽了他的一部分的力量，他的成绩便融合在这总成果里面，不会白费，即令不幸中途放下他的武器——文化战士的武器——还有无数同志会继续不断地干下去，不但力量不会白费，即继续性也不会中断的。当然，这里指的当然是进步文化事业，有益于大众，有益于革命的文化事业，只有这样的进步文化事业才能随着时代的进步而一同进步（就另一意义说，同时也是时代进步的推动力）。

从这个意义说，永德的精神已是不死的了，虽则他在世的时间太短，给他贡献的机会太少，如果他能永年，必能成为一个更完备的更熟练的文化战士，如今都属无望，这未尝不是进步文化界的一个损失。我为着这个文化战士的夭折，想起他的苦战的精神，他死后我在编辑室里独自办公的时候，为着他哭了好几回。但继而细想，永德的夭折，虽是由于病，而黑暗势力的逼迫摧残，逼得他心神不安，也是使他短命的原因。我为他哭有什么用？他的武器不得已而放下，我应该更坚决地更英勇地拿起我的武器，在苦难中和黑暗势力作继续不断的战斗。我遇到困难而不退怯，虽在流离颠沛艰苦危难之中而不为不义屈，在这样的时候，我每想起为着进步文化而艰苦奋斗至死不屈的同志如永德的苦战精神——直至今日，还有一位生活同事在集中营中，一位生活同事在牢狱中，一位生活同事在失踪中——这些文化战士的奋斗精神、牺牲精神，常使我在悲愤凄切的心境中增加千百倍的勇气和决心。当这样的时候，我一面固然深深觉得不应放弃自己应尽的任务，而同时也深深觉得我不能辜负他们，我应该如上面所说的更坚决地更英勇地拿起我的武器，在苦难中对黑暗势力作继续不断的奋斗。我应该“战至最后一滴血”！

我深信永德的纯洁、忠诚、英勇、同志爱，将永远遗留在后死的许多同事中，将永远感动激励后死的为进步文化而努力的许多同志。就这个意义说，永德的躯壳虽死，他的精神也是不死的。

关于第二次流亡的前后情形，大略已谈过了，最后还有一个小小有趣的注脚。

杜月笙先生挺身出来，愿陪伴我赴南京一行，当时不去的决议是否正确，在三年后无意中得到间接的证明——证明当时不去是对的。原来大家认为有杜老板“保镖”是不成问题的。但是这种保证却也难说。吴老老（稚晖先生）等四老不是也曾经拍胸脯担保过护送李济琛先生赴南京吗？后来李先生还不是仍被扣留下来？我在国民党看来，够不上比李先生，杜先生在政府方面看来也不见得比得上吴老老。但是当时也有人估计不致有任何意外像扣留的事情发生。三年后我在重庆，张岳军先生（群）有一次在和我谈话中无意中提及，说：“你们大家应该好好地和蒋先生合作，蒋先生实在是非常重视人才的，那次约你赴南京面谈，就因为陈布雷先生太忙，要请你留在南京帮帮布雷先生的忙。”我听到这番话，才恍然那次如赴南京，原来有做“陈布雷第二”的希望！我自问够不上算什么人才，但在蒋先生方面也许如张先生所说，是出于一番好意，不接受这番好意似乎是所谓不识抬举。但是就我当时在救亡运动中的工作看来，就我当时在进步文化的岗位看来，谁都看得出这是等于扣留或软禁的。而且如果是真正的扣留，还只是消极地做阶下囚而已，一经“抬举”，尚须做工作，假使叫我起草当时的所谓“睦邻”政策的文章，或是抹煞救国运动的文件，我将怎样办呢？所以结果，比真正扣留更糟糕！

“陈布雷第二”！陈先生原是我所敬重的前辈，对这个名词作何感想呢？我说陈先生原是我所敬重的前辈，这不是空话，有文为证。我在《生活》周刊上曾经有一篇专访陈先生而记述下来的文章，把他的为人介绍给有志的青年朋友。当时他担任上海《时事新报》的总主笔，程沧波助他写社论，潘公弼先生担任总经理，我担任秘书主任，我们几个人都很谈得来，私人友谊都很好。布雷先生在报界文坛的声誉，在《商报》时代就已建立起来。他当时不但富正义感，而且还有革命性。当时人民痛恨军阀，倾心北伐，他以畏垒为笔名在《商报》上发表的文章，往往能以锐利的笔锋、公正的态度，尽人民喉舌的职责。他对文字修养非常注意，可谓一句不苟，而对于每日的社论题目，尤能抓住当前最核心的最为人所注意的问题。例如在报馆里深夜，社论已草就，报已将上机印刷，虽迟至二三点钟，如临时有专电到，有重要问题发生，他不顾疲乏，不肯偷懒，宁把已草就的社论搁置而重草新题。第二日各报或仅有专电载其事而言论无有，《商报》则切当的言论和重要的专电同时出现，受到读者的热烈欢迎。他这种对于职务的认真精神，也是值得做模范的。

但是我如果不怕开罪前辈的话，我应该老实说，在蒋先生左右的布雷先生和在上海报界时代的畏垒先生已截然若两人。我的意思倒不是说布雷先生不该在蒋先生左右，而是说他入了政界以后，只是消极地做起草人，而不能以有眼光、有胆识、符合人民属望的主张匡助蒋先生，也不能排斥国民党反动派的种种荒谬措施。陈先生个人仍然是个好人，待朋友仍然是那么诚恳，我和陈先生的私人友谊仍然是好的，（虽则我们今日谈到政治问题不免背道而驰，格格不相入。）但是以陈先生所处的地位，仅仅个人独善其身是不够的。所以讲到后半段历史的陈先生，我要直率地说我不愿做“陈布雷第二”！因此我说那次不赴南京的决议是对的。

接着我应该谈到第三次流亡。但在第二次和第三次流亡之间，还有一段插曲，那就是和救国会几位同志在苏州八个月的铁窗生活。关于这一段插曲，我在狱中所著的《经历》一书已有相当的报告，沙千里先生还著有《七人之狱》，其中有不少可珍贵的历史材料，可供参考，所以在这里没有复述的必要，不过《经历》所述止于检察官起诉的时候，开审以后的情形便未及有所记述。关于开审的情形，当时全国各报也都有记载，这里只想报告一些有趣的零星事实。

当时我们几位为着救亡运动而身入囹圄，在个人方面的利害都看得很轻，仍然注意于如何开展救亡运动以达救国的目的。因此对于公开审问，认为是宣传救亡的一种机会，一点不肯放松，大家对于那位萧检察官的黑着良心有意诬蔑周纳的鬼话，都在狱中准备好严厉驳斥的材料。（听说那位萧检察官因为这次完全听着党部中的老爷们牵着鼻子走，尽卖力诬陷之能事，竟升了官，我们应该替他道贺！）尤妙的是李公朴先生，他好像在学校时代准备演说竞赛似的，不但把所备的材料念得烂熟，而且还要在号子里大练其嗓子。他的身体本来很坚强，嗓子本来很结实，再经一练，更要震动屋瓦。在开审的那一天，我们在待审室里，就听得到他在法庭上哗啦哗啦，大家已不禁失笑，他被审问后跑出来，第一句就急急地问："我的嗓子如何？我的嗓子如何？"我说你放心，一两千听众一定会对于你的救亡伟论都听得清清楚楚。他听了才用手拉拉他嘴旁像张飞般的那一大把胡子，把心放下，好像如释重负似的！

王造时先生是一位名教授，又是一位有名的演说家，他在法庭上立在法官案前被审问的时候，原是朝着法官，回答法官的询问。但是他好像把法庭看作救亡运动演讲大会，回答时侃侃而谈，口若悬河，挥手大作其演说家的姿态，边说边把身体慢慢向后转，先转三十度，慢慢增加，差不多斜对着他后面济济满堂的听众。他好像不是在回答法官，而是念念不忘去对着他后面的许多听众！法官很客气地请他把脸回转来对着他，他只好照办，但顷刻间又慢慢由三十度而向后转，引得全堂大笑。

沈钧儒先生年高德劭，爱国热诚，感动全国，他那一副美髯，和他的蔼然仁者的岸然道貌配合在一起，尤使人肃然起敬。审问我们的那位法官总是多少还具有一副好心肠（至少和那位检察官不同），他看见沈老先生久立作答，大概心里觉得不忍或惭愧，屡次很谦恭地请沈老先生就坐（临时备有一张椅子给他老先生坐），老先生宁愿和其他救国同志共甘苦，不愿独坐，始终未曾应允。

当时我们七人，每人有三个律师辩护，都是上海名律师，自愿担任义务辩护，三七二十一，共有二十一位律师，成为一个律师团。开审的那天，他们都穿着律师出庭穿的“道袍”（好像道士穿的道袍，故借用），分成两排坐在听众的前面，面对着法官。那种现象真的好像一群道士在那里念经拜忏似的。那个黑着良心诬陷周纳的检察官虽坐在法官旁边，却大摆其臭架子，各位律师把他所说的鬼话驳得体无完肤，哑口无言，张志让律师当日为沈老先生的辩护人，不知说了什么直率的话，那检察官居然老羞成怒，大发雷霆，说他侮辱了检察官的尊严，大声问他姓甚名谁，张律师也严正地照答，他竟倚仗官势，叫书记把张律师的姓名记下，好像有什么神威随后可以施展出来似的！出乎他意料之外的，是他那种荒谬举动激动了全体律师团的公愤，两排律师全体起立，严正地声明他们和张律师同一意见，如要叫书记写什么姓名，可把全体姓名写下，这样使得那个摆臭架子的检察官吓得面色苍白，哑口无言，尽上海人所谓“坍台”之能事！（用国语说来，便是丢脸。）这种地方也可以看到集体的团结的力量。

开审的日期，由看守所押到法院，要经过几条街，当局竟把梁山泊上的好汉相待，凛于民众爱国的热诚，恐有“劫狱”之举，真是防卫森严。四辆汽车，除史大姐（史良律师，我们都称她为大姐）独乘一辆外，其余二人一辆的旁边踏板上站着两个宪兵，两个警察，全体持枪上刺，真是严重得很。沿途街上警察加双岗。李公朴先生和沈老先生同乘一辆，而且先行，他们两人都有胡子，虽则老先生有的是美髯，而李先生却满嘴像板刷！沿路站岗的警察不知出于什么误会，对于第一辆汽车（即李、沈两先生所乘），经过时都立正行礼，李先生说他一路忙于还礼，都是为着那把胡子受累，（他以为因为他的胡子尊严！）但他同时却大拉其胡子，认为这把胡子不可不留！

抗战国策既经决定，我们也于一九三七年八一三的前夕被保释到了上海，参加抗战工作。

现在要讲到第三次流亡了。

第三次流亡的心理，和第一、第二两次以及以后几次都迥然不同。以后的暂且不说，上面所谈过的第一次及第二次的流亡，显然和政府当局是有着矛盾因素存在，是由于受着内部政治的逼迫而流亡的。第三次流亡是在八一三抗战发生以后三个多月，国军因战略关系而退出淞沪，转移阵地，我们的文化工作及后方工作也随着国军转移阵地而转移阵地，其情形显然和第一及第二次不同。第一，此时政府的抗战国策已定，且已付诸实行，全国已经和平统一，西南问题固然已和平解决，即国共第二次合作亦开始实行，全国在中央政府领导之下，同心协力，团结御侮，参加救亡运动的许多同志，不惜冒万险，排万难，惟一目的在形成民族统一战线，实现团结御侮的局面，到了这个时候，虽仅粗具规模，尚有许多困难尚待克服，有待于更艰苦更忍耐的努力奋斗，但就抗战而论，政府和人民已打成一片，光明的前途实已显露其曙光。第二，在八一三淞沪战争开始以后，军民联席会议，各抗日党派代表与党政军当局的经常的联席会议与合作，民众运动的相当开展，前后方工作相当联络，都使人感觉到精诚团结一致御侮的开端，虽则其间还有许多做得不够的地方。我一面联络同志创办《抗战三日刊》，一面参加上述各项工作。即生活书店的许多同志，也全体动员，除原有文化岗位的工作外，也量力纷纷参加其他后方工作，精神上都是十分紧张而愉快的。这和其他时候在流亡以前是在遭受着内部压迫的，使人透不过气来，在心境上是完全不同的。第三，凡了解中国这次的抗战是持久战的性质，决不幻想在八一三开始的淞沪一战即能像奇迹似的达到整个民族解放最后胜利的目的，所以那时的依照原定计划或依照战略转移阵地，决不是中国的妄自吹牛，而是含有中国抗战所固有的本质，虽则因人事未尽，像南京的迅速溃退及广州的倏忽沦陷，其间遗憾之处还是有着不少，令人不胜愤慨的。由于中国抗战的整个过程是持久战，在某种情形下依战略转移阵地不但不是可悲而且是必要的，所以我们在八一三淞沪战争坚持三个多月以后转移阵地而随着流亡，也只是为工作的转移地点，而和因为内部政治的逼迫而流亡，其看法是完全不同的。如果其他的流亡的意志也不是消极，也是向前积极努力奋斗，那么这次的流亡更富有向前积极努力奋斗的意义了。

当日有英美法势力存在着的上海租界存在，日军虽已横行淞沪，而藏身租界中的抗日分子尚不致无法脱身。我于一九三七年十一月离沪，乘轮赴港，由法租界码头上渡船，自渡船至轮船间尚有一大段水路，已有好些日本军官乘小轮来来往往梭巡检查，我改装杂在渡船人群中，未被注意，上轮之后，见金仲华先生和他的妹妹端苓已先在，我们三个人同一舱，倒也不寂寞。到港之后，先后到者已有多人，如张仲实、钱俊瑞、杨东莼、沈兹九诸先生都已到，我们住在一个旅馆里，商量路程。

当时的政治文化中心已移到武汉，所以武汉成为我们的目的地。我们决定由广州经衡阳往武汉。当时广西省主席黄旭初先生适往乡间视察，李、白二先生在前线督师，桂林由参谋长夏威先生坐镇。刚巧白先生的闵秘书因事在港，正要回广西，我们知道夏参谋长听说我们这一批人要经过广西，特电李、白请示，李、白复电嘱予招待，即由闵秘书陪我们同往，这给与我们以不少的便利。

寻常的流亡生活，在途中总是要在隐藏的状态中，这一次人数既多，又是浩浩荡荡地公开进发，在流亡生活中可谓别开生面。途中大概费了半个月，经过的情形，我写有连载的十几篇文章，到武汉即登在《抗战三日刊》上，后来收在拙著《再厉集》里，在这里不想详述，值得特别提起的是当时广西许多男女青年学生——自初中至大学——的求知精神和诚恳态度，以及青年活泼可爱的气概。

我们由香港乘小轮先到梧州，除应当局的招待外，最忙的是回报青年朋友们的要求。我们除对他们作大规模的演讲外——我们同行的一批朋友全班上场，听讲的男女青年以数千计，还不够，我们住的旅馆里、客堂里、客厅里，乃至房门口，都挤满了无数的男女青年；他们急于要提出许多思想上的问题，抗战的问题，战时教育问题，以及在抗战期间与青年切身有关的其他种种问题，向我们提出商榷。这许多可爱可敬的青年朋友，实在使我们太感动了，我们这一批朋友都一一接谈，谈至午夜尚不能完了，第二天早晨天刚亮未久，我尚未盥洗，下床开门一望，已见房门口站满了不少人！我只得一面洗脸，一面继续谈话。青年朋友的诚挚勤奋的精神实在太令人感动了！

我们经过沿途各地点，都有这样的情形，到桂林因学校多，就更忙。我们这一批朋友，戏称自己这一群为“马戏班”，这当然并不是说我们会做什么“马戏”，却是说我们形成了一群：金仲华先生讲国际问题，张仲实先生讲思想问题，钱俊瑞先生讲农村经济问题，杨东莼先生讲战时教育问题，沈兹九先生讲妇女问题，我讲团结抗战问题。到一处便有许多青年朋友和我们商榷这个问题，讨论那个问题，闹热得什么似的。在桂林有一天下午我和金先生应广西大学学生之约，本来预备每人演讲一小时至一小时半，但是因为全场千余的男女同学非常热烈，大家继续不断地提出许多问题来商讨询问，竟从一点钟讲到六点钟，还全场空气紧张，兴趣浓厚，我和金先生也非常兴奋，轮流答复，始终不觉疲倦。后来该校教务长先生因时间太晚，同学们要吃晚饭，才宣布散会，答应他们以后有机会再谈。

当时广西的青年有这样蓬勃兴奋的求知精神，固有青年的本色，而广西当局对于教育文化及指导青年的比较开明的政策，也值得我们的钦佩。

当时我们和许多青年谈话中，他们里面思想水准较高的，对于广西省党部的某委员表示不满，说他不能了解青年，甚至有压迫青年思想的行为。我们有几次在各处演讲，这位委员总是殷勤相陪，有人说他是意在监视我们，我们当然不敢无故妄加猜疑。不过有一次他听到钱先生讲农村经济问题，强调农民生活的苦况，有加以相当改善的必要。在抗战期间，有相当改善民生（尤其是下层民生）的必要，这原是常理，并不足奇，但听说这位委员在背后已啧有烦言，认为钱先生有煽动“阶级斗争”的嫌疑。以这样顽固的成见来领导青年的思想，不免要引起青年的不满意，却是意中事。这位委员原属广西派，后来听说他加入了CC派，对压迫青年思想有变本加厉之势。这个传说如果属实，我们不禁为广西痛惜。

当时这位委员几次相陪，听到我们“马戏班”几次“表演”之后，觉得我们所谆谆启迪青年的都重在顾到整个国家民族的利益，重在团结全国御侮，对于中央有着善意的态度，对于国民党也有着善意的态度，颇以为异，他说这样好的态度，在他也是可以接受的。我们间接听到这种说法，也“颇以为异”，因为我们的态度始终是这样的光明磊落，大公无私，他何以在相陪几次之后才“颇以为异”？其实有何“可异”之处？

平心而论，国民党肯以善意对待抗日各党派，抗日各党派必然会以善意对待国民党；国民党所领导的政府肯以善意对待抗日各党派，抗日各党派必然会以善意对待国民党所领导的政府。所谓善意，决不是指煦煦小仁，或施以利诱，也不是笼络以高官厚禄，而是国民党及其所领导的政府在政策上必须符合最大多数人民的利益和希望。人民希望团结抗战，即不应纵任少数人破坏团结，间接即破坏抗战；人民希望真正民主政治的实现，即不应拖延搪塞，甚至反民主，提倡新专制主义；人民希望进步文化的发挥光大，即不应压迫思想，开倒车，摧残进步文化。

这样不但能造成全国抗日党派的精诚团结，协力合作，即国民党本身，也在进步的大道上向前迈进，有着光明灿烂的前途，这是国民党之幸，也是中华民国之福。真正爱护国家民族的，应该这样勉励国民党；真正爱护国民党的也应该这样督促国民党。

我们这个“马戏班”大概于二星期之后达到了武汉。我们仍集体地住在汉口“文化街”（交通路）金城文具公司楼上（杨先生例外）。我们一方面各就自己的文化岗位上工作，一方面参加后方的抗战工作。讲到抗日各党派的团结合作，一九三八年可谓最盛的一年，国民参政会第一届在武汉成立，虽组织和职权距真正的民意机关远甚，但政府的确延揽了抗日各党派的若干重要分子，表现一种新的气象。民众运动方面也有相当的开展。

我一面主持文化事业，主编《全民抗战三日刊》，一面参加“参政”及救国团体活动。

但是不幸这只是“曲线”的最高峰，一九三九年这“曲线”便逐渐下降，愈逼愈紧，一九四〇年我不得不作第四次的流亡。

第二章　离渝前的政治形势

八一三全面抗战开始，如把政治的进步当作“曲线图”来看的话，那么可说这“曲线”是开始渐渐向上升，取径尽管迂回曲折，而渐渐上升却是事实，而其主要的象征或经纬则为团结和民主。如我上面已经说过，中央和西南似乎箭在弦上的内战危机得以消除了，国共内战亦得以结束了，全国团结御侮的局面由是建立了起来。这是关于团结的象征。在全面抗战初期，政府即迅速在南京成立国防参议会，延揽抗日各党派的若干领袖参加，共商国事，虽规模简陋，但用意是要向民主的初步走去，却是一种好现象。到武汉后，规模更加扩大，内容更加充实（比较国防参议会而言），成立第一届国民参政会。这是关于民主的象征。

当然，所谓团结并不限于内战的消弭与停止，所谓民主亦并不限于国民参政会一个机构，凡是关于民众运动（包括民众团体的组织与活动），关于文化活动（包括言论出版集会结社自由，以及教育政策及态度等），都随处和团结及民主发生关系。当时邵力子先生担任国民党中央宣传部长，对于文化的政策和态度，的确较后来的开明得多了。

所以我说那时的政治“曲线”是渐渐向上的。但是我也说过，一九三八年是政治“曲线”的最高峰，一九三九年便很不幸地渐渐往下降了。至一九四一年的皖南事变后的数月间降到最低度，在妥协阴谋派大有重新扩大内战以破坏抗战的企图！（后来如何避免了这惨剧，下文要说到。）

自一九三七年的八一三起，至一九四一年的四五月止，这三四年间的一段有关中国政治“曲线”升降的实际情况，我在拙著《抗战以来》一书里曾有比较有系统的论述，所搜集的材料比较充实丰富。我在那本书里特别注意客观的事实，真实的材料，自信是出以沉痛的态度和诚挚的心情，仍在诚恳希望国民党能虚心反省，容纳诤言，使国民党从开倒车的泥淖中转到进步的大道上。国民党是当今执政的政党，如能从开倒车的泥淖中转到进步的大道上，中国的政治“曲线”便只会直往上升，而不致下降，这不仅是中国之福，也是国民党之幸。我的那本书也许不免直率，但却是本于这个动机而写成的（是我在一九四一年三月第四次流亡到香港后写成的）。

我希望那本书能做本章的参证资料，有许多事实，我便不想在这里再作详细的复述。我在这里只想说明我第四次流亡前夕的政治形势和由政治“曲线”下降而影响于进步文化的情形。

一九三九年，政治“曲线”逐渐下降，华北发生国共间的“军事摩擦”，大后方发生国民党和各抗日党派“文化摩擦”。其实“文化摩擦”这个名词还不能成立，因为军事还可以武装对垒一打，受压迫的方面还有武装可以来抵抗一下。讲到大后方的进步文化，一遇到国民党的压迫，那就只有受压迫罢了，在压迫得透不过气来的时候，疏解和抗议都无用，压迫者是可以任所欲为，倒行逆施的。

各抗日党派只有国共两党有武装，所以“军事摩擦”只限于国共两党。关于这件事，何应钦氏以参谋总长的资格在国民参政会中报告军事的，只根据国民党“摩擦专家”的单面报告，大放厥词，置对方将领的无数报告的事实于不顾，完全抹煞，一字不提。这种偏私的态度引起了中共参政员的严重抗议。这种情形也引起了国共两党以外的各抗日党派的焦虑，因为在此抗战时期，枪口应该一致对外，内部的“军事摩擦”如果扩大，徒然消耗自己的力量，有利敌人，这对抗战是大不利，是很显然的。他们再三加以考虑之后，觉得要根本“治疗”，达到和衷共济的目的，还是要在民主政治方面着手，于是在第三届国民参政会开会时，实施宪政的提案有如雨后春笋，由国民党以外的各抗日党派纷纷提出。

国民党听到这个消息，觉得宪政是中山先生遗教中所固有，没有反对之余地，为抢先一步起见，特由国民党在参政会中的党团迅速嘱由十九位国民党参政员也提一个实施宪政的议案，只是措辞与众不同，是要承袭国民党在民国二十四年所公布的国民大会老案而筹备的。这样一来，又伏着多少暗礁，因为以前已选出的大部分国民大会代表，都是贿选出来的，闹过不少笑话（而且据国民党中央党部秘书长叶楚伧先生所自称过半数已做了汉奸），组织法也是在国民党与其他党派合作以前所规定的内容，有许多和抗战以后的情形全不适合。时期不同，时代进步，所用办法原可重加考虑，这是很寻常的事，但是国民党当局却咬定要完全照旧的，在各方面所举行的宪政座谈会中禁止讨论以前所公布的国民大会选举法和组织法。

此外，国民党以外的各抗日党派认为在实施宪政以前，应展开宪政运动，由各界举行宪政座谈，给与国民以教育的机会，也只有人民都能起来关心宪政，宪政才能收到良好的效果，而不是少数人的玩艺儿。这一点又得不到国民党当局的谅解。当时国民党的中央党部秘书长叶楚伧先生对人说：“你们少数学生在房间里研究研究宪政是可以的，何必各界民众开什么宪政座谈会呢？”他们的意思，宪政运动最好是限于“房间运动”，不必混入什么民众运动！说来似乎奇怪。宪政运动的提倡，原是抗日各党派鉴于党派的摩擦，有碍团结抗战（及建国），苦心孤诣想用宪政来增加和谐，巩固团结，不料却因国民党有些人的坚持顽固成见，反而引起不少的纠纷！这实在是和我们的原旨相违背的，关于这一点，国民党的顽固派实不能不负其责。

关于战时首都各界宪政座谈会所闹的笑话，我在拙著《抗战以来》一书中曾有述及，在这里不想再说了，但有一件事未曾提及，可在这里附带谈谈，那便是中央大学的学生所举行的宪政演说大会。

当时偶有朋友从西安到重庆，看到重庆报上载有什么宪政运动的消息，认为是奇迹，因为他说在西安乃至西北各地报上（延安除外，《新华日报》上载有该处宪政运动的热烈情形。）根本就看不到有宪政这两个字样，根本就不知道有这么一回事，可见当时国民党当局对于这个运动封锁的厉害。但是宪政运动究竟是根据中山先生遗教的光明磊落的事情，所以在战时首都及其附近的较大的地点不能完全加以封锁，至多只能消极或实行相当“抵制”的办法。在这种情况之下，民间的团体或学术机关还有陆陆续续的什么宪政座谈会或演讲会出现。重庆中央大学便是一个例子。

最高学府的中央大学也要举行一个宪政演讲会，有些学生要请我去演讲，我当时是国民参政员，对于宪政运动是非常积极的一分子，在我所主持的言论机关也发表过不少提倡宪政的言论，有些学生想到我，学校当局似乎不便遽加拒绝，但是所谓“三青团”的分子便着了慌，所以同时决定请国民党中央宣传部王世杰先生也来演讲，后来因为王先生刚巧在那天有别的事，便由副部长潘公展先生出马。潘先生本来是我的老朋友，在五四运动时期，上海学生联合会办有小型日报，由潘先生主持其事，我也在编辑部帮忙，他时常要我们这班“客串编辑”写些文章，所以很相熟。后来他在上海《商报》服务，我也在上海《时事新报》服务，算是报界同人，时常晤谈，彼此友谊很好。我们现在见了面，在私人友谊上还是客客气气，殷勤相待的，但是因为政治的立足点有了差异，私人友谊也就降到次要甚至不重要的地位。那天的情形便是一个显明的例子。

他明明知道我是积极主张民主政治的，同时也明明知道我是积极主张抗日各党派应该为着抗战建国而精诚团结，协力合作，而不应该发生摩擦以消耗国力甚至存心要“消灭异党”而引起许多无谓纠纷的。我现在不想细述他在宪政讲坛上讲了许多话在实际上是在反对宪政运动，而极力推崇国民党的一党专政，我只想提及他在他的讲辞快结束的时候，突然圆睁了眼睛，张大了喉咙，面红耳赤，握紧拳头，大声疾呼道："现在有人说苏联是最民主的国家，试问现在在苏联有的是一个党，还是几个政党?"他用尽气力高声呼出了这几句话之后，台下由"三青团"布置好的人们便拚命大鼓其掌，即仍然有着理智的青年朋友们眼看部长高高在上，"三青团"爪牙虎视眈眈，也只有沉默装傻而已。

我知道潘先生对我个人并无恶意，他只是代表国民党中一部分人发表意见而已。况且我们是在研究问题，并不是在争辩，所以我心平气和，态度从容。第二个轮到我讲，我上台先不慌不忙地说明潘先生是我的老朋友，我们所研究的不是个人问题而是国家大事，潘先生刚才所说的确是国民党中有一部分人的意见，简单说来就是要消灭异党。这是中国当前政治所以不能上轨道的症结所在，的确是值得研究的问题。我说苏联现在只有一党是事实，但是各国有各国的历史，中国不是苏联，中国有中国的历史。苏联原来也有几个政党，后来除了布尔什维克之外，其余各党都陆续背叛革命，甚至党内的孟什维克也背叛革命，为大多数人民所厌弃，所以剩下的只是一个党。中国今日各抗日党派都在抗战建国的大原则下共同努力，团结则御侮卫国的力量增加，否则御侮卫国的力量减少，这种历史的发展，和苏联当时是不同的。再则苏联是无产阶级社会革命成功的国家，由历史的演变而由无产阶级的党进行建国，中国在抗战建国的时期都不只是由任何一个阶级担负责任，是要由全国各阶级各阶层协力合作而共同担负责任的。关于这个问题，我们要仔细研究历史，而不可就表面上看，拙译《苏联的民主》一书（英国斯隆根据他在苏联视察五年的结果而著成的）对于这个问题有详细的说明，可供参考，我在这里不必多谈了。

我接着说我是国民参政员，不是国民党党员，也不是共产党党员，在国民参政会开会的时候，我在会场中向前望望，看见国民党参政员；向左望望，看见中共参政员；向右望望，看见青年党参政员；向后望望，看见国社党参政员。他们都是由国民党所领导的国民政府延聘而来的，可见团结抗日各党派共同努力抗战建国大业，是政府的国策，这国策是适应国家民族的实际需要，是全国爱国同胞所竭诚拥护的。但是如潘先生刚才所说，国民党中确有一部分人幻想“消灭异党”，和上述的国策背道而驰，阻碍或减少国策所能发挥的伟大的力量。

我最后说，我们如就实际问题的角度看去，是非所在，更为明显。团结抗战建国，各党派没有话说，如国民党必欲置国策于不顾而要“消灭异党”，那么即就国共两党而论，都有武器，势非引起内战不可，此外有没有办法？全场默然。我说全场默然，可见大家都默认这话是对的，那么请进一步问：大敌当前，不团结御侮而反自相残杀，只等于破坏抗战，陷国家民族于危亡之境，此外没有什么可得。全场又默然。我说全场又默然，可见大家都默认这话是对的。

大家默认，没有话说，潘先生也微笑无言。

宪政运动的目的原是要团结抗日各党派（同时也就是团结全国），以增强抗战建国的力量。倘若把宪政运动和“消灭异党”等量齐观，恰恰足以引起许多不幸的纠纷而减弱抗战建国的力量。这真是所谓差以毫厘，谬以千里，不可不严格看清的。

但是不幸的是能够巩固团结的宪政（宪政同时还有革新政治等效用，这里姑仅就巩固团结一端而言。）终于流产，而前方的“军事摩擦”，由华北而皖南，至一九四一年的一月底达到所谓皖南事变的最高峰，后方的“人事摩擦”亦变本加厉，愈逼愈紧。

所谓“人事摩擦”，是指国民党一方面强拉人入党，否则加以种种压迫，如打破饭碗等等；一方面发现有其他党籍者就加以种种压迫，打破饭碗算是轻描淡写，其较重者由特务老爷赐予一绑，锒铛入狱，或一命呜呼！

中国的政党，除国民党外，最大的要轮到中共，这两“大”“摩擦”也最厉害，其次像救国会也因为救国的主张和公正的态度，尤其是进步文化的力量，受到全国广大民众的重视，也特别受到严重的打击。（国民党的反动派怕听到“救国会”这个名词，硬把救国会叫做什么“人民阵线”，颇饶趣味，容后再谈。）此外如青年党因为在四川颇有“群众”，也受到嫉视而引起“人事摩擦”或“文化摩擦”。

例如青年党重要领导人之一的李璜先生（也是国民参政员）就曾经对我谈起一件事，说有几个教员因为有了青年党籍被发现，便被打破饭碗。李先生对此事当然非常愤慨，他乘着和蒋先生见面的机会，把这件事很具体地告诉了蒋先生，并把因党籍问题被打破饭碗的教员名单都交给了蒋先生。蒋先生听了之后，认为这是不应该的，他说：“我把青年党的同志看作和国民党的同志一样，让我叫他们查明纠正。”国民党的总裁作了这样肯定明确的答复，在李先生以为可以放心了。但是此事并没有得到下文，蒋先生尽管这样说，党部却尽管那样办，不但此事得不着下文，相类的事件仍继续不断地发生，他说蒋先生日理万机，他又不好意思因这些琐屑的事情常常去求见，去麻烦他。他说完叫苦连天，急得跳脚！

也是青年党重要领导人之一的左舜生先生，富正义感，说话尤其直截爽快，他也谈起一件事。他说有某君诚实可靠，做了十几年的青年党党员，不愿改党籍，也因为有人要再三强拉他入国民党，他再三婉谢，饭碗岌岌可危，他不得已来见左先生商量这件事，左先生听了之后愤然对他说，“不要紧，你仍然做青年党党员，同时不得已加入国民党党员也无妨”，左先生说得有趣，他说不多时他见到国民党党部的某负责人，他老实对他提起这类的事情，他说：“你们一定要这样蛮干，也好！我们也通令青年党党员可以跨党，这样还可以从他们得到国民党党内的许多秘密消息，倒是一件好事！”

以上所说的当然只是千万件中的一二例子，而且这类“人事摩擦”当然不限于青年党。至于无党无派的当然也在被拉之列，在入党和饭碗之间大加思索，由服务的机关当局发“表”填注，一大批一大批实行其“集团入党”！（有人说这是仿效颇为摩登化的“集团结婚”，待考。）这不但实行于各机关，甚至举行什么会议的时候，也来这一套，例如在重庆举行的小学教员会议（详细名称已记不清），就发共同宣言，实行全体入党，也就是集团入党！你常在报上可以看到用大字登出这类的消息！但是这样冠冕堂皇的新闻后面，就伏有不少的“人事摩擦”。（我自己和我与许多工作同志所主持的文化事业，遭受到残酷的压迫，事业且遭到残酷的摧残，也和这个问题有关，也只是这整个逆流中的遭难的一部分而已。）后面要顺便谈到。

国民党中不是没有脑子比较清楚的人，其中和我个人友谊好的也有，我有一次和一位国民党参政员在他家里一个房间里两人对谈，提及这件事，我说任何政党（国民党也在内）要多得优秀党员，这种合理的心理是可以了解的，但是现在国民党用饭碗的威胁来强迫入党，在大后方闹得乌烟瘴气，怨声载道，实在令人百思莫得其解。好的政党能起领导的作用就在集中优秀分子，不仅重量，尤须重质，这样“兼收并蓄”，无所不拉，于党何益？假使全国国民都个个入党，那党的招牌可以脱下，换上中华民国的招牌，又何必有党？他承认这种办法是不对的，但却轻轻加一句说：“总裁要这样办，有何办法！”我想蒋先生不会见不及此，即退一步说“总裁要这样办”，如果知道是不对的，大家也应该竭诚进言，不该只在房间里恣嗟叹息而默无一言。他听我这段不入耳之言，也只有默无一言而已。我暗中想这还是“领袖脑壳论”的遗毒在那里作祟罢！

也许有人以为这是“消灭异党”的一种好办法吧，因为大家都进了国民党，任何“异党”都没人做党员，岂不等于“消灭”了吗？这真是想入非非之谈，事实上的效果如何，不是很明显摆在人人的眼前吗？

“人事摩擦”是不该有的，也是不必要的，但是由于政治“曲线”的逐渐下降，“人事摩擦”也随着愈逼愈紧，不但要强拉入党，而且疑心生暗鬼，动不动就疑心你是什么“异党分子”，那就非严厉对付不可！

复旦大学的某教授告诉我，有几个该校的东北籍同学，平日很勤学，但因不修边幅，常常发蓬蓬而衣褴褛，被校外的特务老爷所注意，时有暗中追踪探察之事发生，疑心他们是“异党分子”，他们蒙此不白之冤，骇怕极了，竟而不敢在校，不知躲在什么地方去，宣告失踪！这位教授忧形于色，说好好青年，如此受压迫，怎样是好？该校校长还是国民党党员，听说他还和CC派接近（大后方的文化支配大权，握在CC派手里，这是公开的秘密，大家所知道的。）颇不高兴，宣称以后有事当由校长处理，无须校外特务费心。

即令是蓬头垢面，衣服不整，何以便有“异党分子”的嫌疑？这点也颇费解。有人说，特务老爷这里所疑的“异党分子”，是指共产党分子，因为他们认为共产党能刻苦耐劳，蓬头垢面，衣服不整，似与刻苦耐劳有关，所以便生疑问！如果特务老爷真是这样想法，真是冤哉枉也，因为天下刻苦耐劳者多矣，并不限于共产党。

可是这类传说很盛。当时政界中人兼营商业以增加收入的颇多，即令是中小公务员无力独营，也多营营逐逐合力而经之营之。据说如有公务员只会刻苦耐劳，认真办事，而不想在生意眼上赚些外快，那也要被特务老爷认为具有“异党分子”嫌疑犯条件之一！

除刻苦耐劳无意外快等等之类，他们当然也要注意思想行动。关于思想，特别注意你看的书报。中央政治学校有个湖南学生，因为偶然在抽屉里被发现了一张《新华日报》，被确定是“异党分子”，便立刻被开除，而且在冷天被强令他把身上所穿的冬季制服脱下，立刻离校。（该校名义上系蒋先生任校长，实际上是陈果夫氏任教育长。）那个学生无可如何，只得向认得的湖南同学借些衣服，勉强离校，一时几陷于绝路。其实《新华日报》虽是中共的机关报，但却经国民党所领导的国民政府准予注册发行，所登的言论消息也经过国民党所领导的重庆新闻审查机关核准的。既准它公开发行，认为是合法的报纸，看的人——而且是偶尔被发现一张报纸的人——却须受到那样严厉的处分，在法律上实在是说不通的。（以上所述的事实，是被开除的青年亲自告诉我的。）

讲到行动，在重庆轰传一时的中苏文化协会同其他中英中美等的相类机关有同一目的，是旨在沟通两国文化及增进两国邦交的。该会是由孙哲生先生任会长，邵力子先生任副会长，完全是公开的合法的机关，且在国民党要人领导之下的。该会有几个高级职员于一九四一年元旦往苏联大使馆贺年，意思也不过联络友谊而已，这在中苏文化协会这样的一个机构看来，原是极寻常的事情。郁文哉那天也冒冒失失地跟着他们前往，回来时不幸走得慢些，一人落后，竟被特务老爷绑去，认为他的“行动”有异党分子嫌疑，后来虽经孙哲生先生设法保出，但已遍体鳞伤，背上打得血肉纷飞了！能够由孙先生保出，算是万幸，事后报上固不敢登一字消息，他也只得饮泣吞声，不敢声张。但是这件事却已喧传于重庆的文化界。

在蒋夫人所领导的妇女慰劳会重庆分会里有一个青年妇女工作者周健女士，对于慰问及帮助抗属（抗战军人的家族）的工作非常努力，不畏劳苦，听说有十分之七八的抗属都认识她，和她有深厚的感情。她为热忱所驱，往往忘餐废食去做她的慰劳工作。但是她就因此“行动”被特务疑为“异党分子”，有一天深夜由两三个便衣特务，居然在她的办事处冒充周女士的朋友将她喊出，然后拿出手枪威胁着她同走。她被禁在川东师范旧址，CC 的中央调查统计局所管的防空洞内，关了好几个星期，最后由蒋夫人设法保出，她只被打过手心算是轻之又轻的责罚了！

像郁文哉及周女士有国民党要人设法保出，总算保了生命，其他没有这样保证的要人关系，为着“人事摩擦”而被冤枉牺牲的，何可胜数！报上其先不敢直载这种消息，只说“失踪”，后来“失踪”登得多了，新闻审查机关大概觉得有碍观瞻，连“失踪”都不许登载了。

“人事摩擦”似乎比“军事摩擦”和平，“文化摩擦”似乎比“人事摩擦”和平，其实是同样的残酷，而且还要普遍化。“人事摩擦”不仅因入党问题而打破饭碗，断绝生路，往往因“异党分子”问题而被绑入狱，断送生命，父母不得而知，妻子无从探问，死得不明不白，其严重性往往非“人事摩擦”四字所能形容其万一。

“人事摩擦”往往和“文化摩擦”连结在一起。说到这一点，我想起最可敬爱的一位青年朋友，他叫郑代巩，原来是全国学联的一位健将，随后就主持救国会青年部工作。为人深沉忠实而耐劳，他在重庆差不多以个人力量支持《战时青年》月刊，不畏辛勤，奔走各校，联络进步同学，使该刊成为他们的思想机关，故销数惊人，为青年刊物冠。最有趣的是当空袭警报来时，你可以看到他什么都可以不拿，必须拿的是一个他所最宝贵的提箱，很沉着地一步一步向防空洞走，那只提箱就等于他的编辑部，里面有的是《战时青年》的文稿校样等等！这样忠诚于工作的可爱的青年，这样不畏艰苦的青年，又被特务老爷认为具有“异党分子”的资格！有一天他在马路上被一个特务老爷拿出一枝手枪威胁着绑去，和郁文哉关在一处。文哉将放出的时候，他很诚挚地偷偷恳托文哉传给救国会同志令人听了流泪的话：他嘱同志们放心，他宁愿一死，绝对不会做出对不住同志的事情。听说特务老爷们也很佩服他的能力，所最不满意的就是他有“异党分子”的嫌疑！后来他们决定把他枪决，我们得到这个消息，都为这位同志痛哭一顿。可是郑代巩的本领真大，不知怎样竟被他逃了出来！我们大家得到了这个喜信，都喜欢得说不出话来！他自己替中国保全这样一个有为的青年，真是功德无量，可贺之至！可喜之至！

无论“军事摩擦”、“人事摩擦”、“文化摩擦”，都随着政治“曲线”的下降成正比例而尖锐化，而各种“摩擦”之间，亦彼此略有相当的连带关系，虽则“军事”比较有独立性，“人事”与“文化”较接近，虽则“人事”与“文化”亦各成其独立部门。讲到抗日党派关系，政治“曲线”下降，整个抗日各党派关系亦随之恶化，虽则其间恶化情形亦各有不同，大概依其力量成正比例（指抗日各党派本身的力量）。上面已经说过，“军事摩擦”只限于国共两党，因为在抗日各党派间，只有国共两党有军队。但是因“军事摩擦”使政治“曲线”愈益下降的恶影响却不仅及于国共两党。例如一九四〇年的下半年华北国共两党“军事摩擦”尖锐化的时候，后方“人事摩擦”随着日趋厉害，中共的“异党分子”固然首当其冲，青年党的“异党分子”也不见得能够优游自在！上面所述李、左所谈具体事实便是典型例子。其他干着爱国工作的积极分子如救国会会员乃至无党无派被疑为有党有派的无辜分子，都在殃及池鱼之列。这种情形，到一九四〇年十二月底皖南事变发生时就更变本加厉，由“军事摩擦”而蔓延为大后方“人事摩擦”，几于随处可以遇到，使关怀团结抗战者发生异常深切的忧虑。

我们上面对于政治“曲线”下降中的“三擦”作了一番鸟瞰。为什么有这样的现象？“军事摩擦”和“人事摩擦”原是两件，可各自独立进行，但是由“军事摩擦”却很容易连带增剧“人事摩擦”，这需要简单的说明。中国虽闹了三四十年的民主政治，中山先生虽一生为此事而努力奋斗，但在事实上中国到今日还是一党（甚至一党中的一派）专政。在抗战初期国民参政会虽略含民意机关的一点点的微微的曙光，但至多只是政府的一个顾问机关，他的决议案并无代表民意监督政府之权或督促政府必须执行之权。在抗战初期，政府延揽全国抗日各党派若干重要分子加入该会，虽为上述职权所限，但沟通各方意见，主持正义，尚为国人所重视，随后逐渐演变，至第三届以后，成为CC派所操纵的御用机关，等于袁世凯的参政院。至于执行方面的政府，那更是单纯的一党专政，即在形式上也没有其他抗日党派参加其间——民选固然说不到，号称民意机关还没有民选可言，政府更不说；由国民党领导的政府延揽吧，曾经有过一个凤毛麟角的时期，即周恩来先生任政治部副部长不得不实际到部办公的时期，这时期已成过去的了。

中央政府既在一党专政之下，军事委员会当然也在一党专政之下，所以何应钦氏屡在国民参政会开会报告军事的时候，完全采用国民党在华北的摩擦专家的报告，置其他方面将领的报告于不顾，完全抹煞，一字不提（这是据中共参政员转述第十八集团军所屡次报告的事实，当场提出抗议，认为何氏有所偏私，不然我们也不会知道的)，是不足怪的，因为他在形式上是代表军事委员会乃至中央政府向国民参政会报告军事，而在实际上却处处只顾到国民党的立场。

在这种情形之下，以“消灭异党”为党策的国民党及其所领导（或支配）的一切机构对于“军事摩擦”的看法当然很简单，那就是万方有罪，罪在对方。其他方面——其他抗日各党派及无党无派立在团结御侮的立场，看到“军事摩擦”，总要审慎判断，详细探明事实，说几句公道话，有时还要奔走呼号，设法调解。这样爱护团结抗战爱护国家实力的审慎的态度，便大大触怒了在表面上似乎是在代表政府而在实际是在代表国民党“消灭异党”政策的某些人！（中山先生遗教中有不少进步的宝物，我们不能因这些人的不长进而一概抹煞！）这样一来，你的头上便很容易被人轻轻加上“异党分子”的头衔，于是前方的“人事摩擦”，有许多无辜青年便牺牲在特务老爷的辣手，纷纷“失踪”！

皖南事变发生以后，战时首都的“人事摩擦”真是紧张到了极点了。“人事摩擦”和“特务活动”是孪生子。各机关都散布着的受津贴的特务大活动。说也奇怪，有一天有两个青年偷偷摸摸到我办公处来看我，抽抽咽咽哭得像孩儿似的，原来他们是在中央某机关中被迫做特务，说以前系在上海某高中毕业，在报上看到某机关用某军事机关战时服务队的名义招生，以为是参加抗战的良好机会，踊跃应考，不料从此投入火坑，被迫做特务，现在如不做而脱离，即有被枪毙或被暗杀的危险，我说你们中途只须侦察真正妨碍抗战的汉奸，不做破坏团体的工作，于抗战也是有益的。他们垂涕而道，能这样安有不愿之理？最苦痛处就在被迫残害所谓“异党分子”，摧残无辜青年，苦苦求救于我，要脱离苦海。我说照你们目前情形，除乘机远逃之外，想不出别法，远逃也须有相当充分准备，且须万分机密，否则反有生命之危。他们泪如泉涌而别，来时为证明起见还带了一本千余页的特务讲义。哀哉无辜青年，不知何时能离此黑暗牢狱！

除机关外，听说街头巷外，也有特务密布，除特殊者外，还有接替办法，即一个特务监视一人走完一条街后，第二条街还有第二个特务接下去监视。各条街上都有特务轮流接替监视，使你无所逃于天地之间！

据可靠报告，我也承蒙他们不弃，也派有特殊的特务监视。但是后来似乎并没有收到多大如他们所希望的效果。依牺牲青年的成例，他们所希望的效果，最好应该是发现我有越轨或违法的重大的罪状，作为他们的借口，那么一刀两断，一命归阴，还落得个法治精神的美名。但在事实上我并没有越轨或违法的任何罪状，所以特殊的特务尽管对我一天跟到晚，从这条街跟到那条街，也跟不出什么来！我不是没有活动。我对于国家民族的血没有冷，是滚烫着的，无论在国民参政会中（遇到举行大会的时期），在国民参政会外，抗日各党派（其中亦有主持正义的无党无派的人士，代表总数约十六七人，都是国民参政员），为着调解国共摩擦（因国共摩擦最尖锐，尤其是军事摩擦，如处理不当，或不幸扩大，势必妨碍团结抗战建国），我无次不参加，无次不追随诸前辈之后，竭尽心力，不辞劳瘁，以期有所救济。（因所调解者为国共摩擦问题，故国共两方面都不直接参加，直接参加者仅为国共以外的其他抗日各党派，惟有所建议，必以书函详述，由全体负责者签字，推代表持与国民党的蒋先生及中共在渝代表人周恩来先生征求同意。）

热心调解国共摩擦的国民参政员，不乏其人，抗日各党派的领导人及无党无派的公正人士都有，这原无足为怪，站在国家民族利益的立场，谁不虔诚希望全国团结御侮？但是我一参加调解国共摩擦，国民党的反动派便振振有词，说国民党请我做参政员，我却帮助共产党，他们好像把参政员看做养走狗似的，一旦豢养，便感恩图报，助桀为恶，便当闭着眼睛帮助他们“消灭异党”，置国家民族的前途于不顾！他们自己也许这样做惯了！为什么不略为张开眼睛把人看看清楚？说得出这样肮脏的话，听了令人作三日呕！记下来都污了我的笔！

我的行为是光明磊落的，与人以共见的；我的参加调解国共摩擦是和其他十六七位国民参政员共同进行的。在战时首都，要以调解国共摩擦为罪名而加以逮捕是不可能的，要寻觅其他罪名也无隙可乘，于是发生一件奇闻，一件奇事。

奇闻是：有一天有一位在军委会政治部第 × 厅任事的某女士很忧虑地跑来见我，说她偷听到第 × 厅会议商讨如何处理我，决定最妥善的办法是乘我到附近乡间偏僻地方闲游的时候，装做匪徒出来抢劫把我刺死。某女士原在文化界服务，为人很忠实，为很多朋友所知道，她再三叮嘱而别。我平日少闲，因此也很少到“乡间偏僻地方闲游”，况且得到某女士的好意“叮嘱”，所以直到今天未被“抢劫”，更未“刺死”。

奇事是：当一九四〇年秋天，战时首都各军事及公安机关忽接到军委会参谋总长何应钦氏通令，谓据报我和沈钧儒、沙千里诸先生将于七七在首都暴动，如不成则再于双十暴动，慎为防范云云，（谁被诬为罪魁，已记不清，寻常好事应该推年高德劭的沈老先生，罪魁未便亦不忍瞎推，就算是鄙人被诬可也！）我们三个人亲往质问何氏，他亲自接见，说得非常好听，他说：“我们深信诸位先生决不会这样，这一定是汉奸离间之策！”他话虽如此说，但后来还是一而再发出同样的通令！（因有些机关里的熟朋友通知我们。关于这件事在拙著《抗战以来》有较详叙述。）

那“奇闻”的用意很浅显，但要自投罗网，否则无从下手。那奇事却存心更辣，暴动之罪，非身首异处不可，岂不一了百了！我和沈先生都是奔走呼号团结最起劲的人，在反动派认为应该身首异处，犹可说也，无缘无故拉个沙先生，其先莫名其妙，后来经熟悉“内幕”者道破，说 CC 派要把英国人爱黎那里所惨淡经营的生产合作社抢过来，沙先生是爱黎最得力的一位助手，所以也想请他身首异处。

空气既然放出，后来但闻雷声响，不见雨下来，颇可诧异，想来想去，大概不会替我们三个人的身首设想，最合理的逻辑，还是因为替他们自己的利益设想。也许有人替他们想，这几个人究竟在社会上多做几年事，知道的人较多，不如青年那样容易欺侮，也许将来易发难收。这只是我的猜想，当然还不是事实，事实是说我要暴动，要借此砍我的脑袋。

特殊的特务也许没有看见我有什么武装，所以倒并没有说我要暴动，甚至看得单调，后来我溜往香港，他竟没有发觉，他自已反而因此被特务头儿关了起来。

其实他也怪可怜，后来听说他在监视我的时候，每天只有两块钱的生活费，在他也许不够用，这也许使他对于特工的情绪低落。听说特务要有特殊的报告才有特赏。这在我，他也不易得。说我要暴动，这也许可算是很特殊的罢，但已被高高在上的参谋总长何应钦氏抢先报去了，不但报一次，他自己否认之后，还一而再再而三地报去了，哪里轮得到他呢？

在政治“曲线”加速往下降的情况下，“三擦”的不幸现象也加速增剧起来。关于“三擦”中的军事摩擦和人事摩擦，上面都已大略地谈过，现在想再略谈“三擦”中的文化摩擦。

所谓文化，尽管在各专家有或详或略的定义，但就具体的表现而论，主要的是在言论出版及教育各部门。言论有的是口头的，如演讲、谈话、座谈及讨论会之类；有的是写出来的，如报纸杂志上的言论等等。出版则属于日报、期刊、杂志以及书籍。教育则大概就狭义说，指学校教育，在学校中教师所教授，青年学生所研究的都是。这只是就事实上大概提出来谈谈，这几方面当然并没有严格不可逾越的界限，例如一个学校请校外的人来校演讲，这是演讲，同时也是教育，因为它含有教育的意义。就广义说，言论出版也含有教育的效用。学校中除讲授外，也有课内外读物及学校的印刷品出版物等等。总之，一般地说来，所谓文化摩擦，最具体的表现，主要的是在言论界（尤其是日报及期刊上的言论）、出版界及教育界。

我在上面曾经说过，“三擦”往往有互相的关系。前方的军事摩擦，虽是限于国共两党的军事摩擦，可能发展其影响于大后方的人事摩擦，并不限于国共两党，而是侵入于比较有力量的其他抗日各党派。关于这一点，我在前面曾经谈及国共以外的青年党及救国会的故事。讲到文化摩擦，也有相类的情形，最显著的是皖南事变发生后，当局对于文化摩擦的变本加厉。该事发生后，国共两党的机关报处于对立的地位很是显然的，一方面是《新华日报》，一方面是《中央日报》及《扫荡报》。(《中央日报》算是国民党的机关报，《扫荡报》算是军委会政治部的机关报。) 一方面在极艰苦的环境中努力奋斗，要把事实真相及真是非表白于世，以求公判；一方面凭借执政党的便利，运用审查机关及军警宪兵作压迫工具。最有趣的是警察宪兵在大街上乱打乱捕售卖《新华日报》的无辜小贩。后来自己也觉得在战时首都，国际观瞻所系，究竟不大方便，特妙想天开，雇佣小流氓乃至小乞丐无缘无故随处打这样无辜小贩的耳光，受侮反抗大概是人类天理，当然引起吵闹，于是警察或宪兵出来装做弹压，把他们一同捉到官里去，不管三七二十一，所有报纸全部没收！这样既可不致有碍瞻观（?），又可达到目的。但是事实终究是事实，很难久在隐瞒之中，不但你遇着中国的新闻记者，他们可以幽默而沉痛地告诉你一切，即偶尔住在国际宣传处的 Press House（也许可译为“记者之家”）外国访员，他们也会笑眯眯地低声告诉你实际是什么一回事。

天下事最难的也许莫过于压抑正确的消息或言论。事有凑巧，拥护中国抗战的中国国民，固然都怕内战又要发生，以致妨碍团结御侮，住在 Press House 的外国驻华访员（尤其是英美，苏联记者有自己住所，德国除外）为着他们本国的利益，也希望中国能团结抗住日本，所以对此类消息，十分注意，忙于探听。《新华日报》于克服种种困难之后，把周恩来先生签名盖章负责写出的“千古奇冤，江南一叶，同室操戈，相煎何急!”及“向江南为国殉难者致哀”几个大字刻出登载之后，外国记者分子要译发电报，仍被封锁，刚巧他们里面有人赴港，偷带赴港发电，引起外国的公正友人及侨胞的急电飞来，希望中国仍能化险为夷，为国家得到最后胜利。听说侨胞各团体来电总在千封以上，这使当局不得不稍稍有所顾忌，才能使事态不致再形扩大，侨胞对于祖国的关怀和急难时的贡献，实在值得我们钦敬。

但是这一部分（关于国共两党）的文化摩擦却不因此就算停止，《新华日报》排字工人有几十位被特老（特务老爷的简称，这名词不敢说有创造精神，似尚顺口!）绑去，至于邮政的暗中抵制，宪兵的暗中捣乱，亦不可胜说，我在这里只是因为这一部分的文化摩擦是政治“曲线”下降后“三擦”中的一部分现象，所以连带谈到，真是略之又略，其详有待于将来的中国史家。其实由前方的军事摩擦而殃及后方的文化摩擦，可说是整个的，并不限于国共两党而已，皖南事变发生后，重庆中间层的日报言论有过二三星期的最困难最紧张的时期，便是一例。

皖南事变发生后，政府郑重提出军令政令之必须服从。国民党的机关报要做的事很简单，大骂一顿之后，将“汉奸”的帽子强行戴在对方的头上。中间层的日报也有好几家，他们的“脑壳”却不能这样简单，而在国民党领导下的政府环境中，又觉难说老实话，于是大家在这样重要事件发生之后，索性有好几天在社论里一字不提！但是他们终难躲过难关，国民党中央党部宣传部负责人着了慌，把各报馆的主笔先生分别请来详加劝导，指示他们这篇文章应该这样这样做，那样那样说，大有以国文教师自任之概！有的主笔先生回馆之后，勉强胡诌一篇敷衍敷衍，但是第二天又被请去，指出他说得不够，甚至和宣传部负责人原来的指示不符，希望他再来一下！有的主笔先生只好哭丧着脸再勉强来它一下，有的倔强些的，老是置之不理，结果受到严重的警告。有的主笔再挨过几天，被电活催得没有办法，情急智生，特来一篇不痛不痒的短评，登在报的末端，这当然大动了指示者的肝火，叫去大骂一顿，说叫你做长篇社论，指示得那样详细，你却做了一篇三言两语登在使人寻不着的尾巴上！再不识抬举，那只有请他关门大吉！有一家报请老成持重的黄任之先生写一篇，黄先生很费苦心写了一篇顾全大局而又给国民党十足面子的大著，可是他文章里说的几句公道话却被检查员删得一干二净。

总之，那二三星期的重庆新闻界可谓在风雨飘摇之中，偶然遇到新闻界的朋友，他们总是摇头叹息，把这件“新闻背后的新闻”做谈资。

我对于皖南事件并不否认在表面上看来，其中含有军令政令的因素，因为新四军是归军委会指挥，在国民政府抗战国策下作战，由军委会发出的命令是军令，由国民政府发出的命令是政令，这是常识，但是在实质上我们却不能否认其为党派斗争的问题，因为在事实上新四军是承袭有中共的传统，军委会及国民政府也在事实上是由执政的国民党一党所主持的。我们要解决问题，必须面对事实，不能以军令政令几个表面上的名词抹煞问题的真实内容，而不从根本上加强民主政治，巩固抗日党派的精诚团结与合作。我有一篇文章很婉转地表达我的这种态度，我自信是很持平的，原拟登在《全民抗战》周刊上面，但是全文被审查会扣留，在那期周刊上的社论地位留下一个大空白——开个大天窗。

关于皖南事件的详细经过及真相，非本文范围所及，在这里只是指出军事摩擦和文化摩擦的相互关系，略谈一些作为一例而已，但还有一件有关的小事却很有重要的意义，值得附带一提的。有一位我所信任的江苏同乡老前辈告诉我，说皖南事件发生后，顾祝同氏曾亲到重庆召集一个江苏同乡谈话会，参加的是在战时首都的江苏重要士绅，他也被邀请。他说顾氏对他们报告，老实说原定计划是要消灭新四军，后来未能成功，竟被跑到苏北，很对不起云云。这里面不仅是军令政令问题，而确含有党派问题，是显而易见的。根本解决的办法是要努力实行民主政治，各抗日党派都在民主政府之下和衷共济，同心协力，为国家民族前途的光明，为全国大多数民众的福利，而共同奋斗。这一点是根本解决中国政治的核心问题，以后有机会还要谈到，在这里只是要指出：我们彻底明白了皖南事件的真相，便知道只是用军令政令的表面名词来抹煞一切，当时言论界并不以这种掩耳盗铃的态度为然，不是没有理由的，但却因此引起当时的文化摩擦，实在是很不幸的事情。就表面上看来，上述的文化摩擦是由军事摩擦波及的，但是如果进一步作稍稍深刻的分析研究，便知道其根本来源不是仅仅来自国共两党的关系问题，也不是仅仅来自抗日各党派的关系问题，而是来自有关国家前途的基本的政治问题——具体说来，就是民主与反民主的斗争。

军事摩擦可能波及或加剧文化摩擦，但文化摩擦当然不只是由于军事摩擦，可能由于在基本的政治问题之下对于各种重要问题的态度。例如上面谈过的宪政运动，抗日各党派认为不实行宪政则已，既实行宪政，必须注意提高民权，实行合于抗战建国需要的宪法，（即不应死守已经过时的不合时代需要的宪法草案及国民大会组织法选举法等。）而且应把宪政运动和民众运动打成一片：一方面使政府的本质真能民主化，一方面使人民真有参政的机会。但是国民党的某些人却只要敷衍表面，实际上仍想维持一党专政的局面，而对于民众运动，更好像惊弓之鸟，所以说只要少数学者在房间里研究研究就得了！

因为对于这个重要问题有这样的不同的态度，于是在发表言论，乃至发表文章各方面，碰来碰去都不免摩擦。本文不是研究宪政问题，所以关于宪政问题本身，不能多所论述。我在这里只想指出一点，就是在国民参政会中尽管通过实施宪政的提案，而在这些提案之中，除了在野的各抗日党派及无党无派的公正人士外，执政的国民党尽管也有实施宪政提案在内，但是有一件很有奇趣的事实，即你如有工夫把当时国民党的言论（包括日报定期刊及小册子等）一读，那在实际上几乎是完全反对宪政的，和民间的言论几乎是处于敌对的地位，好像是两个完全不同的阵营似的！

例如民间言论讲到民权，很自然地会讲到民主政治中人民享受的民权而且已成为各民主国宪法常讲的所谓言论出版集会结社的等等自由权利。这在国民党第一次代表大会宣言中亦曾经列为专条，原属中山先生遗教中的一部分，可为国民党党史上增加光辉的。但是民权自由的“自由”两个字却吓坏了反民主的先生们。国民党中央党部所出的关于宪政的小册子，开宗明义第一章，一开始就用四号大字把中山先生“反对自由”的话全部分印出，好像暗示国父也和他们一样，一向是在“反对自由”的！其实中山先生所反对的是“一盘散沙”的自由，绝对不是民主政治中的民权自由，这是有《中山全书》原文可复按，不是我所创造的。我们主张民主政治，谁也不会提倡“一盘散沙”的自由！谁也知道民主政治所争取的是有组织的合于法治精神的民权自由！这并不是什么高深的政治学，只是常之又常的常识。但是国民党的机关报和刊物却用此大骂民主政治的提倡者，不惜一引再引三引四引！他们根本没有想到反对“一盘散沙”的自由是一件事，反对民主政治中的民权自由又是一件事！但是反民主者却把这两件事扯为一谈，视为无上法宝，呶呶不休，不但在重庆宪政运动时期努力“表演”，后来在香港的国民党机关报——《国民日报》——以及用尽阴谋掠夺到手后的《星岛日报》上，仍把这个“法宝”搬出来大骂民主政治运动。在我第四次流亡到香港后，又看到这个“名剧”“演出”，有一天遇着一位刚到港的国民党参政员某君，我们私人友谊不错，承他来访问，我慨然问他，国父遗教中积极提倡民权可资发挥光大之处不少，何必如此歪曲遗教，令人齿冷，小册子作俑于前，机关报呶呶于后，何苦来！他回答得很妙，他说：“他们不如此解释遗教，如何解释他们当前的行动？”我的愤慨，在实际上不仅为着民主政治运动，也是出于爱护国民党及中山先生，也许这一点感动了这位国民党朋友，所以给我以如此坦白直爽的答复。所可惜的，这也只是他在房间里私人谈话中的态度，出去之后，他还不是同流合污了，加入反民主者的行列中一同摇旗呐喊？

关于后来在香港的时候，民主与反民主的激烈斗争，这是后话，还待后叙，在这里只是因为谈起在重庆宪政运动中国民党的机关报言论一致反民主的奇怪现象，附带涉及。现在言归正传，还是要回到在重庆宪政运动中“文化摩擦”的奇形怪状。

因军事摩擦问题而引起文化摩擦，这在“摩擦专家”隆盛的时代，似乎多少还是意中事；可是因宪政运动而也要引起文化摩擦，却不免有些希奇！

在国民参政会中一致通过实施宪政提案，却在国民党中有人大发其反对民权自由的高论，这已足令人诧异，但是既称为“实施宪政”，关于“实施”想来总不致和民间言论发生争执罢！但是在提案一致通过以后，却有一位国民党参政员某先生在国民党机关报上发表伟论，认为依中山先生遗教，有军政训政宪政三时期之分，现在训政未毕，而且抗战期间尚在军政时期，所以宪法尽管研究，至于“实施”，那要等到何时，尚不得而知！（这篇名著原文不在手边，只能述其大意。）于是“党”的言论纷纷提出三个时期的重要性。大有笃守“遗教”的信徒愈多，民主政治的前途愈无希望之概！这样，“官论”与“民论”之间又引起了不少的波澜。其实中山先生预定训政为六年，现在训了一二十年，势非永训不可！中山先生所指的军政时期，是当时革命政府偏处广州，北洋军阀横行各地，实施宪政，非俟打倒军阀，无从着手，现在为对外战争，加强民主，正所以加强动员，形势迥异，岂能混为一谈。

这种“党”的伟论，无异于无形中把国民参政会中所一致通过的实施宪政提案根本取消！国民参政会虽渐渐只具形式，最近已成为 CC 派所操纵的御用机关，但在当时，尚有几分生气，在野的各抗日党派对此当然不能默无一言，该会议长即为国民党的领袖（总裁）蒋先生，参政员有机会见到议长时，便提出疑问，蒋议长大概也觉得太说不过去，于是由他发表谈话，申述根据总理遗教，三个时期不必拘泥。但是蒋议长的申述是一事，国民党内定的政策又是一件事。从此以后，“党”的言论虽不再喋喋于三个时期，但却一致认为民主与抗战是不能同时并行的，民主与抗战是不相容的，民间言论却认为民主是巩固团结，加强民众动员，及革新政治的锁钥。所以关于这方面的“文化摩擦”仍然是有着远大的前途！我们看到国民党最近十一中全会决定抗战结束一年后才实施宪政，可见民主与抗战不相容的谬论仍是某些人的成见。

所谓文化摩擦，如果只是口头辩论，文字争论，那真理愈辩愈明，我们不但不反对，反而可以欢迎，但事实却不是这样。前面所述警察宪兵特老爷对于压迫文化的行为，已是证明一斑。真理愈辩愈明；在相反方面，违反真理的言论行为也最惧怕公开的辩论和研究。宪政座谈会之所以受到国民党某些人的极端厌恶，理由就在此；提倡团结与民主的言论所以受到某些人同样的极端厌恶，理由也就在此。重庆各界宪政座谈会由各界热心人士要求在野各抗日党派国民参政员发起并主持其事，宗旨正大，行为光明，而且在野各抗日党派为着进行顺利并与国民党合作起见，曾想种种方法拉一位国民党参政员参加。其先拉不到，拉这个不来，拉那个不愿，后来想尽方法拉到一个，也像小学生时常“逃课”一样，时来时不来。最后由“党”的“领导”，用打手若干人捣乱会场，闹得乌烟瘴气，详情我曾在拙著《抗战以来》一书述及，现在不多说了。

“文化摩擦”这个名词里有“文化”两字，好像怪斯文似的，其实文化摩擦的结果不但可使被压迫者失学失业，甚至失去生命。一个湖南学生因偶在抽屉内被发现一张《新华日报》，被立刻剥去冬季制服，驱逐出校，便是一例。又像前面谈过的郑代巩因创办《战时青年》办得发达被特老“赏识”，认为是“异党、分子”而被绑，又是一例；这倒不是仅仅因为办得发达（虽则这一点也是受注意的因素之一），而尤其主要的还是其中的内容是进步青年的进步意见，例如对于当前的国事问题，拥护团结必然要引起摩擦专家的肝火，主张民主必然要引起反民主者的嫉视。至于研究到青年切身的种种问题，只要是进步的主张，都不免与顽固派反动派的高见格格不入。顽固派反动派的老爷们自己知道要在思想上领导青年几乎是不可能，这并不是有什么敢于阻止他们在思想上领导青年，却是因为他们自己领导不起来。于是他们只得另辟途径，把进步的青年刊物主持“绑”去！他们说他办事很能干，所可惜的就是“异党分子”！其实凡是进步分子都有“异党分子”的嫌疑，因为他不知道跟着闭着眼睛破坏团结，反对民主！这样“不识事务”的进步青年，在顽固派反动派的老爷们看来，决定枪决，真是千活该万活该的事情！

这些例子，也可以说是由文化摩擦牵连到人事摩擦。这二“擦”是时常可以碰在一起的。在四川綦江训练班演出的许多无辜青年惨受酷刑，死于非命，是教育界方面文化摩擦牵连到人事摩擦的一种较大规模的例子，其详亦见拙著《抗战以来》一书中，此处恕不赘述了。此外学校教员上因不能如顽固派反动派老爷们之意，发挥“赤色帝国主义”的神秘理论，致被打破饭碗（此中有一位亲来详细告诉我一切）；成都某大学有一个大学生因被校内武装的三青团某“健将”所“赏识”认为他的“脑壳”有问题，于深夜被叫到校舍附近，严厉诘问几句，乒乓一声，一命断送，同学侧目，莫敢谁何！(这是我第五次流亡经过广东某县时，有华侨青年某君曾在该校肄业，仅一年大学即可毕业，看来形势每况愈下，情愿半途辍学去做生意，由家里出些资本，在粤港一带经营运输货物，亲口告诉我他所亲耳听到的这个故事，他在校内某个深夜，亲耳听到那位“健将”怎样叫那个被暗杀的同学出去，怎样问答，怎样发出枪声，那个无辜同学怎样惨呼而倒。）这类奇事惨剧，都构成了“文化摩擦史”上令人愤慨无已的一页。

这样看来，像特派若干打手捣乱宪政座谈会会场，仅将听众从此惊散，未把十几个各党派的参政员（其中有一位被强拉列席的国民党参政员李中襄先生，可谓两面做人难，他是我的老友，我很同情他的苦境！）打得头破血流，或乘便送掉几条老命（其中有好几位满脸长须年高德劭的老辈），可谓“优待”之至；又像分别延请各报的主笔先生到党部办公室“面授机宜”，指示“文章作法”，也可谓“客气”之至了！最可惨痛的当然要轮到许多既无“参政”之虚名，又无“主笔”之职位的纯洁天真的青年！每念及此，不胜悲愤！

即像区区这样一个“傻子”，不过想对进步文化贡献一点小小力量，也受尽顽固派反动派老爷们的青睐，既不死于重庆野外偏僻之地（参证前述军委会政治部某君的热心报告），又不死于“暴动”祸首之列（参证前述某参谋总长的再三通令），如今仍得苟延残喘，勉强呼吸于人间，在病榻上于病苦中愤然持笔写此《患难余生记》，仍与黑暗势力作殊死战，也可谓万分侥幸了！

文化摩擦并不是限于文化界一隅的现象（所谓文化界，主要地包括新闻界、出版界、教育界），而是整个政治“曲线”下降中全部“逆流”现象中的一部分。（“逆流”这个名词，用来形容整个政治“曲线”下降中的全部状态，颇为简明可取，虽则顽固派反动派老爷们听到这个名词大为头痛!）这一点很为重要，因为必从整个政治“逆流”中看文化摩擦（看军事摩擦或人事摩擦也一样，这里不过专就文化摩擦而已），然后才看得出文化摩擦症结所在，然后才能明白文化摩擦的根源也是来自有关中国前途的基本政治问题，然后“文化摩擦”这个问题才能获得合理的解决。

明白了这一点，我们才能够进一步指出：所谓文化摩擦，除一方面与其他“二擦”（军事摩擦与人事摩擦）常可以发生连带关系之外，另一方面，就它本身说，是中国整个黑暗势力所要尽力保存的落伍文化与中国整个光明力量所要努力发挥光大的进步文化的斗争。所以我们如看到一个进步的报馆或其主持人遭难，以为这只是这个特殊的报馆或主持人与顽固派反动派之间的纠纷，这便是大错误；我们如看到一个进步的学校或其主持人遭难，以为这只是这个特殊的学校或主持人与顽固派反动派之间的纠纷，这也是大错误；同样地我们如看到一个出版机关或其主持人遭难，以为这只是这个特殊的出版机关或主持人与顽固派反动派之间的纠纷，这也是大错误。即作为个人的一个进步的作家或文化工作者，我们如看到他的遭难，以为这只是这一个特殊的个人和顽固派反动派之间的纠纷，那也是大错误。为什么呢？因为无论是进步的报馆，或是进步的学校，或是进步的出版机关，或是一个进步的作家或文化工作者，他们的工作目标与成果，都是整个进步文化的一部分。为着一个进步文化机关而努力奋斗——无论是报馆，学校，出版机关，乃至学术团结——为着进步文化的工作而努力奋斗，都是为着整个进步文化而努力奋斗。

文化政策是整个政治政策的一个重要部分。进步的政治政策才能产生进步的文化政策，也只有进步的文化政策，才能与进步的政治政策相配合；就文化政策的伟大效能而论，我们也可以说进步的文化政策是进步的政治政策的先导，是进步的政治政策所以成功的一个要素。顽固派反动派所以痛恨进步文化，也因为进步文化与他们的顽固派反动派政治政策不相容，是他们的顽固的反动的政治政策的莫大障碍，所以必欲置之死地而后快，摧残蹂躏，不遗余力。在政治“逆流”的漩涡中，文化摩擦所以发生，进步文化所以遭到空前的灾难，根本原因也就在此。

但是我们为着国家民族的光明前途，必须始终坚守进步文化的岗位，与黑暗势力奋斗到底。什么是进步文化？请于下章叙述“进步文化的遭难”时候，附带提出来研究。

第三章　进步文化的遭难

在政治“曲线”往下降的不幸情况下，国民党的顽固派反动派老爷们，忍心将中山先生所留给中国最可宝贵的遗产三民主义抛诸九霄云外，而独津津有味于祸国殃民的“三擦主义”的横冲直撞。所谓“三擦”，即在前面曾经大略谈过的军事摩擦、人事摩擦和文化摩擦。无论在“三擦”中的哪一“擦”，在顽固派反动派方面都是要用倒退来消灭进步：在军事摩擦中，他们所要消灭的是进步的军队；在人事摩擦中，他们所要消灭的是进步的人才；在文化摩擦中，他们所要消灭的是进步的文化。我是一个文化工作者，进步文化的遭难，于我当然要发生更直接的沉痛的感觉，是使我陷入苦难的更直接的原因。

首先我们要问什么是进步文化？进步文化和倒退文化有什么区别？黑暗势力为什么要残酷地摧残进步文化？

我和四五百工作同志所惨淡经营艰苦支持的文化机关是全国同胞及海外千万侨胞所共知的生活书店。我们对于干部教育非常注意，每星期有油印的《店务通讯》一小册，分发到布满全国各重要地点五十余处分店同人公阅，我在每星期的《店务通讯》里都写有一篇文章，对全体同人指示有关文化的重要问题及工作途径等等，我记得其中有一篇是专门解释进步文化的内容。进步文化须与中国当前的进步时代的实际需要相配合；中国当前进步时代的实际需要，最扼要地说来是团结、抗战和民主，所以拥护团结、抗战和民主的文化是进步文化，反对或破坏团结、抗战和民主的文化是倒退文化。团结是指全国各党派各阶层都在抗战建国的共同目标之下，精诚团结起来，不再有内战或摩擦的不幸现象发生，一切力量对外则集中于争取抗战胜利，对内则集中于实现民主政治。抗战是民族解放必须经过的一个过程，抗战的发动是建立在团结基础之上，是众所共睹的事实，抗战力量的加强和抗战最后胜利的获得，也必须建立在团结基础之上。民主政治本来是我们建立真正民国的前提，而在抗战期间尤具有特殊的重要性，因为必须以民主的方式和精神来共同推进国事，才能巩固团结；也必须以民主政治来发动民众力量，革新政治，才能加强民众动员；巩固团结，加强民众力量和动员，才能增强抗战力量，在事实上做到愈战愈强，达到抗战最后胜利的目的，同时也达到建立真正民国的目的。根据这种基本的认识，本店出版的书报乃至代销的书报，都须注意是否能够促进团结，巩固团结；是否能够加强抗战，坚持抗战；是否能够推进民主，实现民主。在相反方面，我们绝对不但不制造或煽动摩擦，而且要尽力消除或反对摩擦；我们绝对主张彻底抗战，反对妥协投降；我们要求实现真正的民主政治，反对法西斯，反对一党专政，反对新专制主义，反对挂羊头卖狗肉的有名无实或徒有形式而缺乏精神的“民主”政治。合于这个标准的便是进步文化，因为他能配合中国当前进步时代的实际需要；违背这个标准的便是倒退文化，因为它把中国往后拉，它使中国人民大众陷入水深火热的苦难中。除上述三点外，我还可以加上这样的几句话：我们所努力的是为大众谋福利的文化，而不是为少数人谋私利的文化，所以在思想或理论上我们积极注重于大众有利的思想或理论，反对为少数人保持私利的欺骗或麻醉大众的思想或理论。

中国的文化事业，大概说来，有这样的两大部分：一部分是与政党有关系的，一部分是没有政党关系的民众的文化事业。与政党有关系的文化事业，其本质是倒退呢？还是进步？这要看他所属的政党在实际上所采用或所主张的政策是倒退还是进步。就中国目前说，在野的各抗日党派对外都主张团结抗战，反对发生内战或摩擦，对内都主张实行民主，反对一党专政，（最有趣的是对远景都主张社会主义，详见拙著《抗战以来》一书。）这都能配合中国当时进步时代的实际需要，在政策上可说是进步的，所以他们所主持的文化事业，都可说是在进步文化范围以内。这里面在主张上当然也还有程度之差，在事业规模及力量上也还有大小的区别，因此在政治逆流之下，虽同受顽固派反动派的压迫，其尖锐或惨酷的程度也各有程度上的差异。（其间还有暂时失足离开正确立足点的，例如国社党的张君劢先生在抗战初年曾经有一封公开的信被顽固派反动派所利用，但后来张先生亦自知误会，在野各抗日党派们团结如初。）至于与党派无关系的民办的文化事业，如就出版业说，其间亦略有新旧之分，旧的向来偏重于教科书的出版，在基本知识上虽也占相当重要的地位，但与当前进步时代的实际运动之接触较少，就这一点说，所含的时代的进步性比较的有限。新的偏重于课余读物及一班读物的出版，与当前进步时代的实际运动较有密切的接触，因此所含的时代的进步性也比较的浓厚。

中国政党最大的要推执政的国民党。国民党承受中山先生最可宝贵的遗产三民主义。中山先生虽曾在序文中勖勉国人继续研究，但其中实含有丰富的进步性，国民党中号称中山先生的信徒们，如能发挥光大遗教的进步性，采用进步的政策，使国民党不但领导全国抗战，而且领导全国实施加强抗战加速抗战胜利的政治经济文化等等方面的进步政策，那在进步文化上必能发生坚强领导的实效，是不成问题的。但是现在如何？CC 派所把持包办的教育之“特务化”，摧残青年．压迫思想，极人事摩擦和文化摩擦的能事，已成为众所周知的深可痛心的公开的事实。至于出版物，发挥光大三民主义的良著固遍觅不见，即有二三定期刊吧，“泼妇骂街”外无内容，而且骂的内容，千篇一律，好像天天听泼妇骂人“杀千刀”，贫乏之至，无味已极，这种“文化”，我再无以名之，名之曰“杀千刀文化”！令人看了几句即不再看下去，因为已经知道下面骂的是怎样的一套！千语万语，归结不外两件“大事”：破坏团结，反对民主！这样的出版物，就是广刊分送，也引不起读者注意，要在进步文化方面发生坚强领导的实效，更无从说起。我在上面已经提及，根据中山先生宝贵遗教三民主义所含的丰富的进步性，原可在进步文化上建立坚强的领导，现在顽固派反动派却无视三民主义所含的进步性而尽力于“三擦主义”，闭目掩耳，乐此不疲，使中山先生所手创的具有过去光荣历史的党所原有的进步文化领导地位陷入倒退文化的深渊，实在是一件深可痛惜的事情。

倒退文化和进步文化竞争，结果必然是要着着失败，顽固派反动派不自反省其失败之所由来，而徒怀恨于进步文化的突飞猛进；以为他们之所以着着失败，是进步文化做了他们的障碍，于是发生一种幻想，以为只须用全力消灭进步文化，便可达到他们“惟我独尊”的目的，从此可以高枕而卧，从心所欲了。

由于这种幻想所生的结果，便是压迫进步文化摧残进步文化，于是才有进步文化遭难的不幸现象。

进步文化所包含的因素，我在上节已经谈过。进步文化是有时代性的，我们在今日中国所提到的进步文化，当然要连系到中国当前进步时代的实际需要。我和数百工作同志所共同努力的文化事业，以生活书店为中心，只是全国进步文化中的一部分。但是在政治逆流中，整个进步文化遭受压迫的情况下，这一部分所遭到的苦难尤为残酷，此中也有其独特的原因。

在野各抗日党派对于文化事业都各有其相当的经营，而其中的中共在其中心所在地的延安及其抗敌卫国的敌后根据地，固有其大规模的文化事业，即在战时首都，亦有其日报杂志的刊行及书店的设立。除中共外，其他在野抗日政党所办的文化事业，规模都较小，如青年党在成都有一种日报的刊行，此外有《国论》的刊行，国社党有《再生》周刊的刊行，以前仅在香港有《国家社会报》为其机关报；第三党原有一种定期刊名《民族解放行动》，似时有时辍。职教派有《国讯旬刊》。村治派的梁漱溟先生到香港为民主政团同盟创办《光明报》时才有一定的言论机关，经常发表他的政见。（日本占领香港后，当然停办。）就上述各党派而论，中共所主持的文化事业，显然有较大的规模与广大的力量，故在大后方文化摩擦尖锐的时候，所受的压迫也很厉害，但以中共在坚强的组织上及进步的政治力量与进步的武装力量上都可使顽固派反动派不得不有所顾忌。这一部分进步文化事业在后方所遭受的压迫尚有其限度，理由便在此。其他党派所办的文化事业因规模较小，摩擦的机会虽亦常有，（例如成都的青年党机关报就常与当地的党部及检查机关有激烈的斗争。）其发展或扩大亦常有其限度。故同为进步文化范围内的事业，顽固派反动派的压迫或摧残，却每与对方事业的规模及力量成正比例，而像中共在政治上及武装上有其进步的实力以作其进步文化的保障，那在在野各抗日党派中却算是例外。

现在要谈到我和生活书店同人所支持的那部分进步文化事业。关于生活书店的组织和管理，以及生活书店全体工作同志精神之所在，我在拙著《事业管理与职业修养》一书中论述颇详，可供参考，我在这里所要特别指出的，就是生活就组织上说，它是四五百工作同志在十六年长时期中（假定以《生活》周刊创办于一九二五年为始，至被摧残到一九四〇年为一段落），血汗乃至血泪的结晶品，一步一步由极小规模而扩充起来，将所有收入尽用于事业的扩充与改进，而不是由任何政党或政团出资创办的。就这一点说，我可以毅然决然地说，生活书店是没有党派关系的民办的文化事业。（除内部的四五百工作同志外，围绕着生活书店热心支持本店文化事业的无数的进步作家，以及海内外热烈赞助本店文化事业的无数的读者，对于本店的构成，当然也尽了很大的力量，是本店内部工作同志所永远铭感与永远引为无限光荣的。）但是就精神上说，由于我是忠诚坚贞的爱国者，由于最大多数

的工作同志都是热烈诚挚的爱国青年，（在长期的过程及最大多数的集体力量中即有一二例外或差一点的，亦不起任何作用。）这个文化机关在救国会成立以前，就和民族解放的伟大运动在实际上连在一起，自从一二九学生救国运动发生及全国各界救国联合会成立以后，生活书店所出版的定期刊，尤其是《大众生活》，在事实上成为全国救亡运动最主要的机关刊物。其他书籍杂志，足供救亡运动参考者亦甚被社会重视。至于团结、抗战、民主，在救国会所提出的政纲中占非常重要的位置，亦成为进步文化的内容，生活书店即为进步文化机关，对于救国会政纲的热诚拥护与努力倡导，固为意中事：因此有人认生活书店是救国会派的文化机关。关于这一点，就救国的主张而论，我们用不着否认，而且我们数百同志所共同努力的这个文化机关，能在救亡运动中有所贡献，正是我们深深觉得无上光荣的事情。

生活书店虽非救国会所出资创办的，也不是在组织上直接隶属于救国会的，但对于救国主张在原则上或精神上却与救国会共鸣，具体说来，就是对于团结、抗战、民主的积极倡导与拥护是和救国会一致的，是和救国会同样坚决的。这都是事实，我只是很坦白地把事实提它一提。事实胜雄辩，这样明显的事实，本来用不着再提，但是一则因为谈到文化事业机关与党派有无关系的一般情形，有交代明白的必要；再则因为国民党的顽固派反动派不能以堂堂正正之旗，光明磊落地在文化事业上与人作工作的竞赛，往往利用党派斗争的借口，周纳陷害，掩人耳目，而在实际上只是压迫进步文化事业，摧残进步文化事业而已！如今把事实指出，愈使魑魅魍魉无所遁形于光天化日之下了！（关于生活书店的组织及其构成历史，和它的进步性也有关系，以后还要谈到。）

我和数百工作同志所艰苦支持的这一部分的进步文化事业——中国整个进步文化事业的一部分——虽是与党派没有关系的民办的文化事业，因为它的事业在本质上是进步文化事业，已足招顽固派的嫉视，必欲置之死地而后甘心。更加火上添油的是它的事业突飞猛进，力量宏伟，（至少在他们看来，虽则我们还觉得欿然不自足。）除中共外，其他在野的抗日党派所主持的文化事业，在规模及力量上都比较的小，于是在顽固派反动派看来，这支坚强伟大的进步文化生力军是他们的莫大障碍物。同时因为它除在救国主张上和救国会派共鸣外，在实际上也并不是任何党派的机关，而只是与党派没有关系的民办的文化事业，更说不到有什么实际的政治力量和进步的武装力量做保障，使顽固派反动派的鼠胆不得不于横行之余稍稍有所顾忌，所以除了法律保障和民众同情之外，顽固派反动派可以违法蹂躏，任所欲为。法律在他们手里，正如中央图书杂志审查会总务主任朱某所公然言称："我要怎么样就怎么样！"法律保障无从说起，民众组织早在官化之列，真正的民众同情只是敢怒而不敢言，在短时期内，在表面上，是无法急速加以拯救的。这便是在政治逆流中，整个进步文化遭受压迫的情况下，这一部分进步文化所遭到的苦难尤为惨酷的独特的原因。

讲到生活书店发展的迅速，蓬勃的气象，我不是在这里写生活书店历史，无意作有系统的详细的叙述；我在这里只是要说明生活书店发展的迅速和气象的蓬勃如何引起深刻的注意。如果它的规模小、力量小，所遭的苦难也许不至于这样惨酷。

一九三七年全面抗战发生以前，生活书店总店在上海，分店仅广州及汉口两处。全面抗战爆发以后为适应抗战期间全国同胞对于抗战文化的迫切，本店特派高级干部数十人分往内地各重要地点创设分店，由于负责干部的艰苦奋斗，业务更一日千里，异常发达，不到一年，全国分店已达五十余处。一九三八年总店已移至汉口，负责主持营业的同事，为着使全国读者便于就近购买所需书报起见，特将散处全国各地的五十余处分店在一张地图上用圆点注明，以此图形在报头刊登半版广告，陆续在各报登出。不料有一天将这样的广告底稿送至国民党的机关报《扫荡报》接洽登载的时候，竟被无故拒绝！我们的那位同事深觉诧异，再三向该报广告部探询原因，据说是"上面"预先这样嘱咐的，后来又问他们，何以有这样的嘱咐，据说这个广告有着政治作用！一个公开的合法的出版机关在报上登载分店地址的广告，有什么"政治作用"之可言？如果大家都承认当前的政治大目标应该是：坚持团结抗战，实现民主政治，那么这种进步文化机关愈发达，于政治目标的加速达到，正有百利而无一害，为什么要拒绝它登载分店地址的广告呢？这种奇异现象的解释其实也很简单，就在：那个时候，这个进步文化机关发展的迅速和气象的蓬勃，已经吓倒了国民党中的某些顽固分子反动分子！不过那个时候的政治"曲线"还未迅速往下降，顽固派反动派还不敢十分放纵，只想尽力压抑你的发展，未敢即下决心请你完全关门大吉罢了。

但是适应进步时代的进步文化的向前发展是不可能压抑的，生活书店的事业仍然向前发展；最显著的象征是任何一个分店都挤满着热心读者，自朝至暮，川流不息，清晨赶着开门，晚间难于关门，各地读者热烈的情绪是十分使人感奋的。

白健生先生（崇禧）的秘书某君有一次告诉我，说他有一天陪白先生在桂林乘汽车经过生活书店桂林分店的门口，人山人海，拥挤不堪，白先生以为是什么戏院的门口，无数观众，在那里拥挤着争先恐后地购买戏票！那位秘书听了不禁笑了起来，说那是生活书店的门口，拥挤着的人们是要买书报，不是要买什么戏票。白先生听了为之欣然，说这足见抗战期间民众文化的突飞猛进，真是可喜的好现象！白先生当时脱口而出的这几句话可以说是完全出于爱国的至诚。但是白先生没有料到生活书店以后所遭到顽固派反动派的那样残酷的摧残。这种"可喜的好现象"时常接触到他们的眼帘，也是主要原因之一！

进步文化的突飞猛进，虽有利于国家民族，虽有利于人民大众，但却是顽固派反动派的莫大的障碍物。他们是津津有味于军事摩擦、人事摩擦和文化摩擦的，但是受过进步文化的熏陶的人却不肯闭着眼睛，黑着良心让他们牵着鼻子走。所以我们在进步文化遭受压迫的时候，曾经听到顽固派反动派宣称进步文化的"罪状"，这样说道：许多青年一经看过新书报（指进步的书报）之后，头脑就坚强得像石头一样，他们的言论（指顽固派反动派自己的言论，即他们所办的“杀千刀文化”）无论如何再打不进去！因此他们对着进步文化的伟大力量发抖，于是忍心害理，加以摧残。

如上述顽固派反动派所宣称的进步文化的“罪状”而果为事实，我们不禁为国家民族的光明前途庆幸！为什么呢？进步文化的当前主要目标是巩固团结抗战，促进民主政治，如今经过进步文化的努力，在中国青年中产生了整千整万的团结抗战的坚持者，产生了整千整万的民主政治的拥护者，使“杀千刀文化”竟无所施其技，这不是为国家民族的光明前途奠定了坚强不能动摇的基础吗？在这里有一点须郑重声明的是：这是中国整个进步文化所努力收获的成果，而不是仅在中国整个进步文化中占着一部分的生活书店的文化事业所独能居功。但是顽固派反动派看到生活书店发展的迅速和气象的蓬勃，却把整千整万的“坚强如石的进步头脑”归咎于生活书店，竟认为要铲除进步文化，发展他们自己的“杀千刀文化”，非从摧残生活书店下手不可！

在政治“曲线”正往下降的情况下，在国民党举行的五中全会里面，我们就听说有人竟公开宣称：“生活书店的书籍，虽在乡村僻壤，随处可见，可谓无孔不入，其势力实在可怕，而本党的文化事业却等于零，不能和它竞争，所以非根本消灭它不可！”（传闻的大意如此，是参加该会的友人某君告诉我的。）顽固派反动派不自己想想所采用的文化政策是国人共弃的“杀千刀文化”，不自己想想自从国父中山先生去世以后，除已成著名汉奸的周佛海所著的《三民主义之理论的体系》一本书，究竟出版了几本甚至一本发挥总理遗教的巨著，而但切齿痛恨于他人所办的进步文化事业发展的迅速，以为是自己所以不能发展的原因，中山先生在天有灵，真不免要痛哭流涕长太息罢！

但是他们的“逻辑”无论如何不合理，而他们在政治不民主情况下是有权有势的人，所以我和数百同志所辛勤努力的这部分的进步文化事业终于因为在他们看来“其势力实在可怕”，而不免惨遭他们的毒手。我们这部分进步文化事业正在惨遭他们毒手的过程中，我在十分沉痛悲愤之中，要想拯救它的生命，也曾经奔走访问在国民党中脑子比较清醒的朋友，解释我们事业的光明正大的立场与所遭受的摧残的不合理。其中有一位是从前的报界前辈，他很坦白地告诉我说：“××兄，老实对你说，他们认为你们的文化事业的广大发展，是他们的文化事业的障碍!”这位前辈的话，证实了上述五中全会中的传说。其中还有一位是我从前的老同学而现在成为CC派特务的主持人，他很直率地告诉我说：“以这样一个伟大力量的文化机关放在一个非本党党员的手里，党总是不能放心的!”他们尽管一位是报界前辈，一位是我的老同学，但是我为着拥护真理起见，不得不很抱歉地说明：立在国家民族利益的立场不问文化事业的内容是否有利国家民族，而只是惊其“广大发展”，只是因为他的主持人不是本党党员，而即横加摧残，这里所谓“他们”，无疑地是指顽固派反动派，这里所谓“党”无疑地不是指承袭中山先生革命传统的整个的国民党，也只是指顽固派反动派的卑鄙心理而已!

这些谈话都足以证明：在整个进步文化遭受压迫的情况之下，生活书店同人所努力的这部分的进步文化事业所以遭受到尤其残酷的摧残，是因为它的发展迅速，气象蓬勃，力量宏大，深入民间，尤其受到顽固派反动派的嫉视。这显然不是什么党派斗争问题——他们所放的烟幕弹——而是进步文化与黑暗势力的斗争。

顽固派反动派对于进步文化的压迫，利用审查机关作威作福，原来是一条捷径。关于重庆图书杂志审查会的种种无理取闹，我在拙著《抗战以来》一书中曾经举出不少的事实，在这里不再赘述。但虽将“党派团结”改为“党派统一”，(他们最怕最恨的是“团结”，但是把“党派团结”一改而为“党派统一”，在他们认为暗合“消灭异党”的宗旨，得意之至！至于原著者的原意何在，在他们是“管他娘”!）将“妇女解放”改为“妇女复兴”，（他们认为“解放”是中共专用的名词，至于“妇女复兴”如何可通，在他们是不假思索的。）闹了不少笑话，但是无论如何，总不敢公然提出破坏团结反对民主的主张强行加入或改换进步作家的文章里面去，于是另想妙法利用宪兵或“特老”的检查作违法的破坏。例如我所主编的《全民抗战》周刊，有一位文艺家在成都车站上阅看，就被宪兵干涉，说是不可以看。这位文艺家提出抗议，说后面明明印有重庆图书审查会审查通过证的字样，为什么不可以看，他说尽管审查通过，仍不可以看！这位文艺家很气愤，一到重庆，就把这件事实告诉我们。还有一件奇怪的事件。有某先生对算学深有研究，对这门科学的兴趣非常浓厚。他由重庆赴桂林，带有一本生活书店出版的《珠算速记法》，途中特老检查时问他为什么要看这本书，这位先生是一位忠厚长者，诚诚恳恳告诉这位特老，说他对研究算学特有兴趣。特老怒目对他斥道：“不管你对研究算学有多少兴趣，生活书店出版的书是不可以看的。”生活书店是在政府注册的合法的出版机关，这本书是经过政府审查机关通过的，你一看书名，就知道内容不会含有任何政治性，（即含有政治性的书经过审查通过，亦应得到合法保障。）但是顽固派反动派对于进步文化机关的违法摧残其合法的事业，其丧心病狂，可谓已达极点。

但是这在顽固派反动派仍未能满足。《全民抗战》周刊在停刊以前，每期数万份，宪兵虽多，不可能跟随每个读者作违法的恫吓。生活书店所出版的书籍更是汗牛充栋，不可胜数，即就算学一门而论，特老虽狠亦不可能跟随每一位算学研究者而加以无理的干涉。于是顽固派反动派又另想妙法，忍心害理，用更残酷的手段，决定封店捕人，先将生活书店的各处分店尽行铲除净尽，企图由此完全毁灭这一部分他们所认为“其势力可怕”，望着发抖的进步文化事业。

违法的卑鄙的毒计既定之后，一九三九年四月先从西安生活书店分店“开刀”，不但将店封闭，经理及职员逮捕，而且将所有生财用具搬移一空，形同劫掠。（后来看见赫然安置在他们新开的该地中国文化服务社分社中应用，可谓妙不可言，自居强盗，抑谦谦君子自居小偷，则未见声明，不得而知!）自一九三九年四月起至年底，不到几个月，由西安而天水，而南郑，而宜昌，而万县，而沅陵，而吉安，而临川，而南城，而赣州，而金华，而丽水，而立煌，而福州，而南平，而曲江，而梅县，而兰州，而衡阳，而贵阳，而桂林，而成都，而昆明等等五十余处的生活书店分店负责人都遭受同样的苦难。负经理责任的高级干部被无辜逮捕的达四十余人之多。我们四五百同事和无数进步作家及热心读者在十六七年的长时期中所培植的进步文化基础，由于顽固派反动派的嫉视，嗾使各地党部凭借暴力（原来应该以法保障人民的警察或军事机关），在短短几个月的时间，违法摧残，任意蹂躏，这不仅是一个进步文化机关的不幸，也是中国政治史上文化史上最污秽的一页！生活书店虽是由内部工作同志公推一人在政府经济部注册的商业机关，而内部的组织在实际上是采用合作社的原则，内部的管理是采用民主集中的原则，全体工作同志是受着他们自己所选举出来的理事会的集体的领导，我是全体工作同志所选举出来的理事会主席，我对于这部分进步文化事业的总的责任是应该忠诚担负起来的，所以我现在尽管在流离颠沛，病体危殆，九死一生之中，我只须一息尚存，必须秉笔直书，将顽固派反动派违法摧残进步文化的残酷而卑鄙的手段呈诉于海内外公正同胞之前，并把他们的罪状宣告于天下后世。我并希望国民党中脑子比较清楚对于中山先生遗教真正忠实的人士赶快反省，采用进步的政策，不要纵任顽固派反动派横行无忌，丧失国民党所应有的光明前途。

当我们接到西安分店被封经理被捕的消息的时候，我们还以为这也许只是偶然发生的地方事件，并没有想到在国民党中央党部已有人决定一网打尽的毒辣计划。我便往国民党中央党部去访问宣传部长叶楚伧先生，承他出来晤谈，副部长潘公展先生也参加谈话。我说西安的事情既为该处省党部所发动，中央党部应有所知，究竟为着什么原因而有这样严重的处分，他们推说不知道，要等他们去电询问。

这样，我们只得等待他们去电问明原因，再商办法。当时叶先生却接下去谈到关于生活书店的整个问题。他说生活书店事业发达，但总有一部分不肯公开，所以党对他不放心。我问他有什么部分不肯公开，他说不出。他既不知道有什么部分不肯公开，何以武断说“总有一部分不肯公开”，可见他的话毫无事实根据。我告诉他说：生活书店光明磊落，没有任何部分不可以公开，没有任何部分不肯公开的。生活书店的人可以公开，经济可以公开，他有何疑问尽管提出，必能给他以充分的答复。生活书店的出版物都是公开的，没有秘密的，而且依照政府的法令，经过审查机关的审查，更有什么不公开之可言？就是根据政府法令，在一九三九年四月以前出版的可免送审查，但我们的仓库也是可以公开的。审查会或党部如要察看，也可以随时派人往各仓库察看。这样说来，生活书店还有什么一部分不肯公开？

听了我这一番说明之后，叶、潘两位先生都没有话说。过了几天，我再去听回音，知道西安省党部的回电已到，罗列四个罪状：（一）售卖禁书；（二）为某方作通讯机关；（三）店内同人有小组织，显有政治训练性质；（四）店内出版物诽谤陕西当局。其实这四个罪状一个都不能成立。请先谈禁书。

（一）国民党领导下的图书杂志审查委员会原来要各书业将所有已出版的书籍送审查通过后才准售卖。这种办法无异强迫各书业立刻都关门大吉，引起全体书业的抗议，才酌予变通，规定凡在一九三九年四月以前出版的书可无须审查，在此时以后出版的书必须将稿件送审查。全体书业都照此办法，生活书店当然也没有例外。依此规定，一九三九年四月出版的书，都是先将书稿送审查，得到审查证后，才付排印，生活书店也同样办理，原无禁书的问题发生。即属一九三九年四月以前出版的书，如果审查会根据政府所公布的审查标准，发现有须禁止发行的理由，将禁书书名及出版处所通知书业同业公会，再由书业同业公会通知各同业，以便遵守，事属两便；检查的时候亦应由统一的审查机关根据审查会的统一的标准及审查的结果，加以检查，也可以免去不少不必要的纠纷。但事实却不是如此。同属于同一国民政府和同一国民党领导下的各地图书杂志审查会，中央审查会通过的，各地方审查会可以加以否认，即可认为不能通过而视为禁书；各地方审查会彼此之间也可以随意否认，随意即指为禁书！例如昆明通过的，桂林通不过；桂林通过的，中央通不过；中央通过的，桂林也可能通不过！生活书店出有一本书叫《新生代》，在桂林审查会通过后，印了五千册，费了许多工夫运到重庆，却被中央审查会否认，作为禁书全部没收。你问他们同是根据中央所公布的审查标准条例，为什么有这样矛盾，使书业于遵照法令送审之后还要受到这样毫无理由的损失，他们无辞以答，但是他们随意说是禁书就算是禁书，置交涉于不理。至于检查书报的机关，更是五花八门，各自为政，有图书审查会，有公安局，有宪兵团，有临时驻扎的部队，有党部，各机关有各自的“标准”，于是可以随意指任何书报为禁书。试举一个尤其奇特的例子，生活书店出有一本蒋委员长的《抗战到底》，是搜集蒋委员长许多领导抗战的演讲词，而且都是公开在各报上陆续发表过的，不但经过内政部审查通过准许注册，而且还经过中央审查会审查通过，但是战时首都的公安局却随意指为禁书，捆载而去！我向有关各机关交涉，都承蒙他们置之不理。内政部审查图书，也是根据三民主义等等原则，但是审查会也随意否认，指为禁书，其他检查机关也可以任意加以“禁书”罪名，这都已成为司空见惯的事情。这本《抗战到底》却经过两重的审查通过（内政部及审查会），仍然完全失去法律保障，我们多方探询之后，才知道因为该书附录里载有中共响应蒋委员长的宣言，这宣言原是在各报上公开登载过的（报上文件也经过新闻检查处的检查），原来顽固反动分子也各有其程度的差异，中央政府又未公布过“顽固反动标准条例”，所以尽管是依法审查通过的图书，只要顽固反动分子的特殊青睐，便随时随地可以失去依法的保障！

以上还是指一九三九年四月以后出版的书报而言，至于一九三九年四月以前出版的书报，依政府法令是可以无须送审的，那检查机关更可以随意指为禁书。经过依法送审的书报，得到审查通过证，仍然不一定能够得到依法的保障，遵照法令无须送审的书报（指一九三九年四月以前出版的），那不能得到依法的保障，检查机关可以随时随地任意诬陷，更不待言了。

在这种情形之下，西安党部以售卖禁书为罪状而封店捕人，我们认为是莫须有的罪状。我们请中宣部电令西安党部指明所谓禁书是什么书，应即查明列举呈报，结果是石沉大海，并无下文，所以我们断定这一点是诬陷无疑的。而且即退一万步说，果然售卖了禁书，出版法亦有明定的办法，先须警告，警告无效，才加以罚款，亦不应遽而封店，捕人，甚至劫掠一空，现在西安党办的中国文化服务社分社的橱窗玻柜，赫然就是以前西安生活书店分店所有的原物，这又是根据什么法律，哪一条法律的呢？

（二）我们店内出版物是专备本店同人看的，就是以前提过的《店务通讯》，我们细查历期《店讯》，才知道所谓"诽谤陕西当局"者，仅仅是《店讯》中简单提及有些书经过中央审查会通过而陕西党部却随意指为禁书为不当，指示该地同事应本此意向陕西有关当局说明或交涉而已。我们这种合法合理的在业务上对于本店同事的指示，何以能构成所谓"诽谤陕西当局"的罪状！这种"罪状"之为莫须有，略有常识的人都能加以正确的判断。因为中央政府既为整个抗战中国的中央政府，而不是仅在重庆一个地方的政府，它所公布的审查标准条例，其内容是否适当是另一问题，既经公布，成为法令，也可同样通用于陕西，显然是一种常识；一个商业机关的总店对于分店同事指出这种理由，作为该地向有关当局说明或提出交涉，俾得解决困难，显然也是一种常识。

（三）讲到为某方作通讯机关，据中宣部负责人的解释，所谓"某方"者，是指与西安同在陕西的延安而言。延安在西安有公开的八路军办事处（即十八集团军办事处，在战时首都重庆也有），办事处当然可以处理关于通讯的事务，根本就用不着别的机关越俎代庖。

不过谈到此事，我要顺便说明：为读者服务，是生活书店最宝贵的几种传统精神之一，是生活书店所以在十六七年中能由很小规模的周刊社（最初有我在内，正式职员只有二个半人！）突飞猛进，蓬蓬勃勃，发展到分店布满全国各重要地点达五十余处，全体同事达四五百人之多，最主要的基本原因之一，简单称为“服务精神！”我们把它视为生活书店最可宝贵的八种传统精神之一。（一曰坚定，二曰虚心，三曰公正，四曰负责，五曰刻苦，六曰耐劳，七曰服务精神，八曰同志爱——指工作同志——以后当陆续说明，以介绍于国人。）

现在先谈服务精神。《生活》周刊常说它自视是读者的一个好朋友，这不是一句空话，必须在实践上帮助读者解决种种困难，凡是在自己力量内所能勉力办到的事情，必须尽忠竭诚为读者办到。生活的发源地是在交通上乃至精神食粮上，物质供应上占全国而且同时也占全世界最重要地点之一，生活最初就凭借着这些优点为海内外无数的读者服务。因此我们在规模还很小的时候，和海内外的读者信札往返就很繁多。我每天必须抽出一部分时间来阅看各处读者来的数百封的来信，有的提出这个问题来商量，有的提出那个问题要调查；有的托买这件东西，有的托买那件东西；形形式式，极五花八门之观。我们对每一封信都用赤诚来处理，只须在力量上能做得更周到更满意一点，必要做到那样的地步而后肯休，而后肯甘心。这种“服务精神”成为集体的产物或遗产，而身体力行于不自知。我们往往忙得夜以继日，汗流浃背，为某一读者办成一件事，手软脚酸，筋疲力尽，不但不以为苦，且以能为读者有所尽力，在实际上做到“好朋友”，视为至乐。有时很琐屑的事情，例如南洋群岛有读者来信嘱托我们配购几尺什么颜色的什么布，有同事即在马路上做巡阅使，奔走竟日，达到目的，欣然回来，其神气就好像哥伦布发现了新大陆似的，和我谈起始末，简直手舞足蹈。布挂号寄出去，来信说颜色淡了一些，或深了一些，于是马路巡阅使再出发，重新做起，做到既不淡了一些又不深了一些，只须能使购者心满意足，马路巡阅使因此饿了一顿，或两条腿酸了一夜，在他只觉得是责无旁贷，仍然谈笑言欢若无其事。

所以我曾说一句笑话，说在我们这个机关，不管从小弟弟到老大哥，每个人的这一颗心都是滚热，在我们这里面找不出一个半个冷血动物。

由于这种疲而不倦劳而不厌的傻子似的“服务精神”——生活最可宝贵的传统精神之一，生活的读者也就把他视为最可靠的最亲爱的“好朋友”。……

---

* 本书是韬奋最后的未完成的遗著，这第三章也显然还没有完稿。按照他原来的计划，第四章以后一定要写他在 1941 年春又一次被迫流亡。这一次他再度流亡到香港，又因太平洋战争爆发，他在 1941 年底化装逃出香港，但是这时他已不可能重回重庆，只得被迫继续过流亡生活，这本稿子就是在他流亡过程中于病中执笔的。当他执笔时，还没有对自己的病绝望，但不料这由于颠沛流离的生活而造成的病竟然打断了他的生命，使他连这本稿子都不能写完！